Bill Perkins

LEBE EIN REICHES LEBEN STATT REICH ZU STERBEN

So machst du das Beste aus deinem Geld und deinem Leben

DER US-BESTSELLER
DIE WITH ZERO

BILL PERKINS

LEBE EIN REICHES LEBEN STATT REICH ZU STERBEN

SO MACHST DU DAS BESTE AUS DEINEM GELD UND DEINEM LEBEN

Bibliografische Information der Deutschen Nationalbibliothek
Die Deutsche Nationalbibliothek verzeichnet diese Publikation in der Deutschen Nationalbibliografie. Detaillierte bibliografische Daten sind im Internet über https://dnb.de abrufbar.

Für Fragen und Anregungen
info@m-vg.de

Wichtiger Hinweis
Ausschließlich zum Zweck der besseren Lesbarkeit wurde auf eine genderspezifische Schreibweise sowie eine Mehrfachbezeichnung verzichtet. Alle personenbezogenen Bezeichnungen sind somit geschlechtsneutral zu verstehen.

7. Auflage 2026

Türkenstraße 89
80799 München
Tel.: 089 651285-0

Die englische Originalausgabe erschien 2020 bei Houghton Mifflin Harcourt Publishing Company unter dem Titel *Die with Zero*.

Übersetzung: Thomas Gilbert
Redaktion: Silke Panten
Korrektorat: Matthias Höhne
Abbildungen im Innenteil: © Charles Denniston, bearbeitet von Müjde Puzziferri
Umschlaggestaltung: Marc-Torben Fischer, München
Umschlagabbildung: shutterstock.com/Michelangelus
Satz: inpunkt[w]o, Haiger (www.inpunktwo.de)
Druck: GGP Media GmbH, Pößneck
Printed in the EU

ISBN Print 978-3-95972-278-0
ISBN E-Book (PDF) 978-3-96092-513-2
ISBN E-Book (EPUB, Mobi) 978-3-96092-514-9

INHALT

Für Skye und Brisa
Möge ein möglichst erfülltes Leben auf euch warten,
ein Leben voller Abenteuer und Liebe.

ANMERKUNG DES AUTORS

Vielleicht kennen Sie Äsops Fabel von der Ameise und der Grille: Die fleißige Ameise arbeitete den ganzen Sommer lang, um Nahrung für den Winter zu horten, während die unbekümmerte Grille den ganzen Sommer lang sang und spielte. Als der Winter kam, konnte die Ameise also überleben, während die Grille in einer bitteren Notlage war. Die Moral der Geschichte? Es gibt eine Zeit für die Arbeit und eine Zeit für das Spiel.

Eine tolle Moral. *Aber wann kommt die Ameise jemals zum Spielen?*

Das ist das zentrale Thema meines ganzen Buches. Wir wissen, was mit der Grille passiert – die Grille verhungert –, aber was passiert mit der Ameise? Anders gefragt: Wenn die Ameise ihr kurzes Leben damit verbringt, sich abzurackern, wann kommt sie dann dazu, etwas Spaß zu haben? Wir alle müssen überleben, aber wir alle wollen viel mehr tun, als nur zu überleben: Wir wollen *wirklich unser Leben genießen.*

Genau darauf möchte ich mich in diesem Buch konzentrieren: wachsen und gedeihen, statt bloß zu überleben. In diesem Buch geht es *nicht* darum, wie Sie mehr Geld generieren. Es geht darum, wie Sie mehr aus Ihrem *Leben* machen.

Seit Jahren habe ich mir darüber Gedanken gemacht und mit Freunden und Kollegen darüber diskutiert. Jetzt möchte ich Ihnen meine Erkenntnisse unterbreiten. Ich habe nicht alle Antworten, aber ich habe etwas gefunden, von dem ich weiß, dass es Ihr Leben bereichern wird.

Ich bin weder ein ausgewiesener Finanzplaner noch ein Anlageberater für Familien. Ich bin nur jemand, der sein Leben in vollen Zügen genießen will, und ich möchte, dass Ihnen das auch gelingt.

Ich glaube, jeder wünscht sich ein solches Leben – aber realistisch betrachtet können nicht alle von uns es bekommen. Und um ganz ehrlich zu sein: Wenn Sie gerade kämpfen müssen, um überhaupt über die Runden zu kommen, dann wird Ihnen dieses Buch vielleicht etwas bringen. Aber es wird Ihnen nicht annähernd so viel nutzen wie jemandem, der über genügend Geld, Gesundheit und Freizeit verfügt, um echte Entscheidungen darüber zu treffen, wie diese Ressourcen am besten genutzt werden können.

Lesen Sie also weiter. Ich hoffe, dass ich Sie zumindest dazu bringen werde, über einige Ihrer grundlegenden Vorstellungen vom Leben nachzudenken und sie zu überdenken.

Bill Perkins,
Sommer 2019

KAPITEL 1
OPTIMIEREN SIE IHR LEBEN

REGEL NUMMER 1:
MAXIMIEREN SIE IHRE POSITIVEN LEBENSERFAHRUNGEN.

Im Oktober des Jahres 2008 erfuhren Erin und ihr Ehemann John, zwei erfolgreiche Anwälte mit drei kleinen Kindern, dass John ein Klarzellsarkom hatte, eine seltene und schnell wachsende Krebserkrankung der Weichteile des Körpers. »Niemand hätte gedacht, dass ein gesunder 35-Jähriger einen Tumor von der Größe eines Baseballs haben könnte«, erinnert sich Erin. So vermutete niemand eine Krebserkrankung, bis der Tumor auf Johns Rücken- und Beinknochen übergegriffen hatte. »Wir verstanden erst, wie ernst sein Zustand war, als er sich röntgen ließ und die Stellen ihn aufleuchten ließen wie einen Weihnachtsbaum«, erzählt Erin. Die grauenvolle Diagnose erschreckte und überwältigte sie. Und da John nun zu krank war, um zu arbeiten, fiel ihr die gesamte Last der praktischen und finanziellen Versorgung der Familie zu. Das war für eine einzelne Person nur schwer zu ertragen.

Erin und ich waren seit unserer Kindheit befreundet, deshalb wollte ich alles tun, um ihr die Situation so gut wie möglich zu erleichtern. »Lasst alles stehen und liegen«, empfahl ich ihr, »und verbringt so viel Zeit als Familie wie möglich, solange John es noch kann.« Ich bot ihr auch finanzielle Unterstützung an.

Es stellte sich heraus, dass ich damit offene Türen einrannte: Erin hatte bereits darüber nachgedacht, die Arbeit aufzugeben, um sich auf das zu konzentrieren, was nun wirklich wichtig war. Das tat sie dann auch. So genoss das Paar in seinem Haus in Iowa, wenn John gerade nicht zur Krebsbehandlung musste, die einfachen Freuden der gegenseitigen Gesellschaft: Sie gingen gemeinsam in den Park, machten Fernsehabende, spielten Videospiele und holten nach der Schule gemeinsam die Kinder ab.

Im November, als den Ärzten vor Ort nichts mehr einfiel, was man noch tun könnte, hörte Erin von einer klinischen Studie, die in Boston durchgeführt wurde und an der John teilnehmen konnte. Sie reisten mehrmals nach Boston, damit sich John dort der experimentellen Behandlung unterziehen konnte. Ihre freie Zeit nutzten sie für Besichtigungstouren durch den historischen Stadtkern, solange John noch laufen konnte. Doch allzu bald schwand ihre Hoffnung, und eines Tages brach John bei dem Gedanken an alles, was er nicht mehr würde miterleben können, zusammen: Er würde nicht mehr miterleben können, wie seine Kinder aufwachsen, und ihm blieb nicht mehr viel Zeit mit Erin.

John starb im Januar des Jahres 2009, nur drei Monate nach seiner Diagnose. Im Rückblick erinnert sich Erin an die traumatische Zeit und wie sehr es an ihr zehrte, aber sie ist froh, dass sie damals ihren Job aufgegeben hat, um zu Hause bei John zu sein.

Die meisten Menschen hätten unter diesen Umständen dasselbe getan. Der nahende Tod rüttelt die Menschen auf, und je näher er kommt, desto wacher und bewusster werden wir. Wenn das Ende naht, fangen wir plötzlich an zu denken: *Was zum Teufel mache ich eigentlich? Warum habe ich so lange gewartet?* Bis dahin gehen die meisten von uns durchs Leben, als hätten wir alle Zeit der Welt.

Einiges an diesem Verhalten ist durchaus vernünftig. Es wäre töricht, jeden Tag so zu leben, als wäre es der letzte: Man würde sich nicht die Mühe machen, zu arbeiten, für eine Prüfung zu lernen oder zum Zahnarzt zu gehen. Es macht also Sinn, die Erfüllung von Wünschen bis zu einem gewissen Grad hinauszuzögern, denn das zahlt sich auf lange Sicht aus. Aber die traurige Wahrheit ist, dass zu viele Menschen diese Erfüllung von Wünschen zu lange oder auf unbestimmte Zeit hinauszögern. Sie schieben das, was sie tun wollen, auf, bis es zu spät ist, und sparen Geld für Erfahrungen, die sie nie genießen werden. So zu leben, als wäre Ihr Leben unendlich, ist das Gegenteil einer langfristigen Perspektive: Es ist schrecklich kurzsichtig.

Die Geschichte von Erin und John ist natürlich ein extremer Fall. Ein fortgeschrittenes Klarzellsarkom ist selten, und der Tod stellte sich diesem Paar wesentlich unerbittlicher in den Weg, als es bei den meisten Menschen der Fall ist. Doch die Herausforderung, die ihre Situation darstellte, ist allen gemeinsam: Die Gesundheit eines jeden Menschen verschlechtert sich im Allgemeinen mit der Zeit, und früher oder später sterben wir alle, sodass wir alle die Frage beantworten müssen, wie wir das Beste aus unserer endlichen Zeit auf der Erde machen können. Das klingt wie eine große philosophische Frage – aber so sehe ich das nicht. Ich bin ausgebildeter Ingenieur und habe mein Glück auf der Grundlage meiner analytischen Fähigkeiten gemacht, daher betrachte ich diese Frage als ein Optimierungsproblem: Wie kann man ein maximal erfülltes Leben führen und gleichzeitig die Verschwendung seiner Lebenszeit minimieren?

Kapitel 1

JEDERMANNS PROBLEM

Wir alle stehen in irgendeiner Form vor dieser Frage. Natürlich unterscheiden sich die Privatvermögen von Mensch zu Mensch – oft sogar recht dramatisch –, aber die Kernfrage ist für uns alle die gleiche: Wie können wir unsere Lebensenergie am besten verteilen, bevor wir sterben?

Ich habe über diese Frage viele Jahre lang nachgedacht, schon damals, als ich kaum genug zum Leben verdiente. Im Laufe der Zeit habe ich mehrere sinnvolle Grundprinzipien entwickelt. Das sind die Ideen, die hinter diesem Buch stehen. Zum Beispiel können manche Erfahrungen nur zu bestimmten Zeiten gemacht werden: Die meisten Menschen können mit 90 nicht mehr Wasserski fahren. Ein weiteres Prinzip: Obwohl wir alle zumindest das Potenzial haben, in Zukunft mehr Geld zu verdienen, können wir nie zurückgehen und die Zeit zurückgewinnen, die jetzt vergangen ist. Es macht also keinen Sinn, Chancen ungenutzt verstreichen zu lassen, aus Angst, unser Geld zu verschwenden. Die Verschwendung unserer Lebenszeit sollte eine viel größere Sorge sein.

Ich bin ein großer Anhänger dieser Ideen, und ich predige sie, wann immer ich die Gelegenheit dazu habe. Ob es eine 25-Jährige ist, die Angst hat, ihre Traumkarriere zu verfolgen, und sich stattdessen mit einem sicheren, aber zermürbenden Job zufriedengibt, oder ob es ein 60-jähriger Multimillionär ist, der weiterhin lange arbeitet, um mehr Geld für den Ruhestand zu sparen, anstatt den großen Reichtum zu genießen, den er bereits angesammelt hat – ich kann das einfach nicht mit ansehen, wie die Menschen ihre Ressourcen verschwenden und ihr Leben nicht voll auskosten; und das sage ich ihnen auch. Soweit es mir möglich ist, praktiziere ich auch, was ich predige. Zugegeben, manchmal bin ich wie ein fetter Fußballtrainer am Spielfeldrand, der seinen eigenen Rat nicht befolgt. Aber wenn ich mich dabei ertappe, nehme ich Korrekturen vor, von denen Sie einiges später in diesem Buch lesen werden. Keiner von uns ist perfekt, aber ich gebe mein Bestes, um meinen Worten Taten folgen zu lassen.

WIR SIND ALLE GLEICH UND DOCH VERSCHIEDEN

Man kann sein Leben auf vielerlei Art und Weise voll auskosten. Ich reise zum Beispiel gerne und liebe Poker, weswegen ich auch viele Reisen unternehme, einige davon, um an Pokerturnieren teilzunehmen. Das bedeutet, dass ich jedes Jahr einen großen Teil meiner Ersparnisse für Reisen und Poker ausgebe. Aber verstehen Sie mich nicht falsch: Ich möchte damit nicht sagen, dass jeder sein Erspartes für Reisen ausgeben sollte, geschweige denn für Poker. Was ich *befürworte*, ist zu entscheiden, was Sie glücklich macht, und dann Ihr Geld für die von Ihnen gewählten Erlebnisse aufzuwenden.

Natürlich unterscheiden sich diese angenehmen Erlebnisse von Mensch zu Mensch; einige Menschen sind aktiv und abenteuerlustig, andere ziehen es vor, zu Hause oder in der vertrauten Umgebung zu bleiben. Manche geben sich damit zufrieden, wenn sie sich selbst, ihre Familien und Freunde verwöhnen, während andere ihre Zeit und ihr Geld lieber für Menschen spenden, denen es nicht so gut geht wie ihnen selbst. Und natürlich können wir diverse Erlebnisse, die uns wichtig sind, kombinieren. Obwohl ich es liebe zu reisen, verwende ich meine Zeit und mein Geld auch gerne darauf, Dinge voranzutreiben, die mir am Herzen liegen: vom Kampf gegen

Bankenrettungsaktionen bis hin zur Unterstützung meiner Nachbarn auf den Amerikanischen Jungferninseln nach Hurrikan-Katastrophen. Es ist also sicher nicht mein Anliegen, Ihnen zu erzählen, dass eine bestimmte Art von Erlebnissen und Erfahrungen besser ist als eine andere; stattdessen sollten Sie Ihre Erfahrungen bewusst und gezielt auswählen, anstatt sich dem Leben auszuliefern, wie es zu viele von uns tun.

Natürlich ist das Ganze komplizierter, als einfach nur zu wissen, was einen glücklich macht, und sein Geld in jedem Moment in diese Erfahrungen zu investieren. Das liegt daran, dass sich unsere Fähigkeit, verschiedene Erfahrungen zu machen, im Laufe unseres Lebens verändert. Denken Sie darüber nach: Wenn Ihre Eltern Sie als Kleinkind auf eine Reise nach Kuba mitgenommen hätten, wie viel hätten Sie von diesem teuren Urlaub gehabt, abgesehen vielleicht von einer lebenslangen Liebe zu lateinamerikanischer Musik? Oder nehmen Sie das andere Extrem: Wie sehr würden Sie es wohl genießen, die Spanische Treppe Roms hinaufzugehen, wenn Sie Anfang 90 sind – vorausgesetzt, Sie sind bis dahin noch am Leben und können überhaupt noch Treppen steigen? Wie der Titel eines Artikels in einer Wirtschaftszeitschrift so schön lautet: »Was nützt das viele Geld ohne Gesundheit?«[1]

Mit anderen Worten: Um das Beste aus Ihrer Zeit und Ihrem Geld herauszuholen, ist das Timing entscheidend. Um also die Chancen auf ein erfülltes Leben insgesamt zu erhöhen, ist es wichtig, jede Erfahrung im richtigen Alter zu machen. Und das gilt unabhängig davon, was Ihnen Spaß macht oder wie viel Geld Sie haben. In welchem Umfang jemand ein erfülltes Leben führt, ist von Mensch zu Mensch unterschiedlich. Menschen, die nur über ein relativ geringes Einkommen frei verfügen können, haben tendenziell ein niedrigeres

Erfüllungslevel, während von Geburt an reiche Menschen natürlich eher zu einem hohen Maß an Erfüllung neigen. Wir alle müssen unsere Erfahrungen zeitlich gut vorausplanen. Indem Sie genau planen, wie Sie mit den Ihnen zur Verfügung stehenden Ressourcen das Maximum an für Sie erfüllenden Erfahrungen erreichen, maximieren Sie auch Ihre Lebensqualität. Wenn Sie diese grundlegenden Entscheidungen treffen, nehmen Sie Ihr Leben selbst in die Hand.

DER EHRENMILLIARDÄR

Einige meiner Freunde nennen mich einen »Ehrenmilliardär«. Es bedeutet genau das, was Sie denken: Ich bin eigentlich kein Milliardär, aber ich gebe mein Geld aus, als wäre ich einer.

Die Wahrheit ist jedoch, dass die meisten Milliardäre ihr Vermögen zu Lebzeiten ohnehin nicht ausgeben. Es gibt eine Grenze dafür, wie viel ein Mensch für sich selbst ausgeben kann, selbst bei den verschwenderischsten Geschmäckern, sodass die Superreichen dazu neigen, viel Geld zu spenden. Dennoch spenden die 2000 reichsten amerikanischen Privatpersonen (die meisten von ihnen ältere Menschen) jedes Jahr nur 1 Prozent ihres Gesamtvermögens. Das ist in Anbetracht ihres Vermögens so wenig, dass sie ihre enormen Ersparnisse vor ihrem Tod unmöglich aufbrauchen können.[2] Ich spreche nicht nur von den geizigen Superreichen. Zu den reichsten Privatpersonen gehören auch die großzügigsten Philanthropen von heute – Menschen wie Bill Gates, Warren Buffett und Michael Bloomberg, die sich alle dazu verpflichtet haben, ihr Vermögen zu spenden. Doch selbst diese außergewöhnlichen Spender haben Schwierigkeiten, ihre Milliarden schnell genug auszugeben. Das liegt zum Teil daran, dass sie so viel Reichtum angehäuft haben, dass ihr Vermögen jedes Jahr schneller wächst, als sie es auf eine vernünftige und verantwortungsvolle Weise verschenken können. Bill Gates zum Beispiel hat sein Vermögen seit 2010 fast verdoppelt, auch wenn er sich (vornehmlich) der Bekämpfung von Krankheiten und Armut widmet. Obwohl ich es hasse, auf jemandem herumzuhacken, der so viel erstaunlich Gutes in der Welt bewirkt, muss ich mich doch fragen, wie viel mehr Gates' immenses Vermögen bewirken könnte, wenn es ihm gelänge, es jetzt voll und ganz einzusetzen.

Zumindest war Gates so klug und vorausschauend, dass er aufhörte, für Geld zu arbeiten, als er noch jung genug war, um es in großem Stil auszugeben. Zu viele wohlhabende, erfolgreiche Menschen versäumen es, genau dies zu tun. Und selbst Gates hätte sich früher aus der bezahlten Arbeit zurückziehen sollen – nämlich bevor er so viel Vermögen angehäuft hatte, dass es für mehrere Leben reicht. Das Leben ist keine Partie *Monopoly* – es gewinnt nicht derjenige mit den meisten Hotels und dem meisten Geld –, aber viele Menschen behandeln das Leben so, als ob dies der Fall wäre. Sie verdienen und verdienen einfach weiter und versuchen, ihren Reichtum zu maximieren, ohne auch nur annähernd so viel darüber nachzudenken, was sie mit diesem Reichtum erreichen können – einschließlich dessen, was sie ihren Kindern, ihren Freunden und der Gesellschaft im Allgemeinen jetzt geben können, anstatt zu warten, bis sie sterben.

EIN LEBENSVERÄNDERNDES GESPRÄCH

Ich war nicht immer dieser Ansicht, und schon gar nicht, als ich nach dem College meinen ersten Job antrat. An der University of

Iowa hatte ich Football gespielt und Elektrotechnik als Hauptfach studiert. Obwohl ich die Ingenieurwissenschaften liebte und immer noch diese Denkweise habe, alles optimieren zu wollen, wusste ich schon, als die Personalvermittler auf den Campus kamen, dass ich auf keinen Fall den typischen Karriereweg eines Ingenieurs einschlagen würde. Mir war klar: Wenn ich für ein Unternehmen wie IBM arbeiten würde, würde ich jahrelang in einer Unterabteilung für den Teilabschnitt eines Chips arbeiten, um irgendwann die Chance zu erhalten, ein tatsächliches Design zu entwickeln. Das schien mir nicht besonders aufregend. Der starre Zeitplan – und nur ein paar Wochen Urlaub jedes Jahr – würde all den anderen Dingen, die ich tun wollte, im Wege stehen. Natürlich war ich jung und ein wenig größenwahnsinnig. Aber ich war mir sicher, dass es da draußen etwas viel Besseres für mich gab.

Während meiner Zeit im College war der Film *Wall Street* herausgekommen. Heute lachen die meisten Leute über diesen Film: Wir machen uns lustig über den glatt geschniegelten Michael Douglas, der uns in seiner Rolle als Gordon Gekko wissen ließ: »Der entscheidende Punkt ist doch, dass die Gier, leider gibt es dafür kein besseres Wort, gut ist.« Wir alle wissen, wohin diese Art von ungezügeltem Kapitalismus die westliche Welt gebracht hat. Aber damals hat mich der reiche und ungezügelte Lebensstil, den der Film porträtierte, wirklich angesprochen. Ich spürte, dass die Finanzwelt mir die Art von Freiheit geben würde, die ich mir wünschte.

Also nahm ich einen Job bei der New Yorker Handelsbörse an. Mein Titel war »Screen Clerk« – ich war eine Art Laufbursche, der Dinge machen musste, wie seinen Chefs Sandwiches aufs Börsenparkett zu schmuggeln. Es war das Pendant der Finanzindustrie zur Arbeit in der Poststelle in Hollywood.

Mein Gehalt in dem Job betrug anfangs 16 000 Dollar im Jahr – nicht unbedingt das, was man braucht, um in New York ein Auskommen zu haben, selbst damals, in den frühen 1990er-Jahren nicht –, also zog ich zurück nach Hause zu meiner Mutter nach Orange, New Jersey. Nachdem ich zum »Head Screen Clerk« befördert worden war und 18 000 Dollar verdiente, konnte ich in die Upper West Side von Manhattan umziehen, wo ich mir eine kleine Einzimmerwohnung mit einem Mitbewohner teilte. Mein Mitbewohner und ich stellten eine provisorische Wand auf, die mir quasi ein Schlafzimmer in der Größe eines Pizzaofens bot. Ich hatte damals so wenig Geld zur Verfügung, dass ich mir eine Monatskarte für die U-Bahn kaufen musste, weil ich mir nicht täglich den vollen Fahrpreis leisten konnte. Wenn ich mit einem Mädchen ins Kino ging, kam ich ins Schwitzen, wenn sie Popcorn bestellte. Im Ernst.

Also fing ich an, abends die Limousine meines Chefs zu fahren, um zusätzliches Geld zu verdienen. Zudem wurde ich extrem sparsam und versuchte, so viel von meinem Einkommen wie möglich beiseitezulegen. Der einzige Kerl, den ich kannte, der noch geiziger war als ich, war mein Freund Tony, der die nicht aufgepufften Maiskörner aus einer Schüssel Popcorn auflas, um sie später wiederzuverwenden, nachdem er sie – in der Hoffnung, sie gewännen ihre Feuchtigkeit zurück – in den Kühlschrank gestellt hatte.

Ich war stolz auf meine Sparsamkeit und wirklich zufrieden mit mir selbst, dass ich es schaffte, trotz eines so geringen Einkommens Geld zu sparen. Dann, eines Tages, unterhielt ich mich mit meinem Chef, Joe Farrell, einem Teilhaber der Firma, für die ich arbeitete. Irgendwie kamen wir auf meine Ersparnisse zu sprechen. Ich erzählte ihm, wie viel ich gespart hatte – ich glaube, es waren damals etwa 1000 Dollar –, und dachte, er würde meine Fähigkeiten im Umgang mit Geld bewundern. Mensch, da lag ich aber so was von falsch! Seine legendäre Antwort lautete:

»Bist du komplett bescheuert? Das Geld zu sparen?«

Es war wie ein Schlag ins Gesicht. Er fuhr fort. »Du hast hier angefangen, um *Millionen* zu verdienen«, sagte er. »Deine wahren Verdienstmöglichkeiten kommen noch. Glaubst du, dass du für den Rest deines Lebens nur 18 000 im Jahr verdienen wirst?«

Er hatte recht. Ich hatte den Job an der Wall Street nicht angenommen, um so wenig zu verdienen, und ich würde in den kommenden Jahren mit ziemlicher Sicherheit mehr verdienen. Warum sollte ich also diesen bescheidenen Anteil meines noch bescheideneren Einkommens für die Zukunft aufsparen? Ich sollte diese mickrigen 1000 Dollar jetzt schon genießen!

Es war ein Moment, der mein Leben verändern sollte: Mein Kopf war mit einem Mal offen für neue Ideen, wie man seine Einnahmen mit seinen Ausgaben in Einklang bringen kann. Damals wusste ich es noch nicht, aber was Joe Farrell meinte, ist eigentlich eine ziemlich alte Idee im Finanz- und Rechnungswesen. Sie nennt sich *Konsumausgleich.* Unsere Einnahmen können von einem Monat oder einem Jahr zum anderen variieren, aber das bedeutet nicht, dass unsere Ausgaben diese Schwankungen widerspiegeln sollten – wir wären besser beraten, wenn wir diese Schwankungen ausgleichen würden. Um das zu tun, müssen wir im Grunde genommen Geld aus den Jahren des Überflusses in die mageren Jahre transferieren. Das ist eine Möglichkeit, ein Sparkonto zu verwenden. Aber in meinem Fall habe ich mein Sparkonto vollkommen verkehrt herum benutzt: Ich habe meinem jüngeren, bedürftigen Ich Geld weggenommen, um es meinem zukünftigen, wohlhabenderen Ich zu geben. Kein Wunder, dass Joe mich für nicht ganz gescheit erklärte.

Wenn Sie das heute lesen, könnten Sie sagen: Okay, Konsumausgleich macht theoretisch Sinn, aber wie konnten Sie wirklich wissen, dass Sie in Zukunft so viel wohlhabender sein würden als damals? Nicht jeder Laufbursche wird später ein erfolgreicher Börsenhändler, genauso wenig wie jeder Anfänger in einer Poststelle in Hollywood zum Studiomogul wird. Das ist eine berechtigte Frage, und ich bin der Erste, der zugibt, dass vieles richtig laufen musste, damit ich dorthin kommen konnte, wo ich heute bin. Es stimmt, dass ich *den Umfang* meines zukünftigen Einkommens nicht vorhersagen konnte. Aber die Sache ist die: Ich hatte recht, wenn ich mir über die *Richtung* meines Verdienstes sicher war. Ich konnte nicht wissen, dass ich später einmal Millionen verdienen würde, aber ich wusste ganz sicher, dass ich mehr als 18 000 Dollar im Jahr verdienen wollte. Ich hätte sogar beim Kellnern mehr verdienen können.

IHR GELD ODER IHR LEBEN

Etwa um diese Zeit stieß ich auf ein wichtiges und einflussreiches Buch: *Your Money or Your Life* (dt. Titel: *Mehr Geld für mehr Leben*) von Vicki Robin und Joe Dominguez. Ich habe dieses Buch seitdem mehrmals gelesen und weiß, dass es heute, etwa 25 Jahre später, bei einer neuen Generation von Lesern beliebt ist, die finanziell unabhängig früh in den Ruhestand gehen. Damals hat dieses Buch mein Verständnis vom Wert meiner Zeit und meines Lebens völlig verändert: Beim Lesen dieses Buches wurde mir klar, dass ich wertvolle Stunden meines Lebens vergeude.

Wie das? In dem Buch wird argumentiert, dass Ihr Geld für Lebensenergie steht. *Lebensenergie* sind all die Stunden, die Sie leben, um Dinge zu tun – und wann immer Sie arbeiten, geben Sie einen Teil dieser endlichen Lebensenergie aus. Jeder Geldbetrag, den Sie durch Ihre Arbeit verdient haben, stellt also die Menge an Lebensenergie dar, die Sie aufgebracht haben, um dieses Geld zu verdienen. Das gilt unabhängig davon, wie viel oder wie wenig sich Ihre Arbeit auszahlt. Wenn Sie also nur 8 Euro pro Stunde verdienen, bedeutet es, wenn Sie diese 8 Euro ausgeben, dass Sie den Wert einer Stunde Ihrer Lebensenergie ausgeben. Diese einfache Idee hat mich sehr beeindruckt und mich viel stärker bewegt als das alte Sprichwort, dass Zeit Geld ist. Ich begann zu denken: *Du nimmst mir meine Lebensenergie und gibst mir dafür Papiergeld?!* Es war wie am Ende des Films *Matrix*, als Neo herumläuft und die Welt sieht, wie sie ist. So ging es mir, nachdem ich das Buch gelesen hatte: Ich fing an, die Stunden zu berechnen, die man braucht, um etwas zu kaufen. Ich sah ein hübsches Hemd, rechnete es mir aus und dachte: *Nein, ich werde doch nicht zwei Stunden arbeiten, nur um mir dieses Hemd zu kaufen!*

Verschiedene andere Ideen aus diesem Buch sind mir in Erinnerung geblieben, aber ich werde Ihnen nur noch diejenige nennen, die für die Seiten, die Sie gerade lesen, am relevantesten ist: Ein höheres Gehalt bedeutet nicht immer ein höheres tatsächliches Einkommen auf Stundenbasis. Zum Beispiel könnte eine Person, die 40 000 Euro pro Jahr verdient, tatsächlich mehr pro Stunde verdienen als jemand, der 70 000 Euro pro Jahr verdient. Wie ist das möglich? Auch hier spielt die Lebensenergie eine wichtige Rolle. Wenn der 70 000-Euro-Job einen mehr an Lebensenergie kostet – der Zeitaufwand für einen langen Arbeitsweg in die Stadt, die Kosten für die Art von Kleidung, die man für diesen anspruchsvollen Job benötigt, und natürlich die zusätzlichen Stunden, die man für den Job selbst aufwenden muss –, dann wird die Person, die das höhere Gehalt verdient, am Ende oft ärmer sein. Dieser vermeintliche Spitzenverdiener hat auch weniger Zeit, um das Geld, das er oder sie verdient, zu genießen. Wenn man also Arbeitsverhältnisse vergleicht, muss man diese versteckten, aber wesentlichen Kosten mit einkalkulieren.

Für mich läuft alles auf Kekse hinaus: Um meine Knorpel in den Knien zu schonen, und aus anderen gesundheitlichen Gründen, versuche ich, ein gewisses Körpergewicht zu halten, sodass ich, wenn ich kurz davor bin, einen Keks zu essen, diese Kekse in Zeit auf dem Laufband umrechne. Manchmal, wenn mich ein Keks anlacht, nehme ich einen Bissen, um zu sehen, ob er gut schmeckt, und frage mich dann: *Lohnt es sich, diesen Keks zu essen, um eine weitere Stunde auf dem Laufband zu verbringen?* Die Antwort ist nicht immer nein (obwohl sie es in der Regel ist), aber so oder so ist es nie eine unüberlegte Entscheidung. Solche Berechnungen – ob mit Geld und Zeit oder mit Ernährung und Sport – helfen uns, bewusster zu entscheiden. Das wiederum bedeutet letztlich, dass wir bessere Entscheidungen treffen, als wenn wir aus einem Impuls heraus oder aus Gewohnheit handeln.

Ich will damit nicht sagen, dass jede Arbeit – oder jedes Work-out – eine Zeitverschwendung ist. Wahrscheinlich macht Ihnen Ihre Arbeit Spaß, und vielleicht sind Sie sogar froh, wenn Sie etwas erledigt bekommen, auch wenn Sie nicht bezahlt werden. Aber das ist der geringste Teil der Arbeit der meisten Menschen: Wenn wir nicht arbeiten müssten, um Geld zu verdienen, würden die meisten von uns andere Dinge finden, mit denen sie lieber ihre Zeit verbringen würden.

Als Amerikaner fühlen wir uns einer traditionellen Arbeitsmoral verpflichtet. Aber Menschen in vielen anderen Kulturen verstehen, dass es im Leben um viel mehr geht als um Arbeit. Man bekommt ein Gefühl dafür, wenn man die Menge an bezahltem Jahresurlaub betrachtet, den die Menschen in vielen europäischen Ländern nehmen: 30 Tage oder mehr an Orten wie Frankreich oder Finnland. Deutschland liegt mit mindestens 20 Tagen gesetzlichem Urlaubsanspruch im guten Mittel. Zum Vergleich: In den USA sind es gerade mal 15 Tage. Auf der Insel St. Barts, einem meiner Lieblingsorte auf dem Planeten, schließt jeder Laden mitten am Tag für zwei Stunden, sodass jeder mit seinen Freunden Zeit verbringen und ein schönes langes Mittagessen genießen kann. Das ist eine viel bessere Work-Life-Balance, als die meisten von uns es gewohnt sind.

IHR LEBEN IST DIE SUMME IHRER ERFAHRUNGEN

Das ist auch ganz im Sinne von *Mehr Geld für mehr Leben*. Die Autoren dieses Buches fordern uns vor allem dazu auf, unser Leben nicht für Geld zu opfern; sie wollen, dass wir nicht Sklaven unserer Arbeit und unseres Besitzes sind. Was schlagen sie uns also vor, um diese finanzielle Unabhängigkeit zu erreichen? Der Weg, den sie uns anbieten, ist Genügsamkeit: die Entscheidung, einfach zu leben, sodass man nicht viel Geld *braucht*. Allerdings gehört das nicht zu meinen großen Erkenntnissen aus ihrem lebensverändernden Buch, und es ist auch *nicht* das, was ich Ihnen empfehle.

Stattdessen glaube ich fest an den Wert von Erfahrungen. Erfahrungen müssen nicht viel Geld kosten – sie können sogar kostenlos sein –, aber lohnenswerte Erfahrungen kosten normalerweise etwas Geld. Die unvergessliche Reise, die Konzertkarten, die Umsetzung eines unternehmerischen Traums oder eines neuen Hobbys – all diese Erfahrungen kosten Geld, und manchmal kosten sie viel Geld. Für mich sind diese Erfahrungen es jedoch wert, dafür Geld auszugeben. Viele psychologische Studien haben gezeigt, dass es uns glücklicher macht, Geld für Erlebnisse auszugeben, als Geld für *Dinge* auszugeben. Im Gegensatz zu materiellem Besitz, der am Anfang aufregend erscheint, dann aber oft schnell an Wert verliert, gewinnen Erfahrungen im Laufe der Zeit tatsächlich an Wert: Sie bringen uns das ein, was ich als *Erinnerungsdividende* bezeichne, worüber Sie im nächsten Kapitel noch viel mehr lesen werden. Von der Hand in den Mund zu leben, wenn man sich eigentlich mehr leisten kann, beraubt Sie dieser Erfahrungen und macht Ihre Welt kleiner, als sie sein muss.

Ihr Leben ist also die Summe Ihrer Erfahrungen. Aber wie maximieren Sie den Wert Ihrer Erfahrungen, um das Beste aus Ihrem einen Leben zu machen? Oder wie ich es weiter oben in diesem Kapitel formuliert habe: Wie kann man seine Lebensenergie am besten einsetzen, bevor man stirbt?

Dieses Buch ist meine Antwort auf diese Frage.

WELCHEN ZWECK VERFOLGT DIESES BUCH?

Dieses Buch begann als App. Ich wusste, dass es einen optimalen Weg geben musste, um seine Lebensenergie einzusetzen. Und ich wusste, dass die meisten Menschen dies nur suboptimal tun. Das liegt unter anderem an der Komplexität der Berechnung: Als Menschen haben wir Schwierigkeiten, große Mengen von Daten mit mehreren Variablen zu verarbeiten. Wenn wir überfordert sind, schalten wir auf Autopilot, und das Ergebnis ist bei Weitem nicht optimal. Computer sind viel besser in der Lage, diese Art von Problemen zu lösen. Also dachte ich mir, ich erschaffe eine App, die den Menschen hilft, ihr Leben zu optimieren – oder dem zumindest so nahekommt, wie es eine Person und ein Computer im besten Fall können.

Dann, vor ein paar Jahren, sprach ich mit meinem Arzt – einem dieser Ärzte in Los Angeles, die im Grunde versuchen, einen unsterblich zu machen. Sein Name ist Chris Renna, und er arbeitet in einer Klinik namens LifeSpan, die äußerst umfassende Tests durchführt, um gesundheitliche Probleme frühzeitig zu erkennen. Je früher Sie medizinische Probleme erkennen, desto größer sind Ihre Chancen, nicht nur Unheil zu vermeiden, sondern auch ein gesünderes Leben zu führen. Wenn Sie zum Beispiel eine Zerrung haben und es vermeiden, noch mehr daran zu zerren, wird das Ihre Lebensqualität verbessern. Also stellte mir Dr. Renna alle möglichen Fragen, um medizinische Bedenken frühzeitig zu erkennen. Fragen wie »Bekommen Sie sieben Stunden Schlaf?«, »Wie ist es um Ihr Sexleben bestellt?«, »Haben Sie Probleme beim Urinieren?« – alles Erdenkliche. Und dann stellte er im Rahmen der psychologischen Beurteilung eine Frage zum finanziellen Stress: »Haben Sie Angst, dass Ihnen das Geld ausgehen könnte?«

Ich antwortete: »Ich *hoffe*, dass mir das Geld ausgehen wird!«

Er warf mir einen irritierten Blick zu. Ich hob also zu meinem Sermon darüber an, dass ich mir ein Leben voller neuer Erfahrungen wünsche und dass es mir nicht möglich sei, Geld auszugeben, wenn ich tot oder zu alt für viele dieser Erfahrungen bin, und es daher mein Ziel sein sollte, mit einer Null auf dem Konto zu sterben.

Er erwiderte, dass noch nie jemand die Frage auf diese Art und Weise beantwortet habe. Auch wenn seine Patienten in der Regel wohlhabend seien, hätten viele von ihnen immer noch Angst, dass ihnen das Geld ausgehen könnte. Ich erzählte ihm, dass ich an einer App arbeitete, um Menschen mit diesem Problem zu helfen, und er entgegnete: »Nein, Sie müssen ein Buch schreiben. Sie müssen die ganze Geschichte erzählen – alle Ihre Konzepte erklären, und zwar nicht nur den Nutzern der App. Und Sie müssen gleich damit anfangen.« Er empfahl mir sogar einige Ghostwriter!

Aber das Buch, das Sie jetzt lesen, ist nicht genau das Buch, das Dr. Renna im Sinn hatte. Es stellte sich heraus, dass das, was ihn am meisten faszinierte – die ungewöhnliche Idee zu erläutern, warum man mit einer Null auf dem Konto sterben sollte –, genau das war, was viele Menschen abschreckte. Offensichtlich sind es nicht nur die Reichen, die Angst haben, dass ihnen das Geld ausgehen könnte: Es ist eine Angst, von der ich immer wieder von Menschen gehört habe, die von meinen Ideen erfahren hatten. Sie werden also sehen, dass ich diese Angst im ganzen Buch ansprechen werde. Schließlich würde kein Mensch versuchen, mit einer Null auf dem Konto zu sterben, wenn er Angst hat, *vor* dem eigenen Tod vor dem finanziellen Nichts zu stehen.

Ich möchte jedoch klarstellen, dass nicht alle finanziellen Ängste identisch sind. Die Ängste mancher Menschen sind irrational: Sie haben reichlich finanzielle Mittel, sodass sie, wenn sie richtig planen, keine Angst haben müssen, dass ihnen das Geld ausgeht. Das sind die Menschen, für die ich schreibe: Menschen, die zu viel für ihr eigenes Wohlergehen sparen. Aber für Millionen von Amerikanern und für Milliarden andere Menschen, die außerhalb dieses Landes leben, ist die Angst, dass ihnen das Geld ausgeht, mehr als nur eine Angst. Die Ärmsten unter uns sitzen leider in diesem Boot: Wenn man wenig oder gar kein eigenes Einkommen hat, hat man per definitionem kaum eine Wahl, wie man sein Geld ausgibt. So macht es durchaus Sinn, dass man sich auf das Überleben konzentriert. Die Bedürftigen haben einfach nicht den Luxus, die optimale Balance zwischen Arbeit und Freizeit zu finden – oder zwischen den Ausgaben jetzt und den Investitionen für die Zukunft. Innerhalb der Zwänge ihrer schrecklichen Lebensumstände tun Menschen in Armut wahrscheinlich bereits alles, was sie können, um das Beste aus ihrem Geld und ihrem Leben herauszuholen.

Die Angst, dass das Geld ausgeht, ist auch für Menschen, die ihr Geld hemmungslos ausgeben, durchaus berechtigt: Das sind Menschen, die wirklich zu viel Geld zu früh ausgeben, also *sollten* sie Angst haben! Ich möchte die Fabel von der Ameise und der Grille auf den Kopf stellen, um den Menschen zu zeigen, dass man im Extremfall unerfüllt bleibt, wenn man die Erfüllung von Erfahrungen hinauszögert – aber ich bin mir auch voll bewusst, dass sich leider viele Menschen nur allzu sehr mit der Grille identifizieren.

In gewisser Weise ist dieses Buch für beide Seiten. Ob Sie nun das Portemonnaie locker sitzen haben und zukünftige Erfahrungen opfern, von denen Sie nicht einmal wussten, dass Sie sie machen wollen, oder ob Sie sich ständig abrackern, immer noch etwas tun müssen, das Ihnen nicht gefällt, nur damit Sie Geld für Erfahrungen verdienen können, die Sie nie machen werden – in beiden Fällen leben Sie suboptimal. Abgesehen davon geht es in diesem Buch viel mehr darum, die Ameise zur Grille zu schleifen, als umgekehrt.

Es gibt viele Wege, suboptimal zu leben, und nur einen Weg, vollkommen optimal zu leben. Keiner von uns wird jemals perfekt sein, aber wenn Sie die Prinzipien in diesem Buch befolgen, werden Sie die schlimmsten Fehler vermeiden und mehr aus Ihrem Geld und Ihrem Leben herausholen.

Und wie? Alle Lebewesen, auch Menschen, sind energieverarbeitende Organismen.[3] Wir verarbeiten Nahrung, damit wir unseren

Körper mit Energie versorgen können. Durch die Verarbeitung von Energie können wir nicht nur auf der Erde überleben, sondern auch ein potenziell erfülltes Leben führen: Mit dieser Energie können wir uns in der Welt bewegen. Bewegung ist Leben. Während wir uns bewegen, erhalten wir ein kontinuierliches Feedback, was zu Entdeckungen, Wundern, Glücksmomenten und all den anderen Erfahrungen führt, die man während des großen Abenteuers des Lebens machen kann. Wenn Sie nicht mehr in der Lage sind, Energie zu verarbeiten, werden Sie für tot erklärt und Ihr Abenteuer ist vorbei. In diesem Buch geht es darum, das Beste aus Ihrem Abenteuer zu machen, bevor es endet. Da die Belohnung für die Verarbeitung von Energie die Erfahrungen sind, die Sie sich aussuchen können, liegt es nahe, dass der Weg, das Beste aus Ihrem Leben herauszuholen, darin besteht, die Anzahl dieser Lebenserfahrungen zu maximieren – vor allem positive Lebenserfahrungen.

Aber das klingt wahrscheinlich einfacher, als es tatsächlich ist. Um das Beste aus Ihrem Leben zu machen, können Sie nicht einfach anfangen, so viele positive Lebenserfahrungen zu sammeln, wie Sie finden können. Das liegt daran, dass die meisten Erfahrungen Geld kosten. (Das Essen etwa, das Sie mit Lebensenergie versorgt, ist ganz sicher nicht umsonst.) Obwohl es also äußerst effizient wäre, die gesamte Lebensenergie direkt in Erfahrungen umzuwandeln, muss man oft den Zwischenschritt machen: Geld verdienen. Mit anderen Worten: Sie müssen zumindest einen Teil Ihrer Lebensenergie für die Arbeit aufwenden und dann Ihren Verdienst nutzen, um Erfahrungen zu sammeln.

Wenn Ihr Ziel jedoch darin besteht, Ihre Erfüllung über Ihre gesamte Lebensspanne hinweg zu maximieren, ist es überhaupt nicht offensichtlich, wie viel Ihrer Lebensenergie für das Geldverdienen aufgewendet werden sollte (und wann) und wie viel für das Sammeln von Erfahrungen. Zunächst einmal ist jeder Mensch in mehrfacher Hinsicht unterschiedlich; es gibt daher eine Menge Variablen zu berücksichtigen. Dies stellt sich also als ein komplexes Optimierungsproblem heraus. Deshalb ist eine App nützlich: Sie kann viele Variablen berücksichtigen und die notwendigen Berechnungen durchführen, um Ihnen zu helfen, verschiedene mögliche Lebensentwürfe zu vergleichen und zu zeigen, welcher Weg zu mehr Erfüllung führt. Doch selbst eine App kann nicht vollkommen sein, weil selbst das raffinierteste Modell die Komplexität eines menschlichen Lebens nicht vollständig erfassen kann; außerdem sind die Ergebnisse einer App nur so gut wie die Daten, mit denen sie gespeist wird, und die meisten Daten sind auch nicht lückenlos. Dennoch ist es sowohl mit als auch ohne Software möglich, sinnvoll über die Entscheidungen nachzudenken, wann man Geld verdienen und wann man es ausgeben sollte. Obwohl ich nicht alle Antworten parat habe und auch nie haben werde, bin ich von den Grundprinzipien, die ich vorhin zusammen mit einigen anderen erwähnt habe, überzeugt. Jedes Kapitel in diesem Buch erklärt eines dieser Prinzipien oder eine dieser »Regeln«, die zu klügeren Entscheidungen über die Aufteilung Ihrer kostbaren Lebensenergie führen. Sie und ich werden niemals Perfektion erreichen, aber wenn Sie diese Regeln auf Ihr eigenes Leben anwenden, werden Sie sich dem optimalen Zustand nähern.

Mein übergreifendes Ziel ist es, Sie dazu zu bringen, über Ihr Leben in einer zielgerichteteren, bewussteren Weise nachzudenken, anstatt einfach nur Dinge zu tun, wie Sie und andere sie immer getan haben. Ja, ich möchte, dass Sie für Ihre Zukunft planen – aber nie so, dass Sie vergessen, die Gegenwart zu genießen. Wir alle bekommen nur eine einzige Gelegenheit, uns auf diesem Abenteuerspielplatz Leben auszutoben. Lassen Sie uns darüber nachdenken, wie wir daraus das aufregendste, beglückendste und zufriedenstellendste Abenteuer machen können, das Sie sich vorstellen können.

Empfehlung

Fangen Sie an, aktiv darüber nachzudenken, welche Lebenserfahrungen Sie machen möchten und wie oft Sie diese machen möchten. Die Erfahrungen können groß oder klein, kostenlos oder kostspielig, karitativ oder hedonistisch sein. Aber machen Sie sich ernsthaft Gedanken, was Sie sich wirklich von diesem Leben in Form von sinnvollen und unvergesslichen Erfahrungen wünschen.

KAPITEL 2
INVESTIERE IN ERFAHRUNGEN

REGEL NUMMER 2:
BEGINNEN SIE SCHON FRÜH, IN ERFAHRUNGEN ZU INVESTIEREN.

Als ich Anfang 20 war, beschloss mein damaliger Zimmergenosse Jason Ruffo, sich ungefähr drei Monate von der Arbeit freizunehmen, um eine Rucksackreise nach Europa zu unternehmen. Ja, es handelte sich um denselben Freund, mit dem ich die Miete einer pizzaofengroßen Wohnung in Manhattan teilte: Wir waren beide nur Laufburschen und verdienten etwa 18 000 Dollar im Jahr.

Um eine solche Reise in die Tat umzusetzen, musste Jason seinen Job auf Eis legen – und er musste sich etwa 10 000 Dollar von der einzigen Person leihen, die ihm so viel Geld leihen würde: einem Kredithai. Sie wissen schon, die Art von Kreditgebern, die keine Sicherheiten verlangen und sich nicht um Ihre Kreditwürdigkeit scheren, weil sie andere Möglichkeiten haben, um sicherzustellen, dass Sie zurückzahlen.

Ich sagte zu Jason: »Bist du verrückt? Dir Geld von einem Kredithai zu leihen? Das wird dir dein Genick brechen!« Ich machte mir nicht nur Sorgen um Jasons körperliche Unversehrtheit. Nach Europa zu gehen, bedeutete auch, dass Jason jegliche Möglichkeiten zum beruflichen Aufstieg verpassen würde. Für mich war die Vorstellung, so etwas zu tun, so fremd wie eine Reise zum Mond. Ich wollte ihn auf keinen Fall begleiten.

Aber Jason war fest entschlossen, also flog er nach London, aufgeregt und zugleich gespannt darauf, allein mit einem Interrail-Pass und ohne festen Zeitplan zu reisen. Als er ein paar Monate später zurückkam, gab es keinen erkennbaren Unterschied zwischen seinem Einkommen und meinem – aber die Bilder und Geschichten seiner Erlebnisse zeigten, dass er unendlich reicher war, weil er die Reise gewagt hatte. Man muss sich in Erinnerung rufen: Das war Anfang der 1990er-Jahre, vor den Zeiten von Highspeed-Internet und Google Earth. Um zu sehen, wie Prag aussah, ohne wirklich dort zu sein, musste man sich einen Bildband über die Stadt besorgen. Seine Geschichten zu hören und seine Fotos anzuschauen, war, als lauschte man einem Entdecker exotischer Welten.

In Deutschland sah er die Schrecken von Dachau. In der neu gegründeten Tschechischen Republik erfuhr er vom Leben unter kommunistischer Herrschaft. In Paris verbrachte er zusammen mit zwei neuen Freunden einen Nachmittag im Park, genoss Baguettes mit Käse und Wein und hatte das Gefühl, dass alles möglich war. Schließlich machte er sich auf den Weg zu den griechischen Inseln. Irgendwo auf dem Weg verliebte er sich in eine Frau und hatte zum ersten Mal Sex am Strand. Während er Einheimische und junge

Reisende von überallher traf, lernte er mehr über sich selbst und andere Menschen und Kulturen, und er spürte, wie sich ihm eine ganz neue Welt öffnete. Seine Geschichten über all die interessanten Kulturen, die er kennengelernt hatte, und die Verbindungen, die er geknüpft hatte, waren so erstaunlich, dass ich ziemlich neidisch wurde. Plötzlich bedauerte ich, dass ich nicht mitgekommen war.

Im Laufe der Zeit wuchs dieses Gefühl der Reue nur noch mehr. Als ich schließlich im Alter von 30 Jahren nach Europa ging, war es zu spät: Ich war schon ein bisschen zu alt und zu versnobt, um in Jugendherbergen zu übernachten und mit einem Haufen 24-Jähriger rumzuhängen. Außerdem hatte ich mit 30 Jahren viel mehr Verpflichtungen als mit Anfang 20, was es viel schwieriger machte, monatelang auf Reisen zu gehen. Schließlich musste ich bedauerlicherweise erkennen, dass ich einfach früher hätte reisen sollen.

Genau wie ich wusste auch Jason, dass er diese Europareise zeitlich genau richtig geplant hatte. »Ich würde heute nicht mehr gerne in einer Jugendherberge mit 20 Leuten auf einem verlotterten Etagenbett schlafen, und ich hätte auch keine Lust, einen 30 Kilo schweren Rucksack mit mir in Zügen und durch die Straßen zu schleppen.« Aber im Gegensatz zu mir hatte er die Reise tatsächlich unternommen, sodass er sich keine Gedanken mehr machen musste. Tatsächlich empfand er trotz des hoch verzinsten Darlehens alles andere als Bedauern wegen der Ausgaben. »Was auch immer ich bezahlt habe, ich habe das Gefühl, es war ein Schnäppchen, weil ich dafür Lebenserfahrungen gesammelt habe«, sagte er mir. »Die kann man mir nicht wegnehmen, und ich würde für kein Geld der Welt darauf verzichten wollen.« Mit anderen Worten: Was er bei dieser Reise gewonnen hat, ist unbezahlbar.

Als Jason damals beschloss, diese Reise zu unternehmen, war er seinem Bauchgefühl gefolgt. Er hatte nicht sein ganzes Leben durchgeplant und in jungen Jahren bewusst entschieden, *in Erfahrungen zu investieren*. In gewisser Weise hatte er Glück, dass sein Instinkt ihn zu einer so großartigen Entscheidung geführt hatte. Aber meistens sind Instinkte nicht genug, und sie lenken uns oft in die falsche Richtung. Mein Ziel mit diesem Buch ist es daher, Sie zu ermutigen, Ihre Entscheidungen in Ihrem Leben viel bewusster zu treffen. Ich möchte, dass Sie anhand von Daten und rationalen Überlegungen herausfinden, was zu tun ist. Auf diese Weise werden Sie die besten Entscheidungen treffen. Und in diesem Kapitel bedeutet das, dass ich Ihnen zeige, wie Sie Ihre Lebenserfahrungen stärker auf quantitativer Ebene bewerten können, als Sie es wahrscheinlich jemals getan haben.

DAS GESCHÄFT IHRES LEBENS

Der Grundgedanke dabei ist, dass Ihr Leben die Summe Ihrer Erfahrungen ist. Das bedeutet einfach, dass alles, was Sie im Leben tun – alle täglichen, wöchentlichen, monatlichen, jährlichen und einmaligen Erfahrungen, die Sie machen –, sich zu dem addiert, was Sie sind. Wenn Sie auf Ihr Leben zurückblicken, wird der Reichtum dieser Erfahrungen Ihr Urteil darüber prägen, wie erfüllt Ihr Leben war. Es liegt also nahe, dass Sie ernsthaft darüber nachdenken und sich bemühen sollten, die Art von Erfahrungen zu planen, die Sie für sich selbst wünschen. Ohne diese bewusste Planung sind Sie gezwungen, einfach dem ausgetretenen, vorgegebenen Weg unserer Kultur durchs Leben zu folgen – Sie gleiten auf Autopilot dahin. Sie werden Ihr Ziel (den Tod) erreichen, aber wahrscheinlich ohne die Art von Reise, die Sie sich selbst bewusst ausgesucht hätten.

Bedauerlicherweise verbringen zu viele Menschen ihr Leben so. In eine Metapher gefasst: Diese Menschen bauen einen Brunnen, besorgen sich eine Pumpe, und wenn die Pumpe Wasser in eine Tasse pumpt, füllt sich die Tasse so schnell, dass das Wasser überläuft. Sie nehmen einen Schluck und pumpen weiter. Und am Ende ihres Lebens, nach lebenslangem Pumpen, sehen sie, dass sie immer noch durstig sind. Was für eine Verschwendung! Stellen Sie sich das Gefühl des Bedauerns vor, wenn Sie ans Ende Ihrer Tage gelangen und dann feststellen, dass Sie es nicht geschafft haben, ein Leben voller befriedigender Erfahrungen zu führen. Mit den weisen Worten von Carson, dem Butler von *Downton Abbey*: »Das Geschäft des Lebens ist der Erwerb von Erinnerungen. Am Ende ist das alles, was bleibt.«

Das klingt wirklich reizvoll, aber es ist auch die Art von Gedanke, der in das eine Ohr hinein- und aus dem anderen Ohr hinausgeht. Man hört es sich an, nickt vielleicht zustimmend – und geht dann wieder zur Tagesordnung über. Als das Leben meines Vaters sich dem Ende neigte, wurde die Vorstellung, dass es im Leben darum geht, Erinnerungen zu sammeln, für mich jedoch wirklich greifbar.

Zu diesem Zeitpunkt hätte mein Vater keinen Urlaub mehr machen können: Seine körperliche Leistungsfähigkeit war stark eingeschränkt, und Reisen hätte sein Leben zu sehr gefährdet. Stattdessen machte ich ihm ein unglaublich sentimentales Geschenk: ein iPad voller Erinnerungen. Als Student hatte er für die University of Iowa Football gespielt – auch im Jahr 1959, als die Hawkeyes den Rose Bowl gewannen. Also stellte ich die filmischen Highlights dieser glorreichen Spielsaison zusammen, ließ sie digitalisieren und dann aufs iPad überspielen. Wir erleben immer wieder einzelne Episoden unseres Lebens anhand von Erinnerungen noch einmal, und ich dachte mir, dass dieses Format die Erinnerungen für ihn noch lebendiger und leichter zugänglich machen würde. Tatsächlich war er hin und weg davon. Während er das iPad in der Hand hielt und sich das Video ansah, lachte er, weinte und schwelgte in Erinnerungen. Er war zwar zu alt, um noch bedeutende neue Erfahrungen zu sammeln, hatte an diesem Highlight-Video jedoch seine helle Freude. In der Tat war er der Meinung, es sei das beste Geschenk aller Zeiten. Da wurde mir klar, dass die Erinnerungen das sind, was einem bleibt. Wenn man zu gebrechlich ist, um noch irgendetwas anderes zu tun, kann man immer noch auf das gelebte Leben zurückblicken und einen immensen Stolz empfinden, Freude und das bittersüße Gefühl der Nostalgie.

ZWISCHEN DER AMEISE UND DER GRILLE

Der Gedanke, dass man sich mit seinen Erinnerungen in den Ruhestand zurückzieht, steht im völligen Widerspruch zu dem, was wir normalerweise über den Ruhestand hören. Als Arbeitnehmer in den USA und auch in Deutschland bekommen wir ständig gesagt, dass wir für den Ruhestand sparen müssen, dass wir regelmäßig Geld in einen privaten Rentensparplan stecken müssen. Das ist nur die erwachsene Version der Lektionen, die wir als Kinder über die Notwendigkeit gelernt haben, etwas für schlechte Zeiten zurückzulegen.

Die bekannteste Variante der Fabel von der Ameise und der Grille zeigt zum Beispiel, wie die Ameise hübsch (und ziemlich selbstgefällig) nach ihrer Getreideernte dasitzt, während die Grille, nachdem sie den ganzen Sommer lang musiziert hat, Hunger leidet. Diese Nacherzählung lässt keinen Zweifel daran, welches der beiden Insekten das Richtige getan hat, und es war sicher nicht die lebenslustige, kurzsichtige Grille.

Aber verstehen Sie mich nicht falsch: Mir geht es nicht darum, dass wir wie die Grille sein sollten, dass wir nicht für den Winter unseres Lebens sparen oder dass jeder Betrag, den wir für Erfahrungen ausgeben, sich lohnt, weil Erfahrungen schließlich der Stoff des Lebens sind. Das wäre töricht. Was ich sagen will, ist, dass unsere Gesellschaft dazu neigt, die Tugenden der Ameise – harte Arbeit und späte Belohnung – auf Kosten anderer Tugenden *überzubewerten*. Deshalb erkennen wir nicht an, dass auch die Grille ein Ziel hatte. Ja, die Grille wäre besser beraten gewesen, ein wenig zu sparen – und ja, die Ameise hätte besser daran getan, ein wenig zu leben! Ich bin hier, um eine Brücke zwischen der Ameise und der Grille zu schlagen, um Ihnen zu helfen, die richtige Balance zwischen den beiden zu finden. In der Tat ist die erklärte Moral meiner Lieblingsversion dieser Fabel genau dies: »Es gibt eine Zeit für die Arbeit und eine Zeit für das Spiel.«[4] In einem späteren Kapitel stelle ich Ihnen konkrete Methoden vor, die Ihnen helfen sollen, die richtige Zeit (und die richtige Menge an Zeit) für Arbeit und Spiel zu finden – mit anderen Worten: für das Verdienen und für das Ausgeben von Geld.

WELCHEN WERT HAT EINE ERFAHRUNG?

Vorhin habe ich gesagt, dass das Leben die Summe aller Erfahrungen ist. Nun, ich meinte das nicht nur im übertragenen Sinne: Wenn man jede Erfahrung numerisch bewerten würde, könnte man tatsächlich den Wert verschiedener Erfahrungen addieren. Dadurch wird es möglich, Bündel von unterschiedlichen Erfahrungen zu vergleichen, was ein Schritt zur Maximierung Ihrer Lebenserfüllung ist.

Wie kann man einer Erfahrung einen numerischen Wert beimessen? Stellen Sie sich zunächst einmal vor, dass Sie die Freude, die Sie aus jeder Erfahrung ziehen, in Punkten berechnen – vergleichbar mit Punkten, die Sie in einem Spiel erzielen würden. Die besten Erfahrungen bringen Ihnen die meisten *Erfahrungspunkte*. Kleine Vergnügen bringen nur wenige Punkte. Wie viele Punkte Sie einer Aktivität beimessen, liegt ganz bei Ihnen, denn jeder hat andere Werte und Interessen. Manche Menschen mögen nichts lieber, als ihren Garten zu pflegen, deshalb würden sie sagen, dass jeder Tag, den sie mit Gartenarbeit verbringen, eine hohe Punktzahl ergibt. Andere würden sagen, dass man ihnen für das Zurückschneiden von Pflanzen oder das Jäten von Unkraut Geld zahlen müsste, sodass für sie jede Zeit, die sie mit Gartenarbeit verbringen, null Punkte ergibt. (Es gibt keine negativen Punkte in diesem System.)

Wenn Sie alle positiven Erfahrungen aus einem bestimmten Jahr zusammenzählen, erhalten Sie eine bestimmte Zahl (zum Beispiel 5090 Punkte). Diese Zahl kann als Balken in einem Balkendiagramm dargestellt werden. Je höher die Zahl, desto höher der Balken. So einfach ist das.

Sie können dasselbe für jedes Jahr Ihres bisherigen Lebens tun. Einige Jahre sind aus verschiedenen Gründen besser als andere – und auf einige dieser Gründe haben Sie keinen Einfluss. (Wenn Sie etwa durch einen Unfall für zwölf Monate an ein Krankenhausbett gefesselt sind, werden Sie in jenem Jahr wahrscheinlich nicht viele angenehme Erfahrungen machen.) Aber dieses Buch konzentriert sich auf die Bereiche, die Sie durch die Entscheidungen, die Sie treffen, in Ihrer Hand haben – seien Sie sich also bewusst, dass Sie einige wenige Faktoren *unter Ihrer Kontrolle haben.* Einer der wichtigsten ist, wie viel Zeit Sie in jedem Alter dafür aufwenden, Geld zu verdienen, im Vergleich zu Erfahrungen, die ausschließlich dem Genuss dienen. Es ist wie bei der Abwägung von Arbeit und Spiel, mit der die Ameise und die Grille konfrontiert sind. Indem Sie solche Entscheidungen beeinflussen, verändern Sie die Höhe der Balken und damit die Form Ihrer Kurve. Wir werden später mehr darüber sprechen, wie man diese Abwägungen treffen kann. Im Moment möchte ich nur, dass Sie verstehen, dass ich es durchaus wörtlich meine, dass das Leben die Summe Ihrer Erfahrungen ist.

Beispiel für eine Erfüllungskurve über einen Zeitraum von sieben Jahren

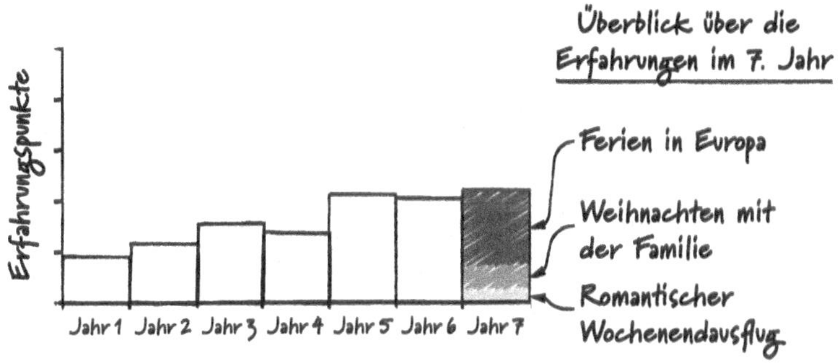

Jeder Balken repräsentiert die Anzahl der Erfahrungspunkte für ein Jahr. Alle Balken zusammen helfen Ihnen, Ihre Erfüllungskurve zu erstellen. Wenn Sie also Ihre Gesamterfüllung steigern, vergrößert sich die Fläche unter der Kurve – und so, wie Sie die Kurve formen, gestalten Sie Ihr Leben.

DIE ERINNERUNGSDIVIDENDE

Dieser Abschnitt gibt Ihnen den Rat, in Erfahrungen zu investieren – aber sind Erfahrungen wirklich eine Investition? Ich meine, es ist leicht einzusehen, dass Erfahrungen Zeit und Geld kosten und dass sie Ihnen in den Tagen und Jahren, in denen Sie diese Erfahrungen machen, Freude bereiten können. Das allein macht sie schon lohnenswert. Aber lassen Sie mich Ihnen erklären, warum ich behaupte, dass sie auch eine Investition in Ihre Zukunft sind.

Lassen Sie uns zunächst darüber sprechen, was eine Investition ist. Die meisten von uns hören dieses Wort und denken sofort an den Aktienmarkt. Oder an Anleihen. Oder an ein Portfolio aus verschiedenen Investitionen wie Aktien, Anleihen und Immobilien. Was haben alle Investitionen gemeinsam? Sie sind lediglich Mechanismen zur Generierung künftiger Einnahmen. Wenn Sie beispielsweise Aktien von IBM kaufen, hoffen Sie, dass Sie die Aktien später zu einem höheren Preis verkaufen können, als Sie sie gekauft haben, oder dass Sie zumindest in der Lage sind, die Dividenden zu erhalten, die IBM an die Aktionäre ausschüttet, also einen klitzekleinen Bruchteil der jährlichen Gewinne des Unternehmens. Können Sie mir bis hierhin folgen? Dasselbe gilt für Immobilien: Sie kaufen ein Haus, von dem Sie glauben, dass Sie es in ein paar Jahren mit Gewinn weiterverkaufen können. In der Zwischenzeit können Sie es vermieten und jeden Monat ein passives Einkommen erzielen, solange Ihre Mieter die Miete zahlen. Wenn Sie ein Unternehmen besitzen, das ein bestimmtes Gerät herstellt, und Sie eine neue Maschine kaufen, die diese Geräte doppelt so schnell und mit weniger Defekten anfertigt, dann ist die neue Maschine eine Investition in Ihr Unternehmen.

Ganz normal, oder? Denken Sie jetzt darüber nach, wie Sie diese Idee erweitern können, was wir ohnehin die ganze Zeit tun, ohne unbedingt an Investitionen zu denken. Nehmen wir zum Beispiel an, Sie sind ein Elternteil und bezahlen für Ihr Kind die Ausbildung. Warum zahlen Eltern in den USA jedes Jahr Zehntausende Dollar? Weil sie glauben, dass es sich lohnt. Wahrscheinlich glauben auch Sie, dass Ihr Sohn oder Ihre Tochter einen Abschluss mit den Fähigkeiten und akademischen Graden machen wird, die ihnen helfen werden, ein viel höheres Einkommen zu erzielen, als sie es ohne ein Studium tun würden. Aber vielleicht sind Sie skeptisch, dass sich ihr Abschluss jemals auszahlen wird. Nehmen wir an, Ihr Sohn möchte sich im Himalaja zum Korbflechter ausbilden lassen, und Sie hören, dass es inzwischen Roboter gibt, die so gut im Korbflechten sind, dass all die lukrativen Angebote für Korbflechter verschwinden werden. In diesem Fall werden Sie wahrscheinlich viel weniger begeistert sein, einen dicken Scheck für diese Ausbildung auszustellen. Wenn Sie über diese Dinge nachdenken, treffen Sie ebenso sicher Entscheidungen über Investitionen, wie wenn Sie sich Mietwohnungen oder Fabrikmaschinen kaufen wollten. Ökonomen bezeichnen Bildungsausgaben sogar als »Investitionen in das Humankapital«.[5]

Sie sehen also, dass Sie in sich selbst oder in andere Menschen investieren können. Sie tun dies immer dann, wenn Sie glauben, dass sich die Investition in der Zukunft auszahlen wird. Nun, hier ist eine grundlegendere Vorstellung: Eine Investition muss sich nicht unbedingt finanziell auszahlen. Wenn Sie Ihrer Tochter das Schwimmen oder Radfahren beibringen, dann nicht, weil Sie glauben, dass sie mit diesen neuen Fähigkeiten einen besser bezahlten Job bekommen wird. Erfahrungen funktionieren so: Wenn Sie Zeit oder Geld für Erfahrungen ausgeben, sind diese nicht nur in dem Moment erfreulich – Erinnerungen zahlen eine laufende Dividende, die Erinnerungsdividende, die ich in Kapitel 1 erwähnt habe.

Erfahrungen bringen Dividenden, weil wir Menschen ein Gedächtnis haben. Wir beginnen nicht jeden Tag mit einem leeren Gehirn wie die Figuren in so vielen Science-Fiction-Filmen. Wir wachen jeden Morgen mit einem Bündel von Erinnerungen auf, auf die wir jederzeit zugreifen können – hauptsächlich, um uns zu orientieren und durch die Welt zu navigieren. Wenn Sie vor einer großen rechteckigen Tafel mit einem hervorstehenden Hebel stehen, fragen Sie sich nicht: *Was ist dieses Ding?* Nein, Sie wissen, dass es eine Tür ist. Und Sie wissen, wie man diese Tür öffnet. Es gibt also eine riesige Dividende, wenn man einmal gelernt hat, was eine Tür ist – denken Sie an all die Türen, die Sie öffnen können!

Das ist nur ein simples Beispiel, aber es zeigt genau, was Erinnerungen bei uns bewirken. Sie sind eine Investition in unser zukünftiges Selbst, zahlen Dividenden und helfen uns, ein reicheres Leben zu führen. Sie sehen einen Menschen, der in Ihrer Küche Kaffee kocht, und Sie fangen nicht bei null an, als würden Sie einem Fremden begegnen. Sie wissen, dass dies der Mensch ist, den Sie lieben, und Sie wissen, warum Sie diesen Menschen lieben. Die ganze Geschichte, die in Ihre Beziehung eingeflossen ist, all Ihre vergangenen Gespräche und geteilten Erfahrungen bilden das aktuelle Gefühl, das Sie für diesen Menschen empfinden.

Genauso ist es, wenn man in irgendeine Erfahrung investiert. Wenn man eine Erfahrung macht, bekommt man einerseits unmittelbar ein Glücksgefühl, aber man formt auch Erinnerungen, die man später noch einmal abrufen kann. Das ist ein großer Teil dessen, was Sie als Menschen ausmacht: Auf Gedeih und Verderb erlebt man eine bestimmte Erfahrung immer wieder, oft mehr als einmal. Sie hören vielleicht ein Lieblingslied, riechen einen vertrauten Duft, sehen sich ein altes Foto an, und plötzlich wird Ihre Erinnerung wach und Sie vergegenwärtigen sich Ihre Erfahrung wieder. Sie denken an Ihren ersten Kuss, und wenn das eine angenehme Erfahrung war, dann fühlen Sie sich vielleicht warm und wuschelig. Oder Sie kichern vielleicht, weil Sie eine Zahnspange hatten und die ganze Erfahrung ein wenig peinlich, aber auch süß war. Jedes Mal, wenn Sie sich also an die ursprüngliche Erfahrung erinnern, erhalten Sie eine zusätzliche Erfahrung, indem Sie die ursprüngliche Erfahrung geistig und emotional noch einmal durchleben.

Die Erinnerung mag Ihnen vielleicht nur einen winzigen Bruchteil der Freude bescheren, die die ursprüngliche Erfahrung brachte, aber diese Erinnerungen machen Sie zu dem, was Sie sind. Deshalb würde mein ehemaliger Mitbewohner Jason, mit dessen Geschichte ich dieses Kapitel eröffnet habe, seine Rucksackreise durch Europa für kein Geld der Welt aus der Erinnerung löschen. Das ist auch der Grund, warum die Leute Fotoalben anlegen – und warum sie, wenn ihr Haus in Flammen steht, normalerweise erst ihre Fotoalben nehmen, bevor sie versuchen, so gut wie jeden anderen Besitz zu retten. In diesem Moment der Krise wird den Menschen schnell bewusst, dass materielle Gegenstände zwar ersetzt werden können, aber Erinnerungen unbezahlbar sind.

Die Erinnerungsdividende ist so wirkungs- und wertvoll, dass die Technologieunternehmen sie monetarisiert haben und damit Milliarden verdienen. Jeder, der Facebook oder Google Fotos benutzt, hat gelegentlich die Nachricht »Heute vor drei Jahren« gesehen, mit den entsprechenden Fotos von diesem Tag. Durch diese Funktion zapfen die Unternehmen Ihre Erinnerungsdividende an, wodurch gute Gefühle und der Wunsch geweckt werden, die auf den Fotos abgebildeten Personen wieder mal anzuschreiben. Dieser ganze Prozess macht Sie glücklich und zufrieden – und zu einem loyaleren

Kunden. Vor Facebook und Co. waren es unsere Freunde und Familienangehörigen, die das Gespräch mit einem »Weißt du noch« einleiteten. Heute hat Facebook diese Rolle übernommen und profitiert finanziell von der so wichtigen Erinnerungsdividende. Sie können selbst aus der Erinnerungsdividende Kapital schlagen, wenngleich nicht finanziell – aber dazu müssen Sie zuerst diese wertvollen Erinnerungen schaffen.

Denken Sie zurück an einen der besten Urlaube, die Sie je hatten, und nehmen wir an, er dauerte eine ganze Woche. Denken Sie jetzt daran, wie viel Zeit Sie damit verbracht haben, Ihren Freunden zu Hause Fotos von dieser Reise zu zeigen. Hinzu kommen all die Male, die Sie und die Menschen, mit denen Sie gereist sind, sich an diese Reise erinnert haben, und all die Male, in denen Sie selbst darüber nachgedacht oder anderen Menschen, die eine ähnliche Reise in Erwägung ziehen, Ratschläge gegeben haben. All diese Resterfahrungen aus der ursprünglichen Erfahrung sind die Dividenden, von denen ich spreche: Es sind Ihre Erinnerungsdividenden, und sie summieren sich. Tatsächlich können einige Erinnerungen bei wiederholtem Überdenken sogar mehr Freude bereiten als die ursprüngliche Erfahrung selbst.

Mit dem Erwerb einer Erfahrung gewinnen Sie also nicht nur die Erfahrung selbst, sondern auch die Summe aller Dividenden, die diese Erfahrung für den Rest Ihres Lebens bringen wird.

Das wird erst so richtig deutlich, wenn man in Erfahrungspunkten denkt – meine Art, zu quantifizieren, wie viel Freude man an einem Erlebnis hat. Kommen wir noch einmal zurück auf den vertikalen Balken, mit dem wir die Anzahl der Erinnerungspunkte darstellen können. Stellen Sie sich diesen Balken als den Beginn des Vergnügens vor, das Sie aus der Erfahrung ziehen. Aufgrund der Erinnerungsdividende erhalten Sie jedes Mal, wenn Sie sich an das ursprüngliche Erlebnis erinnern, einen zusätzlichen kleinen Balken. Wenn Sie all diese kleinen Balken übereinanderstapeln – all die laufenden Erinnerungsdividenden aus einer Erfahrung –, erhalten Sie einen zweiten Balken, der so hoch sein könnte wie der Balken, der die ursprüngliche Erfahrung darstellt.

Tatsächlich ist der zweite Balken manchmal sogar noch höher. Eine Möglichkeit, dies zu erreichen, ist die Aufzinsung, wie bei Geld auf der Bank. Durch das Aufzinsen summieren sich Ihre finanziellen Ersparnisse nicht einfach, sie entwickeln einen Schneeballeffekt. Und dasselbe kann auch mit Ihren Erinnerungsdividenden passieren – sie können und werden sich ebenfalls aufstocken. Dies geschieht immer dann, wenn Sie die Erinnerung an diese Erfahrung mit anderen Menschen teilen. Denn wann immer Sie mit anderen Menschen kommunizieren und ihnen von der Erfahrung erzählen, die Sie gemacht haben, ist das schon eine Erfahrung an sich. Man redet miteinander, lacht, baut Beziehungen auf, gibt Ratschläge, hilft einander, ist aufmerksam – man macht die Dinge des täglichen Lebens. Indem Sie Erfahrungen machen, leben Sie nicht nur selbst ein intensiveres und interessanteres Leben, sondern Sie haben auch mehr von sich selbst, das Sie mit anderen teilen können. Es ist wie die Vorstellung, dass ein Geschäftsabschluss zu noch mehr Geschäften führt. Positive Erfahrungen haben auf gute Weise eine ansteckende Wirkung; sie lösen eine Kettenreaktion aus, die mehr Energie freisetzt, als man geglaubt hätte. Eins plus eins kann mehr sein als zwei. Das ist einer der Gründe, warum ich sage, dass man in Erfahrungen investieren sollte.

Beispiel für eine siebenjährige Erfüllungskurve inklusive Erinnerungsdividenden

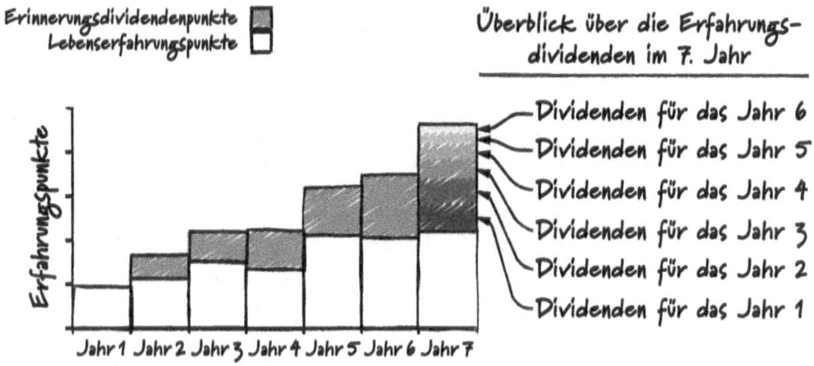

Erfahrungen bereichern fortlaufend, weil Sie von Ihren Erinnerungen erfüllt werden: Im Verlauf der Zeit kann sich die kontinuierliche Erinnerungsdividende manchmal zu mehr Erfahrungspunkten summieren, als die ursprüngliche Erfahrung erbracht hat.

Aber die meisten von uns denken normalerweise nicht daran, in Erfahrungen zu investieren. Wenn wir uns überhaupt als Investoren verstehen, konzentrieren wir uns zu sehr auf die finanzielle Rentabilität einer Investition. Ein gutes Beispiel ist mein Freund Paulie, der mich vor einiger Zeit um Rat bat bezüglich einer Ferienimmobilie, die er in Mittelamerika kaufen wollte. Ich will Sie nicht mit dem finanziellen Fachchinesisch langweilen – er zog Dinge wie Zinssätze und Steuervergünstigungen und andere Überlegungen in Betracht, was das Ganze wie eine schwierige Investitionsentscheidung erscheinen ließ. Ich will damit nur sagen, dass er die Gelegenheit aus einem sehr konservativen und traditionellen Blickwinkel betrachtete: *Ist dies eine gute Immobilieninvestition, das heißt, werde ich in den nächsten 10 bis 15 Jahren eine gute finanzielle Rendite erzielen?*

Ich gab meinem Freund den Ratschlag, die ganzen finanziellen Rahmenbedingungen einmal außer Acht zu lassen. »Vergiss das

Geld«, sagte ich ihm, »und lass uns einfach darüber reden, was du davon haben wirst. Du bist in meinem Alter«, erinnerte ich ihn (also kein junger Hüpfer). »Wie weit wirst du dieses Grundstück also nutzen, um in deine persönlichen Erfahrungen zu investieren? Wie viel Zeit wirst du dort verbringen? Was wirst du tun, wenn du dort bist? Wenn du häufig dorthin fährst und wunderbare Ferien verbringst, dich mit deinen Kindern verbunden fühlst und unvergessliche Momente mit deiner Familie und deinen Freunden erlebst, klingt das für mich nach dem besten Geschäft der Welt!«

Ich fuhr fort: »Aber wenn du die Immobilie einfach nur kaufst und sie dort herumstehen lässt, um nichts anderes zu tun, als deine Kapitalanlage zu genießen, wen kümmert es dann noch, wenn du 3 Prozent mehr dafür bekommst? Es ist nichts Besonderes oder etwas, das dein Leben verändert, 3 Prozent mit ausländischen Immobilien zu verdienen – es ist nur eine von einer Million Arten von Investitionen, die man machen kann. Diese zusätzlichen 3 Prozent sind besonders unerheblich, weil du erst im Alter von 50 Jahren anfängst und nicht schon viel früher damit begonnen hast. In Erfahrungen zu investieren, könnte hingegen dein Leben wirklich verändern, selbst mit 50 Jahren.«

Ich will damit sagen, dass Paulie, wie so viele Menschen, die in Immobilien investieren, nur an die Eigenkapitalrendite dachte – nicht an die Erfahrungsrendite. Für mich ist das nur eine weitere Version des gleichen Fehlers, auf den ich immer wieder hinweise: Geld verdienen und immer nur Geld verdienen in den Fokus stellen, während man vergisst, dass es beim Verdienen von Geld darum geht, es für die Erfahrungen zu verwenden, die das Leben zu dem machen, was es ist.[6]

Überlegen Sie mal: Unabhängig davon, ob die Erfahrung, die wir machen wollen, das Lernen ist oder das Skifahren, zu erleben, wie unsere Kinder aufwachsen, das Reisen, das Genießen von tollen Mahlzeiten mit Freunden, das Engagement für eine politische Sache, der Besuch von Konzerten oder eine der Millionen von Kombinationen von Erfahrungen, die uns zur Verfügung stehen – wir verdienen Geld mit dem Ziel, Erfahrungen zu machen. Außerdem bringen diese Erfahrungen aufgrund der Erinnerungsdividende eine gewisse Rendite, genau wie Investitionen in Finanzprodukte – manchmal eine grotesk hohe Rendite. Das meinte Jason, als er sagte, dass er seine Erfahrungen in Europa nicht gegen Geld eintauschen würde. Natürlich werden die meisten Erfahrungen nicht so lebensverändernd sein wie die von Jason, also werden sie keine so beeindruckende Rendite bringen. Doch das müssen sie auch nicht. Wir erhalten eine Rendite auf all unsere Erfahrungen. Deshalb geben wir Geld für sie aus. Deshalb investieren wir auch in Finanzprodukte – um unser Geld wachsen zu lassen, mit dem letztendlichen Ziel, mehr oder bessere Erfahrungen zu machen.

Dennoch leben viele Menschen – und ich kann das nicht oft genug betonen –, als ob sie vergessen hätten, dass dies der Sinn ist, Geld zu verdienen, zu sparen und zu investieren. Wenn man die Leute fragt, wofür sie Geld sparen, lautet die Antwort meist: »Für den Ruhestand.« In gewisser Weise verstehe ich das: Wir alle müssen für eine Zeit, in der wir keinen Lohn mehr bekommen, etwas Geld sparen und investieren. Niemand will im Alter hungern oder seine Kinder bitten müssen, ihn zu unterstützen. Aber die Sache ist die: Da der Sinn des Geldes darin besteht, Erfahrungen zu machen, ist die Investition von Geld, um eine Rendite zu erzielen, mit der man Erfahrungen machen kann, ein Umweg, um zu Erfahrungen zu kommen. Warum all das durchmachen, wenn man einfach direkt in Erfahrungen investieren kann – und eine Rendite auf Erfahrungen erhält? Nicht nur das, sondern die Anzahl der tatsächlichen Erfahrungen, die Ihnen zur Verfügung stehen, nimmt mit zunehmendem Alter ab. Ja, Sie brauchen Geld, um im Ruhestand ein Auskommen zu haben, aber die *wichtigste Sache*, mit der Sie in den Ruhestand gehen werden, sind Ihre Erinnerungen – also stellen Sie sicher, dass Sie genug in diese Erinnerungen investieren.

BEGINNEN SIE FRÜH, BEGINNEN SIE FRÜH, BEGINNEN SIE FRÜH

Wenn man über die Erinnerungsdividende nachdenkt, wird eines schnell deutlich: Es lohnt sich, frühzeitig zu investieren. Je früher Sie anfangen zu investieren, desto mehr Zeit haben Sie, Ihre Erinnerungsdividende zu ernten. Wenn Sie zum Beispiel in Ihren Zwanzigern (und nicht in Ihren Dreißigern) beginnen, werden Sie einen langen Schweif an Erinnerungsdividenden haben – daher werden sie wahrscheinlich mit dem Schweif den Kopf (die Anzahl der Erfahrungspunkte aus dem ursprünglichen Erlebnis) bei Weitem übertreffen. Es liegt auf der Hand, dass Sie umso weniger Erinnerungsdividenden haben werden, je näher Sie dem Tod sind, bevor Sie anfangen, wunderbare Erfahrungen zu sammeln.

Wenn ich sage, dass Sie in Erfahrungen investieren sollten, klingt meine Anlageberatung ziemlich standardgemäß. Es ist so ähnlich wie das, was Warren Buffett zu sagen pflegt: Investieren Sie früh, und wenn Sie ein bestimmtes Alter erreicht haben, schauen Sie, wie viel Sie angesammelt haben. Viele Anlageberater empfehlen, frühzeitig mit einem privaten Rentensparplan zu beginnen. Bei den meisten Anlageberatungen heißt es: *Beginnen Sie früh, beginnen Sie früh, beginnen Sie früh.* Warren Buffett und andere Anlageberater versuchen, Geld zu vermehren. Ich versuche, ein möglichst reiches Leben zu führen; und wenn ich reich sage, dann meine ich reich an Erfahrungen, an Abenteuern, an Erinnerungen – reich aus all den Gründen, warum Sie Geld erwerben. Hier ist also mein Rat in Kürze: Investieren Sie in Ihre Lebenserfahrungen – und beginnen Sie früh, beginnen Sie früh, beginnen Sie früh.

Jetzt sagen Sie vielleicht: Wie können Sie erwarten, dass ich so früh in meinem Leben in Erfahrungen investiere, wenn ich nicht über genug Geld verfüge? Aber in Erfahrungen zu investieren, bedeutet nicht, Geld auszugeben, das Sie nicht haben. Es stimmt, dass im Allgemeinen Ihre Freude oder Erfüllung aus Ihren Erfahrungen ein Zusammenspiel von Zeit und Geld ist, generell also gilt: Je mehr Zeit und Geld Sie für Erfahrungen ausgeben, desto mehr Erfüllung werden Sie daraus ziehen. Aber wenn man jung, gesund und unverdrossen ist, kann man selbst aus Erfahrungen, die nicht viel kosten, eine große Menge an Freude gewinnen. (Denken Sie an meinen Freund Jason, der die Erfahrung seines Lebens machte, als er in billigen Herbergen wohnte und im Park Baguette aß.) Wenn Sie also jung und knapp bei Kasse sind, rate ich Ihnen, all die kostenlosen oder enorm günstigen Erfahrungen ausfindig zu machen, die Ihnen möglich sind. Denken Sie an die kostenlosen Freiluftkonzerte und Festivals, die die Stadt- und Kommunalverwaltungen mit Steuergeldern veranstalten, um Ihre Stadt attraktiver zu machen. Oder überlegen Sie sich, wie viel Spaß Sie mit Ihren Freunden haben können, wenn Sie einfach nur reden, gemeinsam Zeit verbringen oder Karten oder Brettspiele spielen. Oder wie viel von Ihrer eigenen Stadt es zu sehen und zu entdecken gibt, zu Fuß oder mit öffentlichen Verkehrsmitteln. Die meisten von uns nutzen diese Möglichkeiten nicht annähernd in vollem Umfang, um sich kostenlos oder fast kostenlos zu vergnügen. Ich weiß, dass ich das nicht tue – tun Sie es?

SUCHEN SIE SICH IHR EIGENES ABENTEUER AUS

Es werden einem viele Erfahrungen aufgedrängt, besonders in jungen Jahren. Man muss zur Schule gehen, und im Biologieunterricht wird einem gesagt, man müsse einen Frosch sezieren. Man könnte sagen: »Ich will diesen Frosch nicht sezieren.« Aber dann sagt Ihr Lehrer: »Wenn du diesen Frosch nicht sezierst, wirst du in diesem Kurs eine Sechs bekommen.« Also antworten Sie: »Okay, ich werde den Frosch sezieren.« Da hat man keine große Wahl. Aber wenn Sie erwachsen werden, können Sie sich viele Ihrer Erfahrungen selbst aussuchen: Sie können darüber nachdenken, wie Sie das Leben entdecken und erforschen wollen. Sie können selbst entscheiden, worin Sie Ihre Zeit und Ihr Geld investieren und wann Sie diese Investitionen vornehmen.

Leider machen die meisten Menschen von dieser Freiheit sehr wenig Gebrauch. Wir treffen einige bewusste Entscheidungen – bis zu einem gewissen Grad wählen wir unsere Berufe, unsere Hobbys, unsere Beziehungen und unsere Urlaubsziele. Aber einen großen Teil unseres Lebens verbringen wir auf Autopilot: Wir bewegen uns durch die Welt, als ob jemand anderes unsere Handlungen programmiert hätte. Wir denken nicht annähernd genug darüber nach, wie wir unsere Zeit und unser Geld ausgeben.

Das lässt sich an der Gewohnheit, zwischendurch einen Kaffee zu trinken, leicht erkennen, ist es doch ein so gängiges Beispiel, dass es einen eigenen Namen bekommen hat: »der Latte-Faktor«.[7] So viele Menschen machen jeden Tag eine Pause für eine Tasse guten Kaffee – und wenn sie das tun, merken sie kaum, dass sich die Kosten für all diese kleinen Gaumenfreuden im Laufe eines Jahres zu einer Menge Geld summieren. Ich bin nicht hier, um Ihnen zu sagen, dass Sie Ihren täglichen Kaffee auslassen sollen, damit Sie dieses Geld sparen können, um »reich zu werden«. In der Tat ist das Letzte, was ich Ihnen wünsche, dass Sie reich an Geld und arm an angenehmen Erfahrungen werden. Aber stellen Sie sich vor, was Sie für die Tausende von Euro, die Sie für Ihren täglichen Cappuccino, Latte oder Espresso ausgeben, alles erleben könnten.

Wenn ich das Thema anspreche, ist die Antwort, die ich normalerweise bekomme, natürlich: »Ich brauche mein tägliches Starbucks.« Wie soll ich dagegen argumentieren? Jeder nach seinem Geschmack. Aber was ich sagen kann und auch tatsächlich sage, ist Folgendes: »Seien Sie sich wenigstens bewusst, was Ihre Starbucks-Gewohnheit Sie kostet.« Sie könnten sich zum Beispiel sagen: *Ich könnte mir alle paar Monate einen Städtetrip in eine beliebige Stadt Europas leisten und so den Kontinent erkunden, je nachdem, was ich für Starbucks ausgebe. Hätte ich also lieber diesen Städtetrip oder würde ich lieber meine Gewohnheit, einen Kaffee zwischendurch zu trinken, beibehalten?* Die Antwort liegt bei Ihnen, und Sie können sich natürlich auch für die Lattes entscheiden. Aber wenn Sie die Frage genau durchdacht und eine bewusste Entscheidung getroffen haben, dann handeln Sie zumindest nicht mehr blind und wie ferngesteuert.

Die bewusste Entscheidung darüber, wie Sie Ihr Geld und Ihre Zeit ausgeben wollen, ist das Wesentliche, um das Beste aus Ihrer Lebensenergie zu machen.

Empfehlungen

- Denken Sie daran, dass »früh« genau jetzt ist. Überlegen Sie einmal, welche dieser Erfahrungen, über die Sie sich vorhin Gedanken gemacht haben, heute, in diesem Monat oder in diesem Jahr angemessen wären, um in sie zu investieren. Wenn Sie sich jetzt dagegen sträuben, sie zu machen, bedenken Sie auch das Risiko, sie jetzt *nicht* zu machen.

- Denken Sie über die Menschen nach, mit denen Sie Erfahrungen machen möchten – und stellen Sie sich vor, welche Erinnerungsdividenden Sie eher früher als später aus diesen Erfahrungen gewinnen können.

- Denken Sie darüber nach, wie Sie Ihre Erinnerungsdividenden aktiv steigern können. Würde es Ihnen helfen, mehr Fotos von Ihren Erlebnissen zu machen? Ein Wiedersehen mit Menschen zu planen, mit denen Sie in der Vergangenheit gute Zeiten verbracht haben? Ein Video oder ein Fotoalbum zusammenzustellen?

KAPITEL 3
WARUM MAN MIT NULL AUF DEM KONTO STERBEN SOLLTE

REGEL NUMMER 3:
MACHEN SIE ES SICH ZUM ZIEL, MIT NULL ZU STERBEN.

Sich auf den Autopiloten zu verlassen, ist einfach; deswegen verwenden wir ihn. Aber wenn Sie versuchen, ein ausgefülltes und optimales Leben zu führen, anstatt nur den Weg des geringsten Widerstands zu gehen, wird Ihnen der Autopilot nicht das bringen, was Sie wollen. Um das Leben in vollen Zügen zu genießen, anstatt nur vor sich hin zu leben, müssen Sie aufhören, sich sinnlos treiben zu lassen. Steuern Sie Ihr Leben stattdessen aktiv so, wie Sie es sich wünschen. Das wird nicht das letzte Mal sein, dass ich das sage: Ihnen dabei zu helfen, bewusster zu leben, ist eines meiner vorrangigsten Anliegen mit diesem Buch. Wir müssen es auf diesen Seiten immer wieder aufgreifen, denn das Thema Autopilot ist in mehreren Bereichen Ihres Lebens relevant: angefangen bei der Art und

Weise, wie Sie Geld verdienen, bis hin zur Art und Weise, wie Sie für andere Menschen Geld ausgeben. Jede Art von Autopilot kann seine eigene Form der verschwendeten Lebensenergie entwickeln, und jede erfordert eine andere Strategie, um eine solche Verschwendung zu vermeiden.

Dieses Kapitel konzentriert sich auf die Art von Überfluss, der sich aus dem Verdienen und Sparen von mehr Geld ergibt, als Sie jemals genießen können. Es schlägt eine bewusste Lösung zur Vermeidung dieser Art von Verschwendung vor. Um Ihnen zu zeigen, was ich meine, möchte ich Ihnen von John Arnold erzählen, jemandem, mit dem ich mich, schon Jahre bevor er Milliardär wurde, angefreundet hatte. Nachdem wir uns kennengelernt hatten, gründete er einen Hedgefonds namens Centaurus mit dem Ziel, sein Fachwissen im Energiehandel zu nutzen, um reich zu werden und ein möglichst gutes Leben zu führen. Aber als ich bei Centaurus Seite an Seite mit ihm zusammenarbeitete, konnte ich beobachten, dass er das gute Leben irgendwie ständig beiseiteschob, um im Gegenzug noch mehr Millionen zu verdienen. An einem besonders nervenaufreibenden Tag wandte sich John während der Arbeit an mich und sagte: »Wenn ich einmal 15 Millionen Dollar verdient habe und noch immer Handelsgeschäfte betreibe, kannst du mir eine runterhauen.«

Nun, ich haute ihm keine runter, als er dieses Ziel erreicht hatte und weiterhin als Trader arbeitete. John ist ein brillanter Kerl. (Die Leute nannten ihn damals den »König des Erdgases« wegen seiner unschlagbaren Renditen.) John verstand sehr gut, dass es an einem bestimmten Punkt viel mehr Sinn macht, Geld für die Dinge auszugeben, die man liebt, anstatt noch mehr Geld zu verdienen – aber er veränderte immer wieder sein beziffertes Ziel, wann er sein Leben ändern würde. Er hörte nicht auf, als er 15 Millionen Dollar angehäuft hatte. Er war als Trader so gut, dass aus den 15 Millionen Dollar 25 Millionen Dollar wurden, aus denen schließlich 100 Millionen Dollar wurden und so weiter. Wenn man eine so große Glückssträhne hat, ist es schwer, aufzuhören, selbst wenn der Verstand einem sagt, dass man es tun sollte.

Johns Leben bestand nicht nur aus Arbeit – er unternahm gelegentlich Reisen zu großen Ereignissen, aber er tat kaum etwas Spektakuläres, wie Sie sich das für einen Multimillionär vorstellen würden. Tatsächlich schien seine Freizeit mit wachsendem Wohlstand immer mehr zu schrumpfen. Er schien zu glauben, dass er mehr tun könne, wenn er mehr Geld verdiente, aber in Wahrheit tat er nicht mehr.

Dennoch leitete er Centaurus weiter und hörte nicht auf, selbst als sein privates Nettovermögen 150 Millionen Dollar betrug. So verfügte die gemeinnützige Stiftung, die er und seine Frau gegründet hatten, im Jahr 2010 über ein Vermögen von 711 Millionen Dollar. Er hatte so viel Vermögen, dass er Millionen verschenken konnte. Doch er arbeitete weiter, obwohl er seine Arbeit nicht gerade liebte. Als er schließlich im Jahr 2012, im Alter von 38 Jahren, seine Arbeit aufgab, hatte er ein Privatvermögen von mehr als 4 Milliarden Dollar aufgebaut.

Nun kann die überwiegende Mehrheit der Menschen nur davon träumen, im relativ jungen Alter von 38 Jahren in den Ruhestand zu gehen, doch für John kam dieses Rücktrittsdatum eigentlich ein paar Jahre zu spät. Warum? Aus zwei Gründen: Erstens wird er die Jahre, in denen er sich nur darauf konzentriert hat, Geld zu verdienen, nie wieder zurückbekommen. Er wird nie wieder 30 sein, und seine Kinder werden nie wieder Babys sein. Zweitens hat er so viel Geld verdient, dass er jetzt vor demselben Problem steht wie der Protagonist in der Filmkomödie *Zum Teufel mit den Kohlen*, der innerhalb eines Monats 30 Millionen Dollar ausgeben sollte, um weitere 270 Millionen Dollar zu erben. Es ist tatsächlich schwierig, sein Vermögen schnell genug auszugeben. John wohnt bereits in einem prächtigen Haus und macht heutzutage eigentlich nur das, was er will.

Ein Grund dafür, dass er sein Geld nicht haltlos ausgeben kann, sind seine Kinder: So gerne er beispielsweise jeden Samstag die überaus beliebte Pop-Band Maroon 5 in seinem Garten private Konzerte geben lassen würde, er tut nichts dergleichen, weil er seine Kinder nicht verziehen will. Er hat sich entschieden, Kinder zu bekommen, und diese Entscheidung hat zur Folge, dass er sein Geld und seine Zeit nur begrenzt ausgeben kann. Denken Sie daran, dass jede Entscheidung, die Sie treffen, Ihre späteren Entscheidungen beeinflusst – und die Entscheidung, Kinder zu haben, ist das deutlichste Beispiel dafür.

Nun würde John sagen, dass er, wenn er bei 15 Millionen Dollar gekündigt hätte, nie auf 4 Milliarden Dollar gekommen wäre – ein Betrag, der es ihm ermöglicht, einen viel größeren Einfluss auf die sozialen Belange zu nehmen, die ihm am Herzen liegen. Das ist absolut zutreffend. Aber John wäre auch der Erste, der zugeben würde, dass er über den Punkt des optimalen Nutzens dieses Geldes hinaus gearbeitet hat. Hat er diesen Punkt bei 2 Milliarden Dollar überschritten? Bei 1,5 Milliarden Dollar? Wer weiß das schon? Aber wir wissen definitiv, dass er den Punkt überschritten hatte, bevor er 4 Milliarden Dollar erreichte.

Vielleicht denken Sie auch, dass John eine wunderbare Zeit gehabt haben muss, um all das Geld zu verdienen, wenn er so lange gearbeitet hat. Vielleicht ist er Trader geblieben, weil der Nervenkitzel des Handels aufregender war als alles, was er zu Hause hätte erleben können.

Aber nein, John traf keine gezielte Wahl zwischen Arbeit und Familie oder zwischen der Arbeit für Geld und den Millionen anderen Dingen, die er mit seinem Reichtum, seiner Zeit und seinem Talent hätte tun können. Nein, er arbeitete weiter, weil er sich die Arbeit zur Gewohnheit gemacht hatte, ähnlich wie ein Raucher, der sich als Jugendlicher Zigaretten besorgt, weil er vor einem Mädchen cool aussehen will. Aber nachdem der Junge das Mädchen schließlich bekommen hat, raucht er immer noch. Warum? Nur weil er eine suchterzeugende Gewohnheit entwickelt hat, und solche Gewohnheiten sind schwer zu brechen. Für manche Menschen kann es genauso sein, wenn sie für Geld arbeiten: Es ist einfach leichter, das zu tun, was man getan hat, vor allem wenn das, was man getan hat, einen weiterhin mit der üblichen Form der gesellschaftlichen Anerkennung für eine gut gemachte Arbeit belohnt – sprich Geld. Wenn man erst einmal für Geld arbeitet, um zu leben, ist der Reiz des Geldverdienens größer als der Reiz, *das Leben wahrhaft auszukosten.*

John ist natürlich ein extremes Beispiel, und seine Situation ist der Inbegriff eines Problems auf hohem Niveau. Aber die Situation, in der er sich befindet, trifft *nicht* nur einzig und allein auf ihn zu oder gar auf Superreiche generell. So viele Menschen haben das Gefühl, nie genug bekommen zu können, und wenn ihr Vermögen wächst, verändern sie immer wieder ihre Spielregeln. Aber ganz gleich, was man ist – ein Wirtschaftsboss oder ein gewöhnliches Arbeitstier –, eines ist sicher: Wenn man Stunde um Stunde seines Lebens damit verbringt, Geld zu verdienen, und dann stirbt, ohne das ganze Geld ausgegeben zu haben, dann hat man unnötig viele wertvolle Stunden seines Lebens verschwendet. Es gibt einfach keine Möglichkeit, diese Stunden zurückzubekommen. Wenn Sie mit 1 Million Euro im Rücken sterben, dann ist das 1 Million Euro an Erfahrungen, die Sie nicht hatten. Und wenn Sie sterben und Ihnen 50 000 Euro geblieben sind, dann sind das 50 000 Euro an Erfahrungen, die Sie nicht gemacht haben. Das ist auf keinen Fall ideal.

EINE VERSCHWENDUNG VON LEBENSENERGIE: WARUM SIE VIELLEICHT UMSONST ARBEITEN

Man kann es auch anders sehen: Ziehen Sie alle Stunden Ihres Lebens in Betracht, die Sie damit verschwenden, Geld zu verdienen, das Sie nie ausgeben. Nehmen Sie Elizabeth, eine (fiktive) 45-jährige alleinstehende Frau, die in ihrem Bürojob in Austin, Texas, 60 000 Dollar im Jahr verdient. Mit diesem Gehalt liegt sie in der oberen Hälfte aller 45-jährigen Arbeitnehmer in den Vereinigten Staaten.[8] (Alle Dollarbeträge in diesem Beispiel sind in realen, inflationsbereinigten Dollar angegeben.) Wie die meisten von uns muss Elizabeth Einkommenssteuer zahlen, einschließlich Sozialversicherungsbeiträgen und Medicare-Steuer, sodass ihr Nettoeinkommen etwa 48 911 Dollar pro Jahr beträgt.[9] Sie arbeitet hart, im Durchschnitt 50 Stunden pro Woche, sodass ihr Nettoverdienst bei 19,56 Dollar pro Stunde liegt: So viel nimmt sie für jede Stunde, die sie im Büro verbringt, mit nach Hause.

Dank ihres sparsamen Lebensstils konnte sie einige Jahre nach ihrem College-Abschluss ihre Studienkredite zurückzahlen und kaufte sich mit Anfang 30 ein Haus, als die Immobilienpreise in Austin relativ niedrig waren. Inzwischen hat sie die Hypothek abbezahlt, sodass sie ihr Haus vollständig besitzt; wenn sie es heute verkaufen würde, würde sie 450 000 Dollar dafür bekommen.

Normalerweise und so auch im vergangenen Jahr gab sie nur 32 911 Dollar aus (und sparte damit genau 16 000 Dollar). Elizabeth hofft, in 20 Jahren in Rente zu gehen, deshalb zahlt sie einen guten Teil ihres Gehalts in einen sogenannten 401(k)-Plan und auf die Bank ein. Sie weiß, dass dieser Rentensparplan ein besonders guter Deal ist, weil er vorsteuerabzugsberechtigt ist, wodurch ihre Steuern niedriger sind, als wenn sie ihr ganzes Geld auf regulären Sparkonten anlegen würde. Einige Arbeitgeber passen die Arbeitnehmerbeiträge zum 401(k)-Plan an, aber nehmen wir an, bei Elizabeth wäre dies nicht der Fall.

Elizabeth ist eine zuverlässige Mitarbeiterin in einem großen Unternehmen, sodass ihr Arbeitsplatz sicher scheint. Zudem kann sie jedes Jahr mit einer kleinen, aber zuverlässigen Gehaltserhöhung rechnen, bis sie in den Ruhestand geht. Um dieses Beispiel einfach zu halten, nehmen wir an, dass sie bis zu ihrer Pensionierung das gleiche inflationsbereinigte Gehalt erhält. Nehmen wir auch an, dass sie nicht nur ihr Haus abbezahlt hat, sondern auch erst mit 45 Jahren mit dem Sparen für den Ruhestand begonnen hat. Wenn sie also, wie geplant, mit 65 Jahren in den Ruhestand geht, wird sie 320 000 Dollar (16 000 Dollar pro Jahr für die 20 Jahre zwischen 45 und 65) gespart haben. Daher wird ihr Nettovermögen mit 65 Jahren bei 770 000 Dollar liegen: 320 000 Dollar auf verschiedenen Rentenkonten und 450 000 Dollar in Form von Wohneigentum (vorausgesetzt, ihr Haus steigt nicht noch weiter im Wert).

Wie lange reichen ihr diese 770 000 Dollar? Nun, das hängt davon ab, wie viel sie jedes Jahr ausgibt. Untersuchungen über die tatsächlichen Rentenausgaben der Menschen zeigen, dass die Ausgaben nicht konstant sind und in späteren Jahren oft zurückgehen (wie ich in Kürze erklären werde). Aber um unser Beispiel noch einmal zu vereinfachen, nehmen wir an, dass Elizabeth jedes Jahr im Ruhestand genau 32 000 Dollar ausgibt, also nur knapp 1000 Dollar weniger als zu der Zeit, als sie arbeitete. (Der Einfachheit halber nehmen wir wiederum an, dass die Rendite ihrer Investitionen in den Ruhestand genau dem jährlichen Anstieg der Lebenshaltungskosten entspricht.)

Unter dieser Voraussetzung werden ihre Ersparnisse etwas mehr als 24 Jahre reichen (770 000 Dollar geteilt durch 32 000 Dollar pro Jahr). Aber Elizabeth lebt keine weiteren 24 Jahre: Sie stirbt im Alter von 85 Jahren, also 20 Jahre nach ihrem Ausscheiden aus dem Erwerbsleben. Infolgedessen hinterlässt sie 130 000 Dollar.

Ich erzähle Ihnen das, weil ich möchte, dass Sie wirklich über die wahren Kosten nachdenken, über die schreckliche Verschwendung, 130 000 Dollar zu hinterlassen. Ich habe bereits gesagt, dass Sie dieses Geld als verpasste Erfahrungen betrachten können – was auch immer die 130 000 Dollar für Elizabeth hätten einbringen können. Das ist an sich schon traurig, aber es ist nicht nur das. Wenn Sie sich ansehen, was es kostete, so viel Geld zu sparen – zu Elizabeths Stundensatz –, können Sie sehen, wie viele Stunden sie in ihrem Bürojob verbrachte, die sie nicht dort hätte verbringen müssen. Wie viele Stunden waren das? Nun, teilen Sie die 130 000 Dollar durch 19,56 Dollar pro Stunde, und Sie erhalten etwas mehr als 6646. Das sind 6646 Stunden, die Elizabeth für Geld gearbeitet hat, das sie nie ausgeben konnte. Das sind mehr als zweieinhalb Jahre mit einer 50-Stunden-Woche! *Zweieinhalb Jahre umsonst gearbeitet.* Was für eine Verschwendung von Lebensenergie.

Die Zahlen wären noch höher, wenn wir davon ausgehen würden, dass ihre Ersparnisse Zinsen über der Inflationsrate erzielen und sie auch Einkommen aus der Sozialversicherung haben würde. Aber selbst mit unseren sehr konservativen Annahmen wäre sie besser dran gewesen, wenn sie entweder früher in den Ruhestand gegangen wäre oder ihr ganzes Leben lang mehr von ihrem Geld ausgegeben hätte.

Man könnte sagen, dass Elizabeth kein typischer Fall ist. Sie hätten zum Beispiel recht, wenn Sie darauf hinweisen würden, dass manche Menschen im Laufe ihrer Karriere einen viel höheren Stundenlohn erzielen. Für diese Besserverdienenden stellen 30 000 Dollar also nicht so viele Stunden (oder Jahre) unnötiger Arbeit dar. Das ist richtig. Aber die Sache ist die: Diese Menschen sterben mit viel mehr als 130 000 Dollar. Menschen, die einen hohen Stundensatz oder ein hohes Jahresgehalt verdienen, sind manchmal sogar noch stärker versucht, weiterzuarbeiten und mehr Geld zu verdienen. So oder so, sie vergeuden ihre Lebensenergie.

Ihr eigenes Einkommen mag höher oder niedriger sein als das in jedem der Beispiele in diesem Buch. Das macht nichts, denn die Schlussfolgerung ist immer noch die gleiche: Wenn Sie Ihre Lebensenergie nicht verschwenden wollen, sollten Sie versuchen, Ihr ganzes Geld auszugeben, bevor Sie sterben.

Für mich ist diese Logik unbestreitbar. Vielleicht liegt es an meiner Ausbildung als Ingenieur, oder vielleicht ist es der Grund, warum ich mich überhaupt für ein Ingenieurstudium entschieden habe, aber ich liebe Effizienz und hasse Verschwendung. Und ich kann mir keine schlimmere Form der Verschwendung vorstellen als die Verschwendung von Lebensenergie. Für mich macht es also durchaus Sinn, mit null sterben zu wollen. *Nicht,* um *vor* dem Tod kein Geld mehr zu haben, was bedeuten würde, dass man auf dem Trockenen sitzt, sondern um so wenig wie möglich ungenutzt zu lassen für all die Zeit und Energie, die man für dieses Geld aufgebracht hat.

Ich bin bei Weitem nicht der Erste, der behauptet, dass die vernünftigste Art zu leben darin besteht, mit null zu sterben. In den 1950er-Jahren postulierte der Wirtschaftswissenschaftler und spätere Nobelpreisträger Franco Modigliani etwas, das als Lebenszyklushypothese bekannt wurde – eine Theorie dessen, wie Menschen ihre Ausgaben und Ersparnisse verwalten sollten, um zu versuchen, das Beste aus ihrem Geld *über ihre gesamte Lebensspanne hinweg* zu machen. Modigliani sagte im Wesentlichen, dass es für die optimale Verwendung des Geldes im Laufe des Lebens erforderlich sei, dass, wie ein anderer Wirtschaftswissenschaftler es ausdrückte, »das Vermögen bis zum Zeitpunkt des Todes auf null zurückgehen werde«.[10] Mit anderen Worten: Wenn Sie wissen, wann Sie sterben werden, müssen Sie mit einer Null auf dem Konto sterben, denn wenn Sie das nicht tun, erzielen Sie nicht den maximalen Genuss (Nutzen) aus Ihrem Geld. Aber: Ist es nicht eher wahrscheinlich, dass man nicht weiß, wann man sterben wird? Modigliani hat darauf eine einfache Antwort: Um sicher zu sein und trotzdem nicht unnötig Geld zu hinterlassen, denken Sie einfach an das Höchstalter, bis zu dem man leben kann. Ein vernünftiger Mensch, so Modiglianis Sichtweise, wird sein Vermögen über alle Jahre bis ins höchste Alter hinein verteilen.

Einige Menschen versuchen, auf diese rationale, nutzbringende Weise zu leben, aber viele tun es nicht. Entweder sparen sie zu viel, oder sie sparen zu wenig. Die Optimierung über das ganze Leben hinweg erfordert eine Menge Überlegungen und Planungen; es ist einfacher, für kurzfristige Belohnungen (Kurzsichtigkeit) zu leben und auf Autopilot zu bleiben (Trägheit), als das zu tun, was langfristig gut für einen ist. Diese Tendenzen können sowohl die Grillen als auch die Ameisen unter uns betreffen. Kurzsichtigkeit ist oft das Problem der lebenslustigen, verschwenderischen Grille; Trägheit kann auch die verantwortungsbewusste Ameise treffen – vor allem später im Leben, wenn der fleißige Sparer plötzlich das finanzielle Polster anbrechen muss, das er so eifrig aufgebaut hat. Verhaltensökonomen verstehen, dass es den Menschen nicht leichtfällt, etwas zu tun, nur weil es vernünftig ist – in diesem Fall den Wechsel vom Sparen zum »Entsparen« zu vollziehen. Trägheit ist eine sehr mächtige Kraft. Wie die Ökonomen Hersh Shefrin und Richard Thaler es einmal formuliert haben: »Es ist schwer, einem alten Haushalt neue Regeln beizubringen.«[11]

Mit null auf dem Konto zu sterben, erscheint mir als ein so klares und wichtiges Ziel, dass ich gleich zum nächsten Schritt übergehen möchte: Ihnen zu helfen, herauszufinden, wie Sie dieses Ziel tatsächlich erreichen können. Allerdings habe ich diese Ideen mit genügend Leuten erörtert, um zu wissen, dass ich nicht direkt zum Wie übergehen kann: Immer wieder tauchen die gleichen kleinen Fragen und Einwände auf, und ich weiß, dass ich sie nicht ignorieren kann. Deshalb werde ich zunächst auf diese üblichen »Was ist mit …?«-Bedenken antworten. Wenn Sie mir anschließend immer noch zustimmen, was den Wert und die Durchführbarkeit, mit einer Null auf dem Konto zu sterben, betrifft, werden wir uns mit einigen Methoden befassen, die Ihnen dabei helfen können, dies zu verwirklichen.

»ABER ICH LIEBE MEINEN JOB!«

Wenn ich sage, dass das Hinterlassen von Geld eine Verschwendung von Lebensenergie bedeutet oder aber heißt, dass Sie möglicherweise umsonst gearbeitet haben, höre ich manchmal Menschen, die sagen, dass meine Analyse auf sie nicht zutreffe, weil sie ihre Arbeit lieben. Einige gehen sogar so weit zu sagen, dass sie dafür *bezahlen* würden, um der Arbeit nachgehen zu können, die sie lieben – was ich bezweifelte, bis ich mit einer professionellen Tänzerin zusammenkam. (Eine klassische Balletttänzerin, keine Stripperin!) Tanz ist ein extrem wettbewerbsintensiver Beruf, in dem sich weitaus mehr Menschen bewerben, als es bezahlte Engagements gibt – und anders als in der Schauspielerei oder in anderen wettbewerbsintensiven Bereichen kann man durch Tanzen nie reich werden, egal wie erfolgreich man ist.

Trotzdem muss man, um überhaupt im Geschäft zu bleiben, ständig trainieren, um sich fit und konkurrenzfähig zu halten, und man muss in der Nähe eines der Zentren der Tanzwelt leben, in teuren Städten wie New York oder Los Angeles. Die meisten Tänzer müssen folglich andere, zusätzliche Jobs annehmen, um dadurch ihre Leidenschaft für den Tanz zu subventionieren. Ich verstehe also, dass einige Menschen ihre Arbeit lieben und sie als eine erfüllende Lebenserfahrung betrachten. Das ist wunderbar – und schön wäre es, wenn es bei uns allen so wäre!

Aber trotz alledem glaube ich immer noch, dass Sie besser dran wären, wenn Sie mit null sterben würden, und zwar aus folgenden Gründen. Betrachten wir zunächst Ihre Seite des Arguments, die etwa so aussieht: Wenn Ihr Job an sich eine angenehme, erfüllende Erfahrung ist, dann ist all das Geld, das Sie mit Ihrer Arbeit verdienen, nur ein Nebenprodukt – wie der Haufen Asche, der nach einem Holzfeuer übrig bleibt. Als Sie das Feuer anzündeten, war es nicht Ihr Ziel, Asche zu erzeugen; Sie genossen die Wärme des Feuers und das flackernde Licht, und zufällig kam bei dem Prozess auch etwas Asche heraus. Das kann nicht schaden und schon gar nicht, wenn man mit der Arbeit, die man liebt, Geld verdient.

Aber die Sache ist die: Selbst Menschen, die Arbeit als eine Form des Spiels betrachten, wären besser dran, wenn sie zumindest einen gewissen Prozentsatz ihrer Zeit für Erfahrungen verwenden würden, die *nicht* mit der Arbeit für Geld verbunden sind. Selbst wenn Tanzen Ihr Leben ist, werden Sie es wahrscheinlich nicht rund um die Uhr tun wollen – oder können. Wenn Sie um die 40, 50 oder sogar 60 sind, möchten Sie vielleicht auch weniger Zeit in der Woche mit Tanzen verbringen als zu Zeiten, als Sie noch 20 oder 30 Jahre alt waren.

Natürlich ist es möglich, dass Sie die Anzahl Ihrer Stunden nicht drosseln wollen, wenn Sie älter werden – vielleicht möchten Sie wirklich weiter in Vollzeit tanzen (oder als Anwalt, Psychotherapeut oder in welchem Beruf auch immer arbeiten), solange Sie dazu in der Lage sind und dabei Geld verdienen. Nur zu! Achten Sie nur darauf, dass Sie das Geld, das Sie verdienen, für das ausgeben, was Ihnen wichtig ist: Reisen Sie mehr in der ersten Klasse, schmeißen Sie bessere Partys, sehen Sie sich Ihre Lieblingstänzer live an. Denn selbst wenn Sie jede Minute der Arbeit, die Ihnen dieses Geld gebracht hat, genossen haben, ist es immer noch eine Verschwendung, dieses Geld nicht auszugeben. Um eine Metapher aus Videospielen zu verwenden: Es ist, als hätten Sie ein zusätzliches Leben gewonnen und dann beschlossen, dieses zusätzliche Leben wegzuwerfen. Sie lassen Super Mario einfach von einer Brücke springen, anstatt den kleinen Kerl weiter durch das Pilzkönigreich zu bringen. Tun Sie das nur, weil Sie nicht mit diesem Extraleben gerechnet haben? Wieso vertreten Sie die Einstellung »Wie gewonnen, so zerronnen«? Es ist dasselbe mit jedem Geld, das Sie erhalten. Bei der »Optimierung Ihres Lebens« *ist es egal, woher das Geld kommt.* Ob Sie es mit einem Job verdienen, den Sie lieben, oder ob Sie es von

Ihrem Urgroßvater geerbt haben, ob das Geld ein Nebenprodukt Ihrer Leidenschaft ist oder ob Sie mit einem goldenen Löffel im Mund geboren wurden – sobald Sie das Geld bekommen haben, gehört es Ihnen. Und sobald es Ihnen gehört, steht es nun sinnbildlich für Stunden *Ihres* Lebens, die Sie gegen alles eintauschen können, was Ihnen hilft, das Beste aus Ihrem Leben zu machen. Wenn der Tanz Ihr Lebensinhalt ist und Sie zufällig auch Geld mit dem Tanzen verdienen, dann geben Sie es für tanzbezogene Erfahrungen aus: Nehmen Sie Privatstunden bei den besten Tanzlehrern, wenn es wichtig für Sie ist, oder engagieren Sie jemanden, der Ihre Wohnung reinigt, damit Sie mehr Zeit für den Tanz haben. Lassen Sie das Geld nicht einfach liegen und verkümmern, nur weil es von irgendwoher kommt. Die Quelle Ihres Geldes ändert nichts an der Berechnung der Optimierung Ihres Lebens.

»ABER … ABER …«

Allein mit den Worten »mit einer Null auf dem Konto sterben« jage ich den meisten Menschen sofort Angst ein. Schnell werfen sie dann ein, dass es doch keine Verschwendung sei, reich zu sterben, denn schließlich ginge es an die Erben oder vielleicht an eine gute Sache. Die häufigste Reaktion in diesem Zusammenhang ist die Frage: »Und was ist mit den Kindern?«

Die Frage nach den Kindern taucht immer wieder auf, und es gibt so viel darüber zu sagen, dass sie ein eigenes Kapitel verdient – und sie bekommt es auch, zusammen mit meinen Gedanken über karitative Spenden. Aber lassen Sie mich fürs Erste kurz auf die Beantwortung der Frage eingehen.

Zunächst einmal: Ja, Sie können den Menschen und den Wohltätigkeitsprojekten, die Ihnen am Herzen liegen, sicherlich Geld hinterlassen – aber eigentlich sollten diese Menschen und Projekte besser früher als später von Ihrem Reichtum profitieren. Warum bis nach Ihrem Tod warten?

Zweitens ist der Betrag, den Sie anderen geben, sofort deren Geld, nicht Ihres. Aber wenn ich davon spreche, mit einer Null auf dem Konto zu sterben, dann meine ich Ihr Geld. Was auch immer Sie Ihren Kindern gegeben haben, bleibt deren Geld, sodass Sie nicht planen müssen, Geld für sie übrig zu haben. In Kapitel 5, »Was ist mit den Kindern?«, werden Sie viel mehr darüber erfahren, wie Sie bewusst planen können, was Sie wem und wann hinterlassen.

Lassen Sie mich nun auf die Angst eingehen. Viele Menschen haben mir gesagt, dass sie Angst, sogar schreckliche Angst davor haben, dass ihnen das Geld ausgeht, bevor sie sterben. Und ich verstehe das. Niemand will seine letzten Jahre in Armut verbringen, daher ist es verständlich, dass die Menschen für die Zukunft sparen. Und ich sage nicht, dass man nicht für die Zukunft sparen *sollte*. Was ich sage, ist, dass Menschen, die sparen, dazu neigen, *zu viel* für *zu spät* in ihrem Leben zu sparen. Sie enthalten sich selbst etwas vor, nur aus Sorge um ein viel, viel älteres Ich in der Zukunft – ein zukünftiges Selbst, das vielleicht nie lange genug leben wird, um dieses Geld zu genießen.[12]

MENSCHEN, DIE ZU VIEL SPAREN

Woher weiß ich, dass die Menschen zu viel für zu spät sparen? Ich habe die Statistiken gesehen. Wenn Sie sich die Daten zum Nettovermögen nach Alter ansehen, werden Sie feststellen, dass viele

Menschen über Jahrzehnte hinweg Vermögen aufbauen. Und die meisten fangen erst sehr spät im Leben an, es auszugeben.

Der Aufsichtsrat der US-amerikanischen Notenbank, das Federal Reserve Board, beobachtet, wie viel die Amerikaner in den verschiedenen Phasen ihres Lebens angespart haben.[13] So wissen wir zum Beispiel aus der jüngsten Umfrage zu den Verbraucherfinanzen, dass das durchschnittliche Nettovermögen der US-Haushalte, die von einer Person im Alter von 45 bis 54 Jahren geführt werden, 124 200 Dollar beträgt. Das bedeutet lediglich, dass die Hälfte der Haushalte in dieser Altersgruppe mindestens 124 200 Dollar gespart hat, während die andere Hälfte weniger gespart hat. Einige von ihnen haben viel mehr und andere viel weniger gespart. Was aber weitaus interessanter ist als der Durchschnittswert für diese eine Altersgruppe, ist der allgemeine Trend. Wenn man sich die Nettovermögenszahlen für andere Altersgruppen ansieht, kann man ein deutliches Muster erkennen: Der mittlere Nettowert steigt mit zunehmendem Alter weiter an.[14]

Durchschnittliches Nettovermögen nach Alter des Haushaltsvorstands

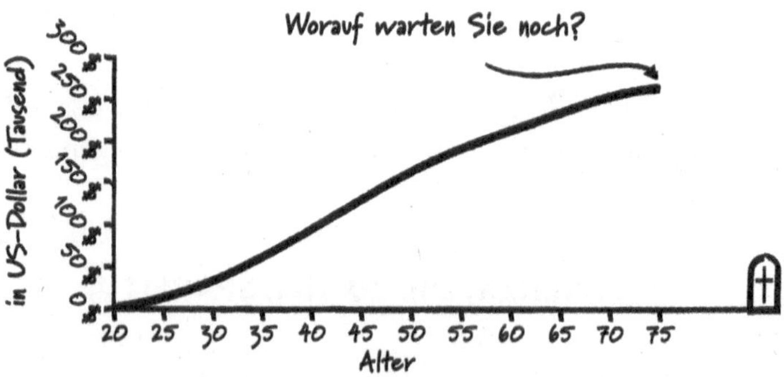

Das durchschnittliche Nettovermögen der Amerikaner steigt stetig, zumindest bis sie Mitte 70 sind.

Es ist leicht zu erraten, warum: Das Jahreseinkommen der Menschen steigt tendenziell mit dem Alter. Die Menschen sparen weiterhin das, was sie nicht ausgeben, sodass ihr finanzielles Polster weiterwächst. Und das ist bis zu einem gewissen Grad gut und wichtig, denn es gibt einen idealen Punkt im Leben eines jeden Menschen, an dem er die Früchte seines Reichtums am meisten genießen kann. Das Problem ist, dass die Menschen auch über diesen optimalen Punkt hinaus weitersparen. So haben amerikanische Haushaltsvorstände im Alter von 65 bis 74 Jahren ein durchschnittliches Nettovermögen von 224 100 Dollar, während die Haushaltsvorstände zwischen 55 und 64 Jahren 187 300 Dollar angespart haben. Das ist verrückt – Menschen in den Siebzigern sparen immer noch für die Zukunft! Tatsächlich fangen die Menschen in dieser oberen Altersgruppe selbst mit Mitte 70 noch nicht an, ihre Ersparnisse anzubrechen. Das durchschnittliche Nettovermögen amerikanischer Haushaltsvorstände im Alter von 75 Jahren oder älter ist das höchste aller Altersgruppen: 264 800 Dollar. Selbst bei steigender Lebenserwartung sind also Millionen von Amerikanern auf dem Weg, von ihrem hart verdienten Geld überlebt zu werden. Ja, ältere Menschen sparen oft in Erwartung der Gesundheitskosten – aber, wie Sie in Kürze sehen werden, die Gesamtausgaben der Menschen sinken mit dem Alter, selbst wenn man die Kosten für die Gesundheitsversorgung mitzählt.

Andere Daten weisen in die gleiche Richtung. In einer Studie des Employee Benefit Research Institute[15] aus dem Jahr 2018 wurde anhand von Daten über das Vermögen (Einkommen und Vermögenswerte) älterer Amerikaner und ihre Ausgaben untersucht, wie stark sich das Vermögen der Menschen in den ersten 20 Jahren ihres Ruhestands verändert hat. (»Oder bis zum Tod«, fügten die Autoren der Studie hinzu, als ob sie die Leser daran erinnern wollten, dass nicht jeder in den Genuss eines vollen, 20 Jahre umfassenden Ruhestands kommt.) Mit anderen Worten wurde die folgende Frage untersucht: Haben die Menschen ihr Vermögen nach und nach aufgebraucht oder haben sie es weitgehend erhalten? Hier sind einige der wichtigsten Erkenntnisse:

- Im Großen und Ganzen verbrauchen (»entkumulieren«) die Menschen ihr Vermögen sehr langsam.
- Ob man sich nun Rentner um die 60 oder um die 90 anschaut, über alle Altersgruppen hinweg liegt das durchschnittliche Verhältnis der Haushaltsausgaben zum Haushaltseinkommen bei etwa 1 : 1. Das bedeutet, dass die Ausgaben der Menschen weiterhin eng an ihr Einkommen gekoppelt sind. Wenn also die Einkommen der Menschen sinken, sinken auch ihre Ausgaben. Dies ist eine weitere Möglichkeit, um zu zeigen, dass die Rentner nicht wirklich all das Geld, das sie gespart haben, abrufen.
- Am oberen Ende der Skala hatten Rentner, die vor ihrem Eintritt in den Ruhestand 500 000 Dollar oder mehr angespart hatten, 20 Jahre später oder zum Zeitpunkt ihres Todes nur 11,8 Prozent dieses Geldes ausgegeben. Es blieben also mehr als 88 Prozent übrig, was bedeutet, dass eine Person, die mit 65 Jahren mit einer halben Million Dollar in den Ruhestand geht, im Alter von 85 Jahren immer noch mehr als 440 000 Dollar zur Verfügung hat!
- Am unteren Ende gaben Rentner mit weniger als 200 000 Dollar Ersparnissen für den Ruhestand einen höheren Prozentsatz aus (wie zu erwarten, da sie insgesamt

weniger auszugeben hatten). Aber selbst die Angehörigen dieser Gruppe hatten 18 Jahre nach dem Eintritt in den Ruhestand im Schnitt nur ein Viertel ihres Vermögens ausgegeben.

- Ein Drittel aller Rentner *steigerte* sein Vermögen nach dem Eintritt in den Ruhestand sogar! Anstatt das Vermögen langsam oder schnell abzubauen, bauten sie es also weiter aus.
- Senioren, die eine Pension bezogen (und damit also eine garantierte Quelle für ein laufendes Einkommen nach der Pensionierung hatten), gaben in den ersten 18 Jahren nach der Pensionierung viel weniger von ihrem Vermögen aus (nur 4 Prozent) als Nichtpensionäre (die 34 Prozent verbrauchten).

Es wird hier also deutlich, dass Menschen, die während ihrer Erwerbsjahre angeben, sie würden für den Ruhestand sparen, diese Ersparnisse nach ihrem Eintritt in den Ruhestand nicht wirklich ausgeben. Sie sind definitiv nicht auf dem Weg, mit einer Null auf dem Konto zu sterben. Einige von ihnen scheinen nicht einmal das Ziel zu haben, blank zu sterben; dies wird besonders deutlich, wenn man sich die Menschen mit Pensionen anschaut. Pensionäre könnten stärker als jeder andere auf ihre Ersparnisse zurückgreifen, da ihr garantiertes Einkommen auf Lebenszeit gewährleistet, dass sie niemals verhungern werden. Aber interessanterweise geben Pensionäre den geringsten Prozentsatz ihres Vermögens aus, wahrscheinlich weil sie, wie die Daten zeigen, von Anfang an mehr Vermögen hatten.

Es bleibt jedoch die Frage: Warum haben Rentner nicht mehr von ihrem Geld ausgegeben, als sie jung genug waren, um es in vollem Umfang zu genießen? Worauf haben sie gewartet?!

Es gibt einige Antworten auf diese Frage. Die erste ist, dass die Menschen zwar die Absicht hatten, das Geld auszugeben, aber sobald sie ein bestimmtes Alter erreicht hatten, stellten sie fest, dass sich ihre Wünsche und Bedürfnisse verändert haben oder vielleicht sogar verschwunden sind. Experten in der Altersvorsorge haben sogar eine gewisse Sprache für dieses Konsumverhalten: Go-go-Jahre, Slow-go-Jahre und No-go-Jahre.[16] Dahinter steckt die Idee, dass man, wenn man in den Ruhestand geht, zunächst mal all die Erfahrungen, die man bis zur Rente aufgeschoben hat, machen will und dass man (zum größten Teil) noch immer gesund und tatkräftig genug ist, diese Erfahrungen nachzuholen. Das sind die Go-go-Jahre. Später, in der Regel, wenn man um die 70 bis 80 ist, wird man langsamer, man streicht Dinge von seiner Wunschliste, die Gesundheit verschlechtert sich. Und noch später, mit 80 und darüber hinaus, hat man nicht mehr viel Antrieb, egal wie viel Geld man noch besitzt. Wie ein Berater für die Altersvorsorge sagte: »Mein Vater ist 86 und will nirgendwohin gehen, er will nur in der Umgebung seines Zuhauses bleiben.«[17]

Ich habe so etwas mit meiner Großmutter aus erster Hand erlebt, als sie Ende 70 und ich Ende 20 war. Ich kam damals gerade als Trader groß raus und war begeistert davon, meinen neuen Reichtum mit den Menschen zu teilen, die ich liebte. Meine Oma war einer dieser Menschen. Also gab ich ihr einen Scheck über 10 000 Dollar. Es fühlt sich jetzt wie ein dummes Geschenk an, und wenn ich damals gewusst hätte, was ich heute weiß, hätte ich ihr stattdessen ein wirklich unvergessliches Erlebnis geschenkt, zum Beispiel eine Reise zu Verwandten am anderen Ende der USA. Aber damals war ich der Meinung, dass die Menschen am besten wissen, was sie sich selbst schenken sollten. Ich selbst hätte ebenfalls gewollt, dass mir jemand einfach das Geld gibt – also tat ich genau das für meine Großmutter.

Meine Oma lebte damals bei meiner Mutter, also fragte ich meine Mutter ab und zu, wofür meine Großmutter das Geld ausgegeben hatte. Und es stellte sich heraus, dass Oma es überhaupt nicht ausgab. Es ist nicht so, dass sie arm war und das Geld brauchte, um die Rechnungen zu bezahlen. Sie hatte nur nicht mehr viel Antrieb. Zu Weihnachten in jenem Jahr überreichte mir Oma ein Geschenk: einen Pullover. Soweit ich weiß, war dieser Pullover (der vermutlich etwa 50 Dollar gekostet hat) bis heute das Einzige, was aus meinem 10 000-Dollar-Geschenk hervorgegangen ist. Es gab für sie keine weitere Freude, die sie durch die 10 000 Dollar erfahren hat, abgesehen von der Freude, die sie empfunden hat, als sie mir diesen Pullover schenkte – oder als sie erfuhr, dass ihr Enkel ihr Geld schenken wollte.

Aber aus welchem Grund auch immer, sie konnte das Geld nicht ausgeben. Sie war einfach zu sparsam im Hinblick auf sich selbst – sie war jemand, der tatsächlich jede Couch, jedes Zweiersofa und jeden Sessel mit Plastik bezog, um die Polster vor Abnutzung zu schützen. Leider machte das Plastik natürlich auch die Möbel unbequem und unattraktiv. Eines Tages kam ich anlässlich einer Beerdigung zu meiner Großmutter ins Haus und saß auf einer bunten, bequemen Couch – sie hatte den Plastiküberzug für diesen besonderen Anlass abgenommen. Aber als ich das nächste Mal zu Besuch kam, war das ganze Plastik wieder drauf, und dort blieb es für den Rest des Lebens meiner Großmutter. Das machte für mich nie einen Sinn: Warum all das Geld für Möbel ausgeben, die man nicht genießen kann? Der Plastiküberzug über den Sofas ist ein mikrokosmisches Beispiel für vieles von dem, wovon ich in diesem Buch spreche: die Sinnlosigkeit einer sich unendlich lange hinauszögernden Belohnung.

Man könnte meinen, dass die Menschen mit zunehmendem Alter ihr Geld freizügiger ausgeben, und zwar aus dem bloßen Wunsch heraus, das Beste aus ihrem Geld zu machen, bevor es tatsächlich zu spät ist. Aber das Gegenteil ist der Fall. Im Allgemeinen nehmen die Ausgaben der amerikanischen Haushalte mit zunehmendem Alter ab. Eine vom US-amerikanischen Amt für Arbeitsstatistik (Bureau of Labor Statistics) durchgeführte Umfrage zu den Verbraucherausgaben ergab beispielsweise, dass im Jahr 2017 die durchschnittlichen jährlichen Ausgaben für Haushalte, die von 55- bis 64-Jährigen geführt werden, 65 000 Dollar betrugen, die durchschnittlichen Ausgaben der 65- bis 74-Jährigen auf 55 000 Dollar fielen und die Ausgaben der über 75-Jährigen erneut auf 42 000 Dollar fielen.[18] Dieser Gesamtrückgang erfolgte *trotz* gestiegener Gesundheitsausgaben, da die meisten anderen Ausgaben, etwa für Kleidung und Unterhaltung, wesentlich niedriger lagen. Der Rückgang der Ausgaben im Laufe der Zeit war bei Rentnern mit einem Vermögen von mehr als 1 Million Dollar noch gravierender, wie eine weitere Untersuchung von J.P. Morgan Asset Management ergab, die Daten von mehr als einer halben Million ihrer Kunden analysiert hatten.[19]

Viele Finanzplaner sind mit diesem Muster bestens vertraut. Auf Websites, die Ratschläge für den Ruhestand anbieten, finden sich zahlreiche Hinweise auf die Slow-go- und No-go-Jahre. Aber die Botschaft des abnehmenden Antriebs scheint noch nicht ins öffentliche Bewusstsein gedrungen zu sein. Und wenn man sich dieses ziemlich voraussehbaren Musters nicht bewusst ist, erwartet man wahrscheinlich (fälschlicherweise) stetige Ausgaben für Erfahrungen vom Tag des Ruhestands bis zum Tag des Todes. Das ist ein Grund dafür, dass man vielleicht viel zu viel spart und viel zu wenig ausgibt.

EIN ÜBERMASS AN VORSICHT

Aber es gibt noch einen weiteren, bewussteren Grund, warum die Menschen in der Regel zu viel sparen und zu wenig ausgeben und Geld für den Zeitpunkt ihres Todes hinterlassen. Manche Menschen hatten nie wirklich geplant, all dieses Geld für Lebenserfahrungen auszugeben, sondern sparten stattdessen für die unvorhergesehenen Ausgaben im Alter, insbesondere für medizinische Ausgaben. Es geht nicht nur darum, dass die Gesundheit eines jeden Menschen mit zunehmendem Alter abnimmt, was gegen Ende des Lebens höhere medizinische Kosten verursacht. Es ist auch so, dass die tatsächlichen Ausgaben schwer vorhersehbar sind: Werden Sie eine dreifache Bypass-Operation oder eine jahrelange Krebsbehandlung in Anspruch nehmen müssen? Werden Sie Jahre in einem Pflegeheim verbringen müssen?

Theoretisch ist es genau das, wofür Versicherungen da sind: Sie sollen gegen alle möglichen Katastrophen absichern. Aber selbst Menschen mit einer Versicherung haben manchmal hohe Behandlungskosten. Dies kann passieren wegen hoher Selbstbeteiligungen oder kostspieliger Rezepte mit Eigenanteil oder einfach, weil der Versicherer aus irgendeinem Grund die Deckung verweigert. Da die meisten Menschen nach einer Erkrankung am Leben bleiben wollen, ist es natürlich und vernünftig, Geld für die medizinische Versorgung zurückzulegen. Und wenn die Kosten für die Versorgung ungewiss sind, neigen die Menschen dazu, noch mehr zu sparen.[20]

Doch selbst wenn man die Unwägbarkeiten der Kosten einbezieht, sparen viele Menschen immer noch zu viel.[21] Für mich ist das so, als ob man sich etwas so Abstruses anschaffen würde wie eine Versicherung gegen die Invasion außerirdischer Roboter. Das heißt, angenommen, es besteht eine sehr, sehr winzige Möglichkeit, dass außerirdische Roboter auf unseren Planeten einfallen und unser Leben in Gefahr bringen könnten, bedeutet das, dass Sie einen speziellen Schutzraum bauen sollten, um sich selbst zu schützen? Ich würde lieber das Risiko eingehen und das Geld für etwas Nützlicheres und Angenehmeres verwenden.

Die Planung Ihrer medizinischen Versorgung durch das Sparen von Geld kommt dem sehr nahe, auch wenn es stimmt, dass Sie viel eher eine teure medizinische Versorgung benötigen, als dass Sie schwer bewaffneten und hochintelligenten Außerirdischen begegnen. Um es ganz offen zu sagen: Keine der Ersparnisse, die den meisten Menschen zur Verfügung stehen, werden die teuerste medizinische Versorgung, die Sie möglicherweise benötigen, abdecken können. Zum Beispiel können Krebsbehandlungen mitunter leicht eine halbe Million Euro pro Jahr kosten.

Ist es wirklich von Bedeutung, ob Sie 10 000, 50 000 oder sogar 250 000 Euro gespart haben, wenn sich Ihre Ausgaben für die medizinische Versorgung auf 50 000 Euro *pro Tag* belaufen (wie beim Krankenhausaufenthalt meines Vaters am Ende seines Lebens)? Nein, das ist es nicht, denn mit den zusätzlichen 50 000 Euro können Sie sich *einen* Tag mehr leisten, einen Tag, für den Sie vielleicht ein Jahr Arbeit gebraucht hätten! Ebenso werden 250 000 Euro, die über viele Jahre hinweg gespart wurden, in fünf Tagen vernichtet. Ich schlage nicht vor, dass Sie große Krankenhauskosten verursachen sollten, um das Krankenhaus dann mit diesen Rechnungen zu prellen. Was ich sage, ist, dass Sie sich nicht aus der kostspieligen medizinischen Versorgung am Lebensende herausbezahlen können. Da die unversicherte medizinische Versorgung so teuer ist, wird es für die große Mehrheit von uns keinen wirklichen Unterschied machen, ob wir dafür sparen oder nicht. Entweder kommt der Staat für Sie auf, oder Sie werden sterben.

Aber nehmen wir an, Sie gehören nicht zur großen Mehrheit – sagen wir, Sie besitzen Millionen oder gar zig Millionen Euro. Was dann? Selbst wenn ich so viel verdiene, dass ich Geld für ein paar zusätzliche Lebensmonate im Krankenhaus zurücklegen *könnte*, kann ich die Logik darin nicht erkennen: Es gibt einen großen Unterschied zwischen einem Leben, das ich auskoste, und dem Zustand, einfach nur am Leben gehalten zu werden – und ich würde viel lieber mein Geld für Ersteres ausgeben. Ich würde also nicht jahrelang arbeiten, um noch für ein paar Monate an einem Beatmungsgerät zu sparen, mit einer Lebensqualität, die gegen null tendiert – oder, je nach Leidensdruck, vielleicht sogar noch geringer ist. Anstatt also »vorsorglich zu sparen«, wie Ökonomen dies nennen, nehme ich es im Leben so, wie es kommt. Wir alle sterben früher oder später, und ich sterbe lieber, wenn die Zeit reif ist, als meine besseren Jahre zu opfern, nur um am Ende noch ein paar Tage herausquetschen zu können. Oder wie ich immer sage: »Wir sehen uns im Jenseits!«

Außerdem ist es viel klüger, das Geld für die Gesundheitsvorsorge im Vorfeld zu investieren (um die Gesundheit zu erhalten und Krankheiten vorzubeugen), als es am Ende auszugeben, wenn Sie für jeden Euro, den Sie ausgeben, viel weniger Effekt erzielen. Tatsächlich übernehmen viele US-amerikanische Versicherungen nicht nur die Kosten für Vorsorgeuntersuchungen wie Mammografien, sondern glauben an langfristige Kosteneinsparungen bei der Krankheitsprävention, sodass sie Sie tatsächlich bezahlen (beispielsweise in Form von Gutscheinen), um Ihnen regelmäßige Vorsorgeuntersuchungen und andere präventive Maßnahmen zu ermöglichen.[22] Auch die gesetzlichen Krankenkassen in Deutschland übernehmen die Kosten für viele Vorsorgeuntersuchungen, wenn es um Krankheiten geht, die gut behandelt werden können, wenn sie früh erkannt werden. Vorsorgeuntersuchungen werden nicht jede mögliche Krankheit abwenden können, egal was Sie tun, aber Sie können die Wahrscheinlichkeit gesundheitlicher Probleme deutlich verringern – und Sie werden sich dauerhaft einer besseren Lebensqualität erfreuen.

Es mag sich so anhören, als würde ich Sie dazu drängen wollen, alle Ihre Bemühungen auf Ihre Jugend zu konzentrieren und keinen Gedanken daran zu verschwenden, was passiert, wenn Sie alt und gebrechlich sind. Aber das wäre eine irreführende Verfälschung meiner Aussage. Auch wenn es ein großer Fehler ist, seine derzeitige Lebensqualität für eine bessere Lebensqualität im Alter zu opfern, verstehe ich doch den Wunsch, versorgt zu sein, wenn man alt und anfällig wird. Wie stellen Sie also sicher, dass Sie im Falle von Pflegebedürftigkeit abgesichert sind, ohne dass Sie massive Summen sparen müssen, die Sie nicht ausgeben, wenn Sie keine Pflege benötigen? Die Antwort: die Pflegeversicherung. Viele Amerikaner sind tatsächlich überrascht, da sie weniger kostet, als sie denken, insbesondere wenn sie vor dem 65. Lebensjahr mit der Beitragszahlung beginnen.[23] In Deutschland gehört die soziale Pflegeversicherung zu den Pflichtversicherungen, doch auch hier kann sich unter Umständen eine Pflegezusatzversicherung lohnen.

Es gibt einen allgemeinen Aspekt, den ich gerne aufgreifen möchte: Für jede einzelne Sache, über die Sie sich im Hinblick auf Ihre Zukunft Sorgen machen könnten, gibt es ein Versicherungsprodukt, das Sie absichert. Das bedeutet nicht, dass ich den Abschluss einer Versicherung für jede einzelne Sache empfehle; schließlich kostet jede Versicherung Geld. Aber die Tatsache, dass Versicherungsgesellschaften bereit sind, Versicherungen für verschiedene Risiken zu verkaufen, zeigt, dass diese Risiken quantifiziert werden können – und diejenigen, die diese Risiken nicht eingehen wollen, können sie durch einen Abschluss einer entsprechenden Versicherung vermeiden.

In diesem Kapitel habe ich versucht, Ihnen zu zeigen, *warum* es ein erstrebenswertes Ziel ist, mit einer Null auf dem Konto zu sterben – warum es eine Möglichkeit ist, eine enorme Verschwendung von Lebensenergie zu verhindern. Aber *wie* ist dies zu bewerkstelligen? Wenn Sie wie die meisten Menschen sind, zweifeln Sie immer noch an der Machbarkeit, dieses Ziel tatsächlich zu erreichen, vor allem angesichts der Ungewissheit darüber, wie lange Sie leben werden. Das Wie ist das Thema des nächsten Kapitels.

Empfehlungen

- Wenn Sie immer noch Bedenken haben und sich gegen die Vorstellung wehren, mit einer Null auf dem Konto zu sterben, versuchen Sie herauszufinden, woher dieser innere Widerstand kommt.
- Wenn Sie Ihre Arbeit lieben und gerne jeden Tag zur Arbeit gehen, suchen Sie nach Möglichkeiten, wie Sie Ihr Geld für Aktivitäten ausgeben können, die in Ihren Arbeitsplan passen.

KAPITEL 4
WIE SIE IHR GELD AUSGEBEN
(OHNE TATSÄCHLICH VOLLKOMMEN BEI NULL ZU SEIN, BEVOR SIE STERBEN)

REGEL NUMMER 4:
NUTZEN SIE ALLE VERFÜGBAREN MITTEL, DAMIT SIE MIT EINER NULL AUF DEM KONTO STERBEN.

Wenn Sie dies nach wie vor lesen, nehme ich an, dass Sie mir zustimmen, dass es zumindest im Prinzip eine gute Idee ist, mit null auf dem Konto zu sterben. Aber Sie sind wahrscheinlich skeptisch, ob es wirklich möglich ist, dieses Ziel zu erreichen.

Und Sie haben recht, skeptisch zu sein. Tatsächlich ist es unmöglich, *exakt dann* zu sterben, wenn man kein Geld mehr hat. Um dieses Ziel zu erreichen, müsste man genau wissen, wann man sterben wird – aber keiner von uns ist Gott, also können wir den Tag, an dem wir sterben werden, nicht kennen.

Dennoch, nur weil wir das *exakte* Datum nicht vorhersagen können, heißt das nicht, dass wir uns nicht daran annähern können. Lassen Sie mich das erklären. Haben Sie jemals einen Lebenserwartungsrechner benutzt? Einige Websites bieten sie kostenlos an, und ich glaube, es macht Spaß, sie auszuprobieren. Diese Rechner sind zugegebenermaßen unpräzise Instrumente, aber um Ihre Lebenserwartung zu prognostizieren, stellen sie eine Reihe von Fragen über Ihr momentanes Alter, Ihr Geschlecht, Ihre Größe und Ihr Gewicht (wie gut ist Ihr Body-Mass-Index?), Ihr Rauch- und Trinkverhalten und andere wichtige Prädiktoren zu Ihrem allgemeinen Gesundheitszustand. Einige fragen auch nach Ihrer familiären Vorgeschichte und ob Sie Ihren Sicherheitsgurt anlegen. Nachdem Sie alle Fragen beantwortet haben, gibt Ihnen der Rechner in der Regel eine Zahl – Sie werden 94 Jahre alt! (Oder 55, wenn Sie nicht sofort 45 Kilo abnehmen oder wenn Sie nicht aufhören, wie ein Seemann zu trinken und ein Päckchen Zigaretten am Tag zu rauchen.)

Der Versuch, herauszufinden, wie lange Sie leben werden, mag nicht gerade ein Vergnügen für Sie sein; vielleicht fühlt es sich etwas morbide an, genau wie die Planung Ihrer Beerdigung und die Auflistung Ihrer Begünstigten auf einem Lebensversicherungsformular. Nun gut. Sie müssen es nicht unbedingt mögen, damit es sich lohnt, es zu tun. Wenn Sie keinen Lebenserwartungsrechner benutzen wollen, ist das Ihre Entscheidung. Sagen Sie mir dann nur nicht, dass Sie keine Ahnung haben, wie lange Sie leben werden, und benutzen das dann als Entschuldigung, um so viel Geld zu sparen, als würden Sie denken, dass Sie 150 Jahre alt werden.

Welche Zahl der Rechner auch immer ermitteln mag, es handelt sich lediglich um eine Schätzung, die von Aktuaren wie Versicherungsmathematikern vorgenommen wurde, jenen Experten, die von den Versicherern zur Risikoprognose auf der Grundlage einschlägiger Statistiken beschäftigt werden. Wenn der Rechner Ihnen eine Zahl liefert, können Sie sich diese als eine reine Annahme vorstellen – auf der Grundlage der vergangenen Lebensspannen von Menschen, die Ihnen in etwa gleichen. Zahlreiche Menschen, die Ihnen ähnlich sind, starben früher als der Durchschnitt, und andere starben später. Es gibt also einen Durchschnitt, und es gibt auch eine Bandbreite. Um dieser Tatsache Rechnung zu tragen, geben einige Lebenserwartungsrechner ihre Ergebnisse in Form von Wahrscheinlichkeitswerten an. Diese könnten Ihnen zum Beispiel mitteilen, dass Sie eine 50-prozentige Chance haben, 92 Jahre alt zu werden, eine zehnprozentige Chance, 100 Jahre alt zu werden, und so weiter. Diese Prognosen zeigen, dass die Vorhersage der Lebenserwartung eines Menschen eine ungenaue Wissenschaft ist. Aber es ist immer noch besser, die bloße Wahrscheinlichkeit des Überlebens bis zu einem bestimmten Alter zu kennen, als gar nichts zu wissen. Wenn man keine Ahnung hat, wann man sterben wird, kann man keine Entscheidungen treffen, die auch nur annähernd richtig sind. Das bedeutet, dass Sie, wenn Sie eher der vorsichtige Typ sind, Geld sparen und ausgeben werden, als würden Sie erwarten, 150 Jahre alt zu werden; Sie könnten sogar so tun, als würden Sie glauben, ewig zu leben, wie jene Menschen, die nie auf ihr Kapital zurückgreifen und nur von den Zinsen leben. Als Folge davon werden Sie mit viel, viel Geld sterben, anstatt bei null zu landen – was bedeutet, dass Sie viele Stunden Ihrer Lebensenergie darauf vergeudet haben werden, Geld zu verdienen, das Sie niemals genießen können.

Wenn Sie zumindest ungefähr wissen, wann Sie sterben werden, können Sie viel bessere Entscheidungen treffen, wenn es darum geht, Geld zu verdienen, zu sparen oder auszugeben. Deshalb bitte ich Sie eindringlich: Probieren Sie einen Lebenserwartungsrechner aus.

Sie fragen sich vielleicht, welchen speziellen Rechner Sie verwenden sollen. Ich habe mich mit dieser Frage an die Society of Actuaries gewandt, den Berufsverband der Aktuare, da sie die wahren Experten sind. Sie wollten keinen bestimmten Rechner besonders hervorheben, sondern verwiesen mich stattdessen auf ihre eigene Website (soa.org), die hauptsächlich Tools für professionelle Aktuare anbietet. Es gibt ein sehr gut verständliches Programm, das auf ihrer Website empfohlen wird: der Actuaries Longevity Illustrator (http://www.longevityillustrator.org/). Auf der Grundlage Ihrer Antworten auf einige wenige (englischsprachige) Fragen erstellt dieser ein Diagramm, das Ihre Sterbewahrscheinlichkeiten in verschiedenen Altersstufen anzeigt. Es geht darum, Ihnen das Risiko aufzuzeigen, Ihre Ressourcen zu überleben – aber wenn Sie auf das maximale Alter schauen, können Sie erkennen, wie gering die Wahrscheinlichkeit ist, dass Sie über ein bestimmtes Alter hinaus leben werden.

Eine andere Möglichkeit wäre, Ihren Versicherungsvertreter zu fragen; einige Versicherungsgesellschaften, die Lebensversicherungen verkaufen, bieten kostenlose Onlinerechner an, die jeder nutzen kann.

Wenn Sie eine genauere Einschätzung Ihrer Lebenserwartung auf der Grundlage zusätzlicher Gesundheitsfaktoren erhalten möchten, müssen Sie mehr Fragen zu Ihrer Gesundheit und Lebensweise beantworten. Ein hilfreiches Instrument ist der (ebenfalls englischsprachige) »Living to 100«-Rechner (https://www.livingto100.com), der von einem Arzt und Forscher entwickelt wurde, der sich mit außergewöhnlicher Langlebigkeit befasst.

Was haben Sie nach dem Ausprobieren eines oder mehrerer dieser Tools entdeckt? Wenn Sie mehrere Rechner ausprobiert haben, wie beständig waren die Ergebnisse? Werden Sie wahrscheinlich später sterben, als Sie gedacht haben? Denken Sie, dass Sie vielleicht Ihre Lebensweise ändern sollten, oder wollen Sie sehen, was passiert, wenn Sie die Berechnung in ein paar Jahren erneut durchführen? Das sind alles gute Fragen – und über diese Fragen nachzudenken, ist ein erster Schritt zur Optimierung Ihrer Ausgaben.

Aber wie soll das gehen? Da wir mit null sterben wollen und da es unmöglich ist, an einem genau festgesetzten Datum blank zu sein, wie kommt man da möglichst nah heran? Wie geht man mit den unterschiedlichen Prämissen des menschlichen Lebens um?

Der erste Punkt, dem man sich stellen muss, ist die Ungewissheit. Die Möglichkeit, dass man länger lebt als erwartet, wird als *Langlebigkeitsrisiko* bezeichnet. Niemand will früh sterben – die entsprechende Wahrscheinlichkeit bezeichnet man als *Sterblichkeitsrisiko* –, aber es will auch niemand sterben, nachdem sein Geld ausgegangen ist. (Ohne Geld wird Ihre Lebensqualität einen dramatischen Einbruch erleiden, um es milde auszudrücken.) Es gibt also eine gewisse Unsicherheit auf beiden Seiten unserer erwarteten Lebensspanne, und wir wollen herausfinden, wie wir mit den negativen finanziellen Folgen dieser Ungewissheit umgehen können.

Dafür gibt es, wie bereits erwähnt, Finanzprodukte. Ich will nicht wirklich auf Finanzprodukte pochen, und ich möchte definitiv nicht in die Details dieser Produkte einsteigen (ich bin kein Experte auf diesem Gebiet), aber es gibt einige grundlegende Elemente, die Sie verstehen müssen, bevor Sie entscheiden, ob das Ziel, mit null auf dem Konto zu sterben, Sie anspricht oder nicht. Ich muss kein geprüfter Finanzberater sein, um Ihnen sagen zu können, was diese Grundlagen sind – genauso wenig wie ich ein Automechaniker sein muss, um Ihnen zu sagen, dass Sie ein Auto brauchen, wenn Sie kreuz und quer durchs Land fahren wollen.

SIE SIND KEIN GUTER VERSICHERUNGSVERTRETER!

Wahrscheinlich kennen Sie bereits das Finanzprodukt, mit dem das Sterberisiko, also das Risiko eines frühen Todes, eingeschätzt wird: Das ist die Lebensversicherung. Die Lebensversicherungsgesellschaften wissen nicht genau, wann Sie sterben werden – genauso wenig wie Sie es wissen –, aber trotzdem sind sie fähig, Ihre Begünstigten auszuzahlen, wenn Sie sterben, wann auch immer das geschieht. Die Versicherer sind dazu in der Lage, weil sie gleichzeitig Millionen von anderen Menschen versichern: Einige dieser Versicherten werden früher als der Durchschnitt sterben, aber andere sterben später, sodass sich die Abweichungen auf beiden Seiten gegenseitig aufheben. Das bedeutet, dass eine Versicherungsgesellschaft nicht genau wissen muss, wann Sie persönlich sterben werden – sie muss nur genügend Daten über die Lebenserwartung ihres gesamten Versicherungspools kennen, um sicherzustellen, dass sie auszahlen und insgesamt noch einen Gewinn erzielen kann.

Diese Fähigkeit, Risiken über eine große Anzahl von Personen hinweg zu bündeln, ist es, was Versicherungsgesellschaften einen Vorteil gegenüber Ihnen als Individuum verschafft. Deshalb sind die Menschen bereit, Geld für den Kauf von Versicherungen aller Art zu zahlen, anstatt zu versuchen, sich selbst vor Risiken zu schützen. *Sie sind kein guter Versicherungsvertreter.*

Das ist also die Lebensversicherung – sie hilft Ihnen, mit dem Sterblichkeitsrisiko umzugehen, und 60 Prozent der Amerikaner besitzen zumindest eine Lebensversicherung.[24]

Weniger Menschen ist klar, dass es auch Finanzprodukte gibt, die auf das Langlebigkeitsrisiko ausgerichtet sind. Da sich viele Menschen davor fürchten, dass ihnen das Geld ausgeht, bevor sie sterben, gibt es ein Produkt, das sie sich unbedingt anschauen sollten, die sogenannte *Sofortrente* (in den USA: *Income Annuity*). Sofortrenten sind im Grunde genommen das Gegenteil einer Lebensversicherung: Wenn Sie eine Lebensversicherung abschließen, geben Sie Geld aus, um Ihre Hinterbliebenen vor dem Risiko zu schützen, dass Sie zu jung sterben, während der Abschluss einer Sofortrente Sie vor dem Risiko schützt, zu alt zu sterben (und Ihre Ersparnisse vor Ihrem Tod aufgebraucht zu haben).

Wenn Sie es nicht von mir selbst hören wollen, sollten Sie sich Ron Lieber, den »Your Money«-Kolumnisten der *New York Times*, zu Gemüte führen. »Die Versicherungsgesellschaften, die Sofortrenten anbieten, lassen diese oft wie Investitionen erscheinen«, schrieb er kürzlich in einem Artikel über Sofortrenten. »Aber in Wirklichkeit sind sie eher wie eine Versicherung.« Lieber fuhr fort: »Wie eine Versicherung, um eine finanzielle Katastrophe abzuwenden, ist eine Sofortrente etwas, das man abschließt, um zu garantieren, dass einem das Geld nicht ausgeht, wenn man lange lebt.«[25]

Tatsächlich macht es viel mehr Sinn, Sofortrenten als Versicherung anstatt als Investition zu betrachten – denn als Investitionen sind sie überhaupt nicht geeignet. Aber das ist nicht ihr Ziel – ihr Ziel ist es, Sie gegen das Risiko, Ihr Vermögen zu überleben, zu versichern.

Wie erreichen sie dieses Ziel? Nun, der Abschluss einer Sofortrente bedeutet, dass Sie der Versicherungsgesellschaft eine einmalige Pauschalsumme – sagen wir 500 000 Euro im Alter von 60 Jahren – zahlen und im Gegenzug eine garantierte monatliche Auszahlung (von beispielsweise 2400 Euro pro Monat) für den Rest Ihres Lebens erhalten, egal wie lange das auch immer sein mag. Wie alle Versicherungen sind Renten nicht kostenlos – Versicherungsgesellschaften müssen Geld verdienen, um im Geschäft zu bleiben! –, aber wenn es Ihr Ziel ist, das Geld, das Sie verdienen, für Dinge und Erlebnisse auszugeben, die Ihre Lebenserfahrung maximieren, dann sind solche Policen eine sehr vernünftige Lösung. Das liegt unter anderem daran, dass Ihre monatliche Sofortrentenauszahlung selbst nach Abzug der Gebühren der Versicherungsgesellschaft wahrscheinlich höher liegen wird, als Sie selbst zu zahlen bereit wären, wenn Sie sicherstellen wollten, dass Sie nicht länger Leben als Ihr Geld. Eine beliebte Faustregel für die Ausgaben im Ruhestand ist zum Beispiel die »4-Prozent-Regel«, nach der Sie jedes Jahr im Ruhestand 4 Prozent Ihrer Ersparnisse ausgeben. Nun, bei einer Sofortrente werden Ihre jährlichen Auszahlungen wahrscheinlich mehr als 4 Prozent dessen betragen, was Sie für die Sofortrente eingezahlt haben – und im Gegensatz zu den 4-Prozent-Entnahmen werden diese Auszahlungen garantiert für den Rest Ihres Lebens fortgesetzt.

Der Grund dafür, dass die Versicherungsgesellschaft Ihnen eine sowohl stabile als auch angemessen hohe Rendite bieten kann, ist, dass Sie kein Geld aus dem Fenster werfen. Sie geben gleichwohl Ihr Kapital für immer ab. Im Extremfall – wenn Sie am Tag nach dem Erwerb der Sofortrente sterben – sehen Sie von dem eingezahlten Geld nichts mehr, sondern es fließt stattdessen in monatlichen Zahlungen an die glückliche Unbekannte (eine andere Rentenklientin), die über 90 Jahre alt ist. Ohne eine Sofortrente sind Sie hingegen gezwungen, sich selbst abzusichern, also Ihr eigener Versicherungsvertreter zu sein. Das ist keine gute Idee, denn im Gegensatz zu den Versicherungsvertretern, die für große Versicherungsgesellschaften arbeiten, haben Sie nicht die Möglichkeit, Risiken zu bündeln und Abweichungen nach beiden Seiten auszugleichen. Um sich also bis zum Ende Ihrer Tage finanziell sicher zu fühlen, müssen Sie ein großes Polster für den schlimmsten Fall vorsehen: Sie werden übermäßig sparen müssen, was bedeutet, dass Sie wahrscheinlich am Ende mit einem beträchtlichen Restbetrag sterben werden. Sie werden jahrelang gearbeitet und Geld verdient haben, das Sie nie genießen konnten. Wenn Sie also versuchen, Versicherungsvertreter zu spielen, sind Sie nicht einmal annähernd in der Lage, Ihr Leben zu maximieren. Nochmals: Das ist der Grund, warum Sie kein guter Versicherungsvertreter sein können!

Ökonomen sind im Allgemeinen der Meinung, dass Sofortrenten eine derart sinnvolle Maßnahme sind, dem Langlebigkeitsrisiko zu begegnen, dass viele Experten sich schon lange fragen, warum nicht mehr Menschen eine Sofortrente abschließen. Ökonomen sprechen auch vom »Annuity Puzzle«, vom »Rätsel der Sofortrente«.[26]

Will ich Ihnen also damit sagen, dass Sie Ihre gesamten Ersparnisse in eine Sofortrente anlegen sollen? Nein, natürlich nicht. Aber was ich sage, ist, dass es Lösungen für das Problem gibt, wie man mit einer Null auf dem Konto sterben kann, ohne dass Ihnen das Geld ausgeht, und Sie würden sich selbst einen Bärendienst erweisen, wenn Sie sich nicht wenigstens damit befassen würden.

Auch hier gilt: Das Ziel ist es, so wenig Geld wie möglich zu verschwenden. Wie nahe Sie diesem Ziel kommen, hängt von Ihrer eigenen Risikotoleranz ab. Wenn Sie eine sehr niedrige Risikotoleranz haben, was heißt, dass Sie nicht die geringste Möglichkeit hinnehmen möchten, dass sich Ihr Geld erschöpft, sollten Sie entweder eine Sofortrente abschließen oder sich durch ein riesiges finanzielles Polster absichern. Die Wahrscheinlichkeit, dass Sie 123 Jahre alt werden, ist gegenwärtig sehr gering. (Die älteste aktenkundige Person ist im Alter von 122 Jahren und 164 Tagen gestorben.) Aber wenn Sie extrem risikoscheu sind, dann werden Sie ein so großes finanzielles Polster zurücklassen, dass Sie 123 Jahre alt werden könnten.

Wenn es Ihnen andererseits aber keine Sorgen bereitet, am Rande des Existenzminimums zu leben, dann brauchen Sie dieses Buch nicht, weil Sie wahrscheinlich ohnehin schon auf dem besten Weg sind, mit einer Null auf dem Konto zu sterben. Nun, das meine ich nicht wirklich, Sie brauchen dieses Buch immer noch, denn wenn Sie gefährlich nahe am Abgrund leben, riskieren Sie, dass Ihnen das Geld vor Ihrem Tod ausgeht. Im Allgemeinen gilt jedoch: Je höher Ihre Toleranz gegenüber dem Langlebigkeitsrisiko, desto geringer das finanzielle Polster, das Sie brauchen. Je mehr Risiko Sie also bereit sind einzugehen, desto weniger von Ihrer Lebensenergie werden Sie wahrscheinlich für Geld verschwenden, das Sie niemals ausgeben können.

Nehmen Sie beispielsweise an, Ihre Lebenserwartung beträgt 85 Jahre, aber Sie wollen eine Abweichung von 5 bis 6 Prozent einkalkulieren. In diesem Fall könnten Sie sich entscheiden, für ein paar Jahre mehr zu sparen – also genug, um knapp 90 Jahre alt zu werden. Aber wenn Sie nicht die Ersparnisse von fünf Jahren verschwenden wollen, falls Sie doch, wie erwartet, mit 85 Jahren sterben, können Sie diese Verschwendung verhindern (und bis dahin etwas besser leben), indem Sie etwas weniger sparen – solange Sie mit dem Risiko einverstanden sind.

Ich will Ihnen nicht vorschreiben, welcher Weg der richtige ist: Risikotoleranz ist eine Sache der individuellen Präferenz. Aber ich möchte, dass Sie wissen, dass es einen großen Unterschied gibt zwischen Überlegungen zu Ihrer Risikotoleranz und dem Handeln aus blinder Angst. Es ist also in Ordnung, wenn Sie Ihre Lebenserwartung betrachten, Ihre Risikotoleranz berücksichtigen und ausrechnen, für wie viele Jahre Sie sparen müssen. Aber das ist nicht dasselbe wie die Angst, länger zu leben, als Ihre Ersparnisse halten – oder die Angst vor dem Tod –, sodass man es vermeidet, sich auch nur die Zahlen anzusehen. Wenn Sie ein Leben voller Angst und Ausflüchte führen, dann wette ich, dass Sie entweder Ihr Geld verplempern oder so sehr auf Nummer sicher gehen werden, dass Sie Ihr über viele Jahre hinweg hart verdientes Geld zurücklassen werden – Sie werden also viele Jahre als Sklave Ihrer eigenen Ängste gearbeitet haben.

WELCHES PROBLEM LÖSEN SIE GERADE?

Eine Warnung: Private Rentenversicherungsabschlüsse können sehr kompliziert sein – ganze Bücher sind darüber geschrieben worden. Zunächst einmal gibt es verschiedene Arten von privaten Rentenversicherungen. Abhängig von einer ganzen Reihe von Faktoren – wie Ihrem Alter und Ihrer Gesundheit, Ihren gesamten Ersparnissen und Ihrer Risikobereitschaft – ist es vielleicht besser, solche Renten vollständig zu umgehen oder eine Mischung aus Rentenanlagen zu wählen, von denen die Sofortrente nur eine ist.

Finanzberater können Ihnen helfen, diese Dinge zu klären – ich nehme Ihnen nicht übel, dass Sie kein Buch über Rentenabschlüsse lesen wollen! Aber Sie sollten sich schon ein bisschen damit auseinandergesetzt haben. Und Sie müssen sich darüber im Klaren sein, was der Berater für Sie tun soll. Zuerst müssen Sie bedenken, dass einige Finanzberater nicht unbedingt die Sofortrente zur Sprache bringen wollen: Wenn Ihr Berater einen Prozentsatz dessen erhält, was die Finanzfachleute als Ihr »verwaltetes Vermögen« bezeichnen, besteht sein Anreiz darin, das verwaltete Vermögen zu akkumulieren. Das Letzte, was er will, ist, dass Sie Ihr gesamtes Geld aus dem Portfolio nehmen, das er für Sie verwaltet. Für ihn sind Sofortrenten schließlich die Konkurrenz.

Aber nehmen wir an, Sie arbeiten mit einem Berater zusammen, der nur für ein Honorar arbeitet, also mit jemandem, dem Sie eine Pauschalgebühr dafür zahlen, dass er Sie in finanziellen Angelegenheiten berät. Diese Art von Berater hat keinen Grund, Rentenabschlüsse zu vermeiden, und er erhält auch keine Provisionen für den Verkauf von Renten. Großartig – da es beiderseits keine Interessenkonflikte gibt. Ihr Berater kann seine Gehirnzellen anstrengen, um einen Plan für Sie aufzustellen. Aber Sie müssen ihm zunächst klar sagen, was Ihr Ziel ist, welches Problem Sie zu lösen versuchen. Wenn Sie ein Problem mit dem Dach haben, rufen Sie nicht den Klempner an. Der beste Klempner der Welt wird Ihr undichtes Dach nicht reparieren. Ebenso kann Ihr Finanzberater ein hervorragender Börsenmakler sein, aber das ist nur dann hilfreich, wenn das Problem, das er löst, darin besteht, dass Sie so reich wie möglich werden wollen. Wir aber wollen mit diesem Buch eine Lösung für Ihr generelles Lebensglück bieten.

Lassen Sie mich das noch einmal sagen: *Wir finden Lösungen, damit Sie Ihr Leben voll und ganz genießen können.*

Das heißt, die Prämisse dieses Buches ist, dass Sie sich auf die Maximierung Ihrer Lebensfreude und nicht auf die Maximierung Ihres Reichtums konzentrieren sollten. Das sind zwei sehr unterschiedliche Ziele. Geld ist nur ein Mittel zum Zweck: Geld zu haben, hilft Ihnen, das bedeutendere Ziel zu erreichen: Ihr Leben zu genießen. Aber der Versuch, Geld zu maximieren, steht dem Erreichen dieses wichtigeren Ziels tatsächlich im Weg.

Denken Sie also immer an dieses Endziel. Machen Sie »Maximierung der totalen Lebensfreude« zu Ihrem Mantra und verwenden Sie es als Leitfaden für jede Entscheidung – auch dafür, worauf Sie sich bei Ihrem Finanzberater konzentrieren sollten. Wenn Sie Ihrem Finanzberater sagen, dass Sie versuchen, so viel Freude wie möglich aus Ihren Ersparnissen zu generieren, ohne Ihre Ersparnisse frühzeitig zu erschöpfen, kann er Ihnen helfen, einen Plan zu erstellen, um dies zu erreichen.

Der Teil dieses Plans, auf den ich mich in diesem Kapitel konzentriert habe, ist die Frage, wie Sie vermeiden können, dass Ihnen das Geld ausgeht – wie Sie Ihre Ersparnisse nicht zu schnell ausgeben. Aber das ist natürlich nur die eine Hälfte der Frage, wie man mit null sterben kann; die andere Hälfte ist, wie man es verhindert, seine Lebensenergie durch zu geringe Ausgaben zu vergeuden. Was ist also der Plan, wie Sie Ihr Geld ausgeben können, damit Sie nicht mit Restvermögen und großem Bedauern sterben? In der Sprache der Finanzberater: Wie sollten Sie vorgehen, um das Geld, das Sie im Laufe der Jahre akkumuliert haben, zu »entkumulieren«? Meine vollständige Antwort auf diese Frage finden Sie in Kapitel 8, »Erkennen Sie Ihren Zenit«, lassen Sie mich Ihnen hier nur eine kurze Vorschau geben. Zunächst geht es darum, Ihren Gesundheitszustand zu ermitteln, damit Sie wissen, wann Sie anfangen sollten, mehr auszugeben, als Sie verdienen (wann Sie Ihr finanzielles Polster anbrechen sollten). Es bedeutet auch, dass Sie Ihr voraussichtliches Sterbedatum und *Ihre jährlichen Lebenshaltungskosten* kennen müssen, denn diese beiden Zahlen zusammen erklären Ihnen, welchen Mindestbetrag Sie bis zum Ende Ihres Lebens benötigen werden.

Alle Ihre Ersparnisse, die über diesen Betrag hinausgehen, sind Gelder, die Sie rigoros für Erfahrungen ausgeben sollten, die Sie genießen. Ich sage »rigoros«, weil Ihre nachlassende Gesundheit und Ihr schwindendes Interesse bedeuten, dass Ihre Liste von geplanten Aktivitäten mit zunehmendem Alter schrumpfen wird, was wiederum bedeutet, dass die Höhe Ihrer Ausgaben nicht konstant bleiben wird: Wenn Sie mit einer Null auf dem Konto sterben und zu jedem Zeitpunkt Ihres Lebens das Beste aus Ihrer Gesundheit machen wollen, müssen Sie mit 50 mehr ausgeben als mit 60 und mit 60 mehr als mit 70, ganz zu schweigen von den Jahren, wenn Sie 80 oder 90 sind! In Kapitel 8 werden diese Ideen ausführlicher erläutert, und es werden Ihnen verschiedene Instrumente für deren Umsetzung vorgestellt, die Sie selbst oder mithilfe eines Finanzberaters umsetzen können.

FINAL COUNTDOWN

Wie alle Lebewesen hat sich der Mensch entwickelt, um zu überleben. Doch natürlich wollen wir mehr erreichen, als nur zu überleben. Wenn ich Sie beispielsweise fragen würde, ob Sie überleben oder aber gedeihen wollen, würden Sie sich sicher für das Gedeihen entscheiden. Aber unsere menschliche Natur ist so beschaffen, dass die Bemühungen, das beste Leben zu führen, oft nicht so selbstverständlich oder so ausgeprägt sind wie der grundlegende Instinkt zum Überleben. Den Tod zu vermeiden, ist unsere oberste Priorität, und dieses eine Ziel stellt alles andere in den Schatten. Mein Freund Cooper Richey hat es gut auf den Punkt gebracht, als er sagte: »Das menschliche Gehirn ist so beschaffen, dass es dem Tod gegenüber irrational ist.« Die Menschen meiden das Thema Tod, sie verhalten sich, als ob er nie kommen würde, und zu viele planen ihn nicht ein.

Es ist nur eine Art nebulöses Datum in der Zukunft, an dem unsere Zeit abläuft.

Diese Art der pauschalen Verleugnung erklärt, warum so viele Menschen bereit sind, Zehn- oder sogar Hunderttausende von Euro auszugeben, um ihr Leben nur noch um einige Wochen zu verlängern. Bedenken Sie mal: Das ist Geld, für das sie jahre- oder jahrzehntelang hart gearbeitet haben. Sie haben *Jahre* ihres Lebens aufgegeben, *während sie gesund und munter waren*, um sich ein paar zusätzliche *Lebenswochen* zu erkaufen, wenn sie *krank und unbeweglich sind*. Wenn das nicht irrational ist, was dann?

Ganz ehrlich: Geld hat absolut keinen Wert für Sie, wenn Sie tot sind – deshalb sage ich, Sie sollten mit null sterben. Deshalb ist es nicht irrational, wenn man kurz vor dem Ende sein ganzes restliches Geld ausgibt, um das Leben auch nur ein bisschen zu verlängern. An diesem Punkt heißt es »Alles oder nichts«. Wie ein Trio hochkarätiger Ökonomen geschrieben hat: »Einen erheblichen Betrag für sinnlose Pflege auszugeben, ist vernünftig, wenn es keinen Wert hat, den Reichtum zurückzulassen.«[27]

Aber diese Aussage trifft nur dann zu, wenn Sie schlecht geplant haben und deshalb jetzt versuchen, das Beste aus einer misslichen Situation zu machen. Warum sollten Sie in diese missliche Lage geraten? Sicherlich nicht vorsätzlich. Sie würden nie an diesen Punkt kommen, wenn Sie *im Voraus* rational denken und Pläne machen würden, solange Sie gesund sind – denn ein *Plan*, in den letzten Lebenswochen einen riesigen Teil Ihres Vermögens auszugeben, macht keinen Sinn. So ein Plan ist völlig irrational.

Aber hier liegt das Problem: Menschen sind irrational, wenn es um den Tod geht, auch wenn sie dem Tod nicht nahe sind. Deshalb haben sie übergroße Angst davor, dass ihnen vor ihrem Tod das

Geld ausgehen könnte – die Angst ist so groß, dass viele Menschen sich gezwungen sehen, für die ferne Zukunft zu sparen, und infolgedessen ihre Gegenwart nicht so sehr genießen können, wie sie es sollten.

Aber Tod und Vergänglichkeit sind für jeden unausweichlich, deshalb *sollte* das Datum Ihres zukünftigen Todes Ihr heutiges Verhalten beeinflussen. Betrachten Sie es Schritt für Schritt, beginnend mit dem extremsten Fall: Wenn Sie wüssten, dass Sie morgen sterben werden, würde sich Ihr Verhalten und Ihr Handeln heute offensichtlich ändern, vielleicht sogar eine 180-Grad-Wende vollziehen. Jetzt schalten Sie einen Gang zurück: Wenn Sie zwei Tage vor dem Tod stehen würden, würden sich Ihr Verhalten und Ihr Handeln ein wenig ändern, aber sie wären immer noch grundlegend anders, als wenn Sie noch 50 oder 75 Jahre zu leben hätten. Denken Sie jetzt darüber nach, wie sich Ihr Verhalten ändern würde, wenn Sie wüssten, dass Sie noch drei Tage bis zu Ihrem Tod Zeit hätten. Was wäre, wenn Sie 365 Tage Zeit hätten? Stellen Sie sich nun vor, Sie würden diesen Zeitstrahl immer mehr ausweiten, bis Sie 14 000 Tage oder 25 000 Tage, oder wie viele Tage auch immer Sie tatsächlich noch haben, erreicht haben. Beobachten Sie, wie sich diese Denkweise auf Ihr tatsächliches Todesdatum ausdehnt und Ihre Pläne verändert.

Beachten Sie bitte, dass ich *nicht* sage, dass Sie heute so leben sollen, als wäre es Ihr letzter Tag. Wir müssen immer die Balance zwischen dem Leben in der Gegenwart und der Planung für die Zukunft halten, und die Balance verschiebt sich nach und nach, wenn Sie Ihr Todesdatum nach hinten verlegen: Je näher Ihr Todesdatum rückt, desto größer ist die Dringlichkeit, die Sie empfinden sollten. Je weiter es entfernt ist, desto mehr können und sollten Sie für die Zukunft planen. Aber wenn wir unser Sterbedatum überhaupt nicht in Betracht ziehen, tun wir so, als würden wir ewig leben – und dann gibt es keine Möglichkeit, die Balance auch nur annähernd aufrechtzuerhalten.

Gleichzeitig kann der Gedanke an den Tod so beunruhigend sein, dass wir dazu neigen, den Gedanken daran zu vermeiden: Wir verhalten uns so, als würde der Tod nie eintreten. Wir schieben immer wieder wunderbare Erlebnisse auf, als ob wir im letzten Monat unseres Lebens all die Erlebnisse, die wir unser ganzes Leben lang aufgeschoben haben, leicht nachholen könnten. Es versteht sich von selbst, dass das nicht möglich ist – es ist also völlig irrational.

Ich weiß, dass es vielleicht makaber klingt und dass Sie sich dabei womöglich unwohl fühlen, aber ich habe tatsächlich begonnen, eine App namens Final Countdown zu verwenden, die die Tage (und Jahre, Monate, Wochen usw.) von meinem geschätzten Sterbedatum herunterzählt;[28] ich habe alle meine Freunde dazu aufgefordert, das Gleiche zu tun. Ja, ich verstehe, dass diese App irritierend sein kann, aber die Erinnerung an den Tod verleiht dem eigenen Leben die notwendige Dringlichkeit.

Wenn ich zum Beispiel sehe, wie viele Wochen ich noch habe, werde ich daran erinnert, wie viele (oder wie wenige) Wochenenden mir noch bleiben. Wenn ich die Anzahl der Jahre sehe, werde ich daran erinnert, dass ich nur noch eine bestimmte Anzahl von Weihnachtsfesten oder so und so viele Sommer oder Herbste genießen werde. Und diese schonungslosen Ermahnungen haben meine Denk- und Handlungsweise verändert – etwa wie ich auf Menschen zugehe und wie oft ich ihnen sage, dass ich sie liebe. Final Countdown wappnet mich besser gegen die Autopilotinstinkte, die mich dazu bringen würden, so zu handeln, als ob es den Tod nicht gäbe. Der Tod existiert natürlich. Tatsächlich sterben wir alle, wie ich in einem späteren Kapitel erkläre, tausend Tode vor unserem einen endgültigen Tod. Und Final Countdown ist ein Instrument, das uns helfen kann, ein Leben zu führen, das dieser Tatsache mehr Rechnung trägt.

Was ich damit sagen will, ist, dass mit einer Null auf dem Konto zu sterben nicht nur eine Frage des Geldes ist: Es geht auch um Zeit. Denken Sie mehr darüber nach, wie Sie Ihre begrenzte Zeit und Ihre Lebensenergie einsetzen können, und Sie sind auf dem besten Weg, ein möglichst erfülltes Leben zu führen.

Empfehlung

Wenn Sie sich sorgen, dass Ihnen eines Tages, noch vor Ihrem Tod, das Geld ausgehen könnte, dann sollten Sie sich nach einer möglichen Lösung in Form einer Sofortrente umsehen.

KAPITEL 5
WAS IST MIT DEN KINDERN?

REGEL NUMMER 5:
GEBEN SIE IHREN KINDERN DANN GELD ODER SPENDEN SIE ES FÜR WOHLTÄTIGE ZWECKE, WENN DIE WIRKUNG AM GRÖSSTEN IST.

Jedes Mal, wenn ich darüber spreche, mit einer Null auf dem Konto zu sterben, bekomme ich in irgendeiner Form die gleiche Frage zu hören: Was ist mit den Kindern? Diese Frage stellt sich immer, ganz gleich, mit wem ich spreche.

Einige Varianten dieser Frage haben sogar einen moralisierenden, aufopferungsvollen Ton. Manche Menschen haben sogar zu mir gesagt: »Nun, so etwas würde nur jemand sagen, der keine Kinder hat.« Und selbst wenn sie wissen, dass ich Kinder habe – zwei Töchter –, behaupten manche Leute immer noch, dass es der ultimative Akt des Egoismus sei, ohne Geld auf dem Konto zu sterben. Egal wie sie es ausdrücken – was die meisten Menschen, die nach den Kindern fragen, meinen, ist Folgendes: Die Planung, zu sterben, ohne ein Vermögen zu hinterlassen, mag für jemanden geeignet sein, der nur an sich selbst denkt, aber muss man sich nicht auch um das Wohlergehen seiner Kinder kümmern? Denn wenn man sich um jemand anderen als sich selbst kümmern wollte und liebevoll sorgt, könne man nicht blank sterben. Man würde dafür sorgen, dass man den Kindern Geld hinterlässt. Ihre Schlussfolgerung: Wenn mit null zu sterben eine Philosophie nur für egoistische Bastarde ist, dann kann es unmöglich die richtige Philosophie für anständige, fürsorgliche Menschen wie sie selbst sein.

Das ist eine selbstgerechte Haltung, die ich von sehr vielen Menschen kenne, und ich habe kein Verständnis dafür, weil sie so heuchlerisch ist. Um ihre Abwehrhaltung gegen die Vorstellung zu untermauern, mit null auf dem Konto zu sterben, führen Menschen häufig ihre Kinder an. Doch dabei stellen sie nicht wirklich ihre Kinder an erste Stelle, sondern behandeln sie quasi als nachträglichen Einfall. Warum sage ich das? Lassen Sie mich Ihnen ein Beispiel aus einem typischen Gespräch mit meinen engsten Freunden geben.

Einer dieser guten Freunde stellt irgendwann im Lauf des Gesprächs die unvermeidliche Frage: »Was ist mit den Kindern?« Ich erkläre zunächst, dass das Geld, das man seinen Kindern hinterlässt, nicht das eigene Geld ist. Wenn ich also sage, dass man mit null sterben soll, sage ich nicht: Stirb, wenn du pleite bist, und gib das ganze Geld deiner Kinder auf dem Weg dorthin aus. Ich sage nur: Gib *dein* ganzes Geld aus.

Das heißt, dass man seinen Kindern das gibt, was man für sie vorgesehen hat, bevor man stirbt. Warum warten, bis man nicht mehr da ist?

Noch einmal: Das sind Gespräche, die ich mit meinen engsten Freunden führe, und wir reden immer ganz unverhohlen miteinander. Also sage ich ihnen freiheraus: »Ihr habt nur Mist im Kopf! Wo ist euer Treuhandfonds für eure Kinder? Wie hoch ist er angesetzt? Wann wird er verteilt? *Habt ihr über diese Dinge überhaupt nachgedacht oder plappert ihr nur nach, was ihr so hört?*«

Verstehen Sie, worauf ich hinauswill? Wenn sie wirklich ihre Kinder in den Mittelpunkt stellen, wie sie behaupten, dann sollten sie nicht warten, bis sie tot sind, um ihre Großzügigkeit unter Beweis zu stellen. (Ich sage gerne, dass Tote kein Geld verschenken können – sie können gar nichts mehr tun.) Wenn man seine Kinder mit Vorrang behandelt, bedeutet das, dass man ihnen *viel früher* etwas gibt. Man macht einen bewussten Plan, um sicherzustellen, dass die eigenen Kinder das, was man ihnen gibt, dann bekommen, wenn es die größte Wirkung erzielt. Ein echter Plan, mit null zu sterben, schließt die Kinder ein, sofern man Kinder hat. Auf diese Weise hat man bereits ihr Geld (das für einen selbst unantastbar wird) von dem eigenen Geld (das man bis auf den letzten Cent ausgeben sollte) getrennt. Das ist meine kurze Antwort auf die Frage nach den Kindern. Der Rest dieses Kapitels enthält die vollständige Version.

STERBEN, UM ZU VERERBEN: DAS PROBLEM MIT DEN ERBSCHAFTEN

Menschen, die Kinder großziehen, behaupten, dass jeder, der plant, mit null auf dem Konto zu sterben, kein Vermächtnis hinterlassen würde: Die Kinder würden nichts erben, und das sei doch ein schreckliches Erlebnis für die Kinder. Wenn Sie nicht wissen, wann Sie sterben werden, und Sie sich so sehr um Ihre Kinder kümmern, warum wollen Sie dann bis zu diesem zufälligen Datum warten, bis Ihre Nachkommen das bekommen, was Sie ihnen wünschen? Was macht Sie eigentlich so sicher, dass alle Ihre Kinder zum Zeitpunkt Ihres Todes überhaupt noch leben werden?

Das ist das Problem mit Erbschaften: Sie überlassen zu viel dem Zufall. Denken Sie daran, dass das Leben extrem wechselhaft sein kann. Unabhängig von der Höhe des Betrags, den Sie hinterlassen, braucht es viel Glück, damit das Geld genau dann bei den Begünstigten eintrifft, wenn jeder von ihnen das Geld am meisten braucht. Viel wahrscheinlicher ist es, dass das Geld zu spät eintrifft, um deren Lebensqualität maximal zu beeinflussen.

Was meinen Sie, in welchem Alter man am häufigsten eine Erbschaft erhält? Nun, die Leute der US-amerikanischen Notenbank verfolgen solche Dinge und haben herausgefunden, dass in jeder Einkommensgruppe, die man sich anschaut, der größtmögliche »Empfang einer Erbschaft« ungefähr im Alter von 60 Jahren liegt.[29] Mit anderen Worten: Wenn Sie darauf wetten würden, wie alt jemand sein wird, wenn er Geld erbt – vorausgesetzt, Sie wissen nur, dass diese Person grundsätzlich erben wird –, dann wäre 60 der beste Tipp. (Das ist der Tatsache geschuldet, dass die durchschnittliche Lebenserwartung bei 80 Jahren liegt und die Altersspanne zwischen Eltern und Kindern im Allgemeinen 20 Jahre beträgt, wie der Bericht betont.)

Natürlich gibt es eine Streuung um diesen Höchststand von 60 Jahren – zahlreiche Menschen, die ein Erbe erhalten, bekommen es früher, und andere bekommen es später. Insgesamt bewegen sich die Daten in einer mehr oder weniger normalen (glockenförmigen) Kurve. So kommen auf 100 Personen, die im Alter von etwa 40 Jahren erben (also 20 Jahre vor dem Höchststand der Erbschaften), 100 Personen, die etwa im Alter von 80 Jahren erben! Es stimmt, dass manche Menschen von anderen als ihren Eltern erben können – je älter die Beerbten sind, desto wahrscheinlicher ist dies. Aber es spielt keine Rolle, ob die Menschen von ihren Eltern oder von jemand anderem erben. Die Daten belegen deutlich, dass viele Menschen erst spät im Leben erben, und das ist alles andere als optimal.

Wenn Sie mit dem Erbe Ihrer Kinder bis zu Ihrem Tod warten, überlassen Sie das Ergebnis letztendlich dem Zufall. Ich nenne es *die drei Z: zufällige* Geldbeträge an einem *zufälligen* Zeitpunkt an *zufällige* Personen vererben (denn wer weiß, welcher Ihrer Erben zum Zeitpunkt Ihres Todes noch am Leben sein wird?). Wie kann Fürsorglichkeit auf Zufall beruhen? Etwas dem Zufall zu überlassen, ist das genaue Gegenteil von Fürsorglichkeit: Wenn Sie damit einverstanden sind, all diese Abläufe dem Zufall zu überlassen, bedeutet das, dass es Ihnen offensichtlich egal ist, ob Sie Jahre Ihres Lebens damit verbringen, für zukünftige zufällige Menschen zu arbeiten. Es bedeutet, dass es Ihnen vielleicht egal ist, wie viel die Menschen, die Ihnen am nächsten stehen, tatsächlich bekommen oder wann sie etwas bekommen. Indem Sie all diese Dinge dem Zufall überlassen, erhöhen Sie sogar die Wahrscheinlichkeit, dass das, was Sie zu vererben haben, zu spät kommt, um im Leben Ihrer Kinder viel Gutes zu bewirken.

Die Wahrscheinlichkeit, etwas zu erben, gestaffelt nach Einkommensgruppe

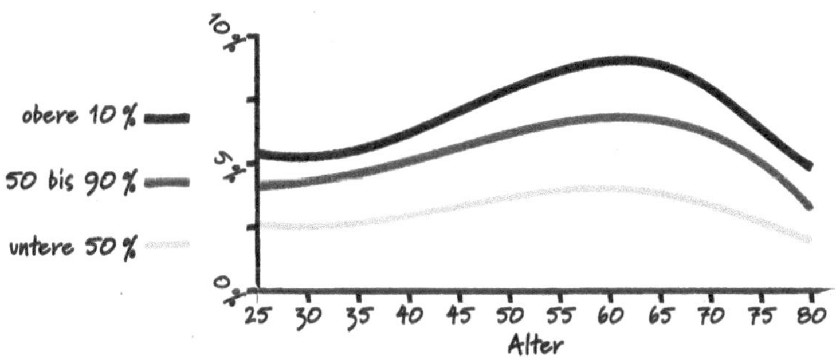

Für alle Einkommensgruppen, die eine Erbschaft empfangen, liegt das Durchschnittsalter bei etwa 60 Jahren (2013–2016).

Meine Kollegin Marina Krakovsky, die mir bei den Recherchen und beim Schreiben dieses Buches geholfen hat, hat einen Artikel über eine Frau gelesen, die sich in einer ernsten finanziellen Notlage befand, obwohl ihre Mutter über reichlich finanzielle Ressourcen verfügte.[30] Marina hat die Frau besucht und Folgendes herausgefunden:

> Nach ihrer Scheidung steckte Virginia Colin viele Jahre lang in finanziellen Schwierigkeiten.[31] Da sie fast keinen Unterhalt von ihrem Ex-Mann erhielt, zog sie ihre vier Kinder allein groß, »meist an der Armutsgrenze«, wie sie es ausdrückt. Sie heiratete schließlich wieder, konnte einen anständigen Teilzeitjob annehmen und erreichte finanzielle Stabilität. Als sie 49 Jahre alt war, starb ihre Mutter im Alter von 76 Jahren und hinterließ Virginia ein großes Erbe: Virginia ist eines von fünf Kindern, und jedes von ihnen erhielt 130 000 Dollar. »Ich glaube, die 650 000 Dollar waren das Maximum, das man aus dem Nachlass einer Person erhalten konnte, ohne eine Art Erbschaftssteuer zu entrichten«, betont Virginia und deutet an, dass ihre Eltern höchstwahrscheinlich noch mehr Vermögen angehäuft hatten als die gesamte Hinterlassenschaft an Virginia und ihre Geschwister.
>
> Der Geldsegen von 130 000 Dollar war definitiv sehr willkommen – daran besteht kein Zweifel. »Aber das Geld wäre früher einfach viel nützlicher gewesen«, sagt Virginia, die jetzt 68 Jahre alt ist. »Ich stand nicht mehr an der Schwelle zur Armut – wir waren zwar nicht reich, aber wir lebten zu dieser Zeit ein bequemes Leben in der unteren Mittelschicht.« Das Geld war nun eher ein netter Bonus und nicht mehr die Rettungsleine, die es ein oder zwei Jahrzehnte früher hätte sein können.

Was für ein Trauerspiel: Hier war eine Frau, die viele Jahre lang kaum genug hatte, um sich und ihre Kinder zu ernähren, während ihre Eltern viel Geld hatten, aber – wie so viele andere in unserer Gesellschaft – warten wollten, bis sie sterben, um es ihr zu geben.

Virginias Eltern sind nicht mehr da, sodass wir nur raten können, was sie sagen würden, wenn sie mich reden hörten, dass man lieber mit null auf dem Konto sterben sollte. Wenn sie wie die meisten Menschen waren, mit denen ich gesprochen habe, hätten sie wahrscheinlich gesagt: »Aber was ist mit den Kindern?«

LASSEN SIE IHREN WORTEN TATEN FOLGEN

Ich weiß, dass ich vielleicht hart klinge, wenn ich über dieses Thema spreche. Mein Ziel ist es nicht, jeden als Heuchler zu bezeichnen. Die meisten Menschen meinen es gut und haben die besten Absichten für sich selbst und für ihre Kinder – und wenn sie heucheln, dann nur aus Versehen, weil sie nicht in der Lage sind, diese guten Absichten umzusetzen. Das trifft jedes Mal zu, wenn man eine Sache sagt, aber eine andere Sache tut, unabhängig davon, ob die Diskrepanz bewusst hervorgerufen wurde oder nicht. Tief in Ihrem Herzen wollen Sie beispielsweise Ihre Freizeit genießen, aber in Wirklichkeit verbringen Sie einen guten Teil davon damit, Ihre geschäftlichen E-Mails zu checken. Oder Sie sagen, Sie wollen Ihre Kinder finanziell absichern, aber am Ende überlassen Sie es dem Zufall, ob und wie viel Ihre Kinder tatsächlich von Ihnen bekommen.

Wer sich hingegen dafür entscheidet, mit null zu sterben, stellt sicher, seinen guten Absichten auch nachzukommen. Es ist ein umsichtigerer Ansatz im wahrsten Sinne des Wortes, demonstriert zugleich Ernsthaftigkeit *und* Fürsorglichkeit. Was die Kinder betrifft, so erweist sich das mit der Null auf dem Konto beim eigenen Tod als umsichtig, da man seine Kinder priorisiert. Man tut dies, indem man sich bewusst überlegt, wie viel man ihnen geben soll – und dies dann auch tut, bevor man stirbt.

Dies unterscheidet sich grundlegend von der Vorgehensweise vieler, wenn nicht sogar der meisten Menschen in den Vereinigten Staaten, die sich mit der Frage befassen, in welcher Form sie ihren Kindern Geld zukommen lassen sollen. Ja, einige Menschen überweisen Geld an ihre Kinder, anstatt bis zu ihrem eigenen Tod zu warten – aber diese »In-vivo-Transfers« (zwischen den Lebenden), wie Wirtschaftswissenschaftler sie nennen, machen nur eine kleine Minderheit aller Vermögenstransfers aus. Die überwiegende Mehrheit der Haushalte – je nach Jahr zwischen 80 und 90 Prozent –, die in den Jahren 1989 bis 2007 irgendeine Art von Vermögenstransfer erhalten haben, haben ein Erbe empfangen.[32] (Ich würde es vorziehen, wenn der Prozentsatz bei null läge, aber realistischerweise wäre ich froh, wenn er bei 20 Prozent läge, da einige Menschen früh sterben.) Es ist überhaupt nicht klar, ob die Wohltäter tatsächlich beabsichtigten, ihren Erben so viel zu hinterlassen. Ökonomen, die Daten über Vermächtnisse erheben, sagen, dass die Motive der Menschen, die ihren Kindern und Enkeln Geld hinterlassen, anscheinend teils bewusst, teils unbewusst sind. Der bewusste Teil ist das, was man gibt, weil man seinen Kindern einen bestimmten Geldbetrag hinterlassen möchte. Der unbeabsichtigte Teil ist nur ein zufälliges Nebenprodukt des vorsorglichen Sparens: Jemand hat zum Beispiel Geld für unerwartete medizinische Ausgaben gespart, stirbt aber am Ende, ohne all diese Ersparnisse in Anspruch genommen zu haben, und die Kinder bekommen diese finanziellen Ersparnisse. Wenn sich Ökonomen die Daten über tatsächliche Erbschaften ansehen, ist es schwer zu sagen, ob eine bestimmte Erbschaft beabsichtigt war oder nicht.[33] Das liegt daran, dass am Ende beide Arten von Hinterlassenschaften gleich aussehen. Man weiß nur, dass eine lebende Person eine bestimmte Geldsumme aus dem Nachlass eines Toten erhalten hat.

Es geht nicht nur darum, dass Ökonomen und Begünstigte nicht sagen können, was vorgesehen war. Was mich stört, ist, dass sich die Geber selbst nicht wirklich darüber im Klaren sind. Ich sage das, weil man, wenn man sich über seine Absichten im Klaren wäre, bei einem Vermächtnis *nicht* absichtliche Geschenke mit unabsichtlichen (übrig gebliebenen Ersparnissen) vermischen würde. Stattdessen sollten Sie sich überlegen, was Sie geben wollen – und Sie sollten es *rechtzeitig vor Ihrem Tod* tun. Wollen Sie, dass Ihre Tochter 50 000 Euro Ihres Vermögens erhält oder nur 20 000 Euro? Was auch immer der Betrag ist, falls Sie die Absicht haben, ihn ihr zu geben, dann ermutige ich Sie, Ihre guten Absichten in die Tat umzusetzen, indem Sie ihr diesen Betrag auch tatsächlich geben. Seien Sie im Umgang mit Ihren Kindern ebenso entschlossen, wie ich Sie auffordere, sich über sich selbst im Klaren zu sein. Lassen Sie Ihren Worten Taten folgen.

DIE FEINDE DES RATIONALEN DENKENS: AUTOPILOT UND ANGST

Warum handeln nicht mehr Menschen bewusster, wenn es um ihre Kinder und finanzielle Zuwendungen geht? Ein Grund ist der Autopilot, das Gegenteil vom bewussten Handeln. Autopilot ist einfach, und er steht für die Art, wie die meisten Menschen um Sie herum agieren. Wenn Sie sich also umschauen und das tun, was alle anderen tun, dann werden Sie wie alle anderen auf Autopilot schalten. Es kann sogar sein, dass Sie nicht einmal merken, dass Sie es tun. Die traurige Wahrheit ist, dass viele Menschen nicht so besonnen sind, wie sie es mit Blick auf ihr eigenes Leben sein könnten. Folglich sind sie auch nicht so besonnen, wie sie es mit ihren Kindern sein könnten.

Aber selbst wenn Sie aufgehört haben, intensiv darüber nachzudenken, was Sie für Ihre Kinder wollen, und die besten Absichten haben, müssen Sie einen anderen mächtigen Gegner des rationalen Denkens und überlegten Handelns überwinden: die Angst. Genau diese hat Virginia Colins Eltern davon abgehalten, ihren Reichtum mit ihren Kindern zu teilen, als Virginia an der Grenze zur Armut stand. »Mein Vater wuchs während der Wirtschaftskrise auf, als Sohn eines Einwanderers aus Deutschland«, erläuterte Virginia, »und er hatte Angst, nicht genügend zu haben, selbst wenn sie mehr als genug hatten. Was würde passieren, wenn es ein riesiges, teures medizinisches Problem gäbe?«

Wie sich herausstellte, lebte Virginias Vater noch über sein 90. Lebensjahr hinaus und überlebte Virginias Mutter – und obwohl er einige große gesundheitliche Probleme hatte, deckten private Versicherungen und Medicare die meisten Behandlungskosten ab.

Ich weiß, dass man das im Nachhinein leicht sagen kann. Vielleicht hatte er einfach Glück. Was wäre, wenn er eine besonders kostspielige Krankheit wie Alzheimer gehabt hätte, die normalerweise eine teure Langzeitpflege erfordert? Hätte er dafür nicht seine Ersparnisse gebraucht? Wie bereits erwähnt: Wenn Sie sich hauptsächlich deshalb gezwungen sehen weiterzusparen, denken Sie daran, dass Sie eine private Pflegeversicherung abschließen können, die weitaus weniger kostet als eine eigene Absicherung, bei der Sie massive Beträge für eine Krise sparen, die vielleicht nie kommen wird. Das Gleiche gilt für jede andere Art von Versicherung.

Auf jeden Fall hat Virginia aus den Erfahrungen mit ihren Eltern gelernt: Warte nicht, bis du tot bist, um dein Geld zu verteilen. Bei ihren fünf Kindern und Stiefkindern im Alter von 29 bis 43 Jahren haben sie und ihr Mann Wert darauf gelegt, ihnen je nach ihren Bedürfnissen eher früher als später Geld zu geben. »Wenn man mit 30 Jahren das Geld bekommt«, betont sie zu Recht, »kann man sich ein schönes Haus kaufen und seine Kinder in der Gegend aufziehen, in der man sie aufziehen möchte. Man muss sich dann vielleicht nicht so abrackern, wie ich es getan habe.«

GUTES TIMING IST ALLES

Wie die Geschichte von Virginia zeigt, ist das Timing entscheidend. Wir haben bereits festgestellt, dass es nicht optimal ist, bis zum Tod zu warten – was ist also der optimale Zeitpunkt, um Ihren Kindern Geld zu geben?

Sicherlich ist es einfacher zu sagen, was suboptimal ist. Die meisten Menschen, die ein bestimmtes Vermögen an Kinder weitergeben wollen, würden es nicht an Zwölfjährige geben, selbst an 16-Jährige nicht. Es ist ziemlich offensichtlich, dass Kinder und die meisten Jugendlichen zu jung sind, um mit viel Geld gut umgehen zu können.

Aber das bedeutet natürlich nicht, dass man nach dem Motto handeln sollte: »Je später, desto besser.« Ich will nicht sagen, dass es ein

Alter gibt, bei dem es zu spät ist, seinen Kindern Geld zu geben – spät ist immerhin besser als nie –, aber wenn sie schon 60 Jahre alt sind, ist das schlechter, als wenn sie es mit 50 bekommen, und mit 50 Jahren ist es schlechter als mit 40. Warum? Weil die Fähigkeit eines Menschen, echte Freude an der Zuwendung zu haben, mit dem Alter abnimmt. Dies geschieht aus genau dem gleichen Grund, aus dem auch Ihre eigene Fähigkeit, Geld in angenehme Erfahrungen umzumünzen, ab einem bestimmten Alter abnimmt. Für eine ganze Reihe von Aktivitäten braucht man ein gewisses Mindestmaß an geistiger und körperlicher Fitness, um sie überhaupt genießen zu können.

Wenn zum Beispiel der *größtmögliche Nutzen des Geldes* (die Zeit, in der es sich optimal einsetzen oder genießen lässt) im Alter von 30 Jahren eintritt, dann entspricht für Sie im Alter von 30 Jahren jeder ausgegebene Euro 1 Euro Lebensfreude. Im Alter von 50 Jahren hat der Nutzen des Geldes erheblich abgenommen: Entweder würden Sie von demselben Euro viel weniger profitieren, oder Sie würden mehr Geld (beispielsweise 1,50 Euro) brauchen, um die gleiche Menge an Spaß zu haben, die Sie von 1 Euro hatten, als Sie ein gesunder, dynamischer 30-Jähriger waren. Aus dem gleichen Grund verliert jeder Euro, den Sie Ihren erwachsenen Kindern geben, mit zunehmendem Alter ein wenig an Wert, und irgendwann wird dieses Geld für sie fast nutzlos.

Schauen wir uns ein konkreteres Beispiel an: Nehmen wir an, Sie ignorieren meinen Rat, Ihren Kindern Geld zu geben, bevor Sie sterben. Sie wollen stattdessen den traditionelleren Weg gehen und Ihren Kindern nach Ihrem Tod etwas Geld hinterlassen. Nehmen wir nun an, dass Ihre Lebenserwartung 86 Jahre beträgt und dass Ihr ältestes Kind 28 Jahre jünger ist als Sie – es wird also 58 Jahre alt sein, wenn Sie sterben und es erbt. Mit 58 Jahren ist man weit über den Zeitpunkt hinaus, an dem man von diesem Geld am meisten profitieren kann. Ich weiß nicht, in welchem Alter dieser Zeitpunkt erreicht ist, aber nach dem, was ich über die menschliche Physiologie und das geistige Wachstum weiß, scheint mir ein Alter zwischen 26 und 35 Jahren angemessen, und 58 liegt eindeutig nach diesem idealen Punkt.

Vor Kurzem habe ich eine zwanglose Twitter-Umfrage durchgeführt, bei der ich Menschen gefragt habe, in welchem Alter sie idealerweise eine Erbschaft erhalten würden. Die meisten von ihnen bestätigten meine Annahme. Von den mehr als 3500 Personen, die über diese Frage abgestimmt haben, sagten nur sehr wenige (lediglich 6 Prozent), dass das ideale Alter für eine Erbschaft 46 Jahre oder älter sei. Weitere 29 Prozent stimmten für ein Alter von 36 bis 45 Jahren, während nur 12 Prozent 18 bis 25 Jahre angaben. Als klarer Sieger mit einer Mehrheit von mehr als der Hälfte der Stimmen ging die Altersgruppe der 26- bis 35-Jährigen hervor. Warum? Nun, einige Menschen verwiesen auf den Zeitwert des Geldes und die Wirkung des Zinseszinses und meinten, je früher man das Geld bekommt, desto besser. Auf der anderen Seite wiesen einige Leute auf das Problem der Unreife hin, wenn man das Geld in zu jungen Jahren bekommt. Zu diesen beiden Bedenken möchte ich den Aspekt der Gesundheit hinzufügen: Geld hat immer einen größeren Stellenwert, *bevor* sich die Gesundheit unweigerlich verschlechtert. Fazit? Die Altersspanne von 26 bis 35 Jahren kombiniert das Beste aus all diesen Überlegungen – man ist alt genug, um mit Geld umgehen zu können, und doch jung genug, um die damit verbundenen Vorteile in vollem Umfang genießen zu können.

Was ich hervorheben möchte, ist der krasse Gegensatz zwischen dem, was die Leute zu wollen behaupten ... und dem, was den amerikanischen Daten zur Vererbung zufolge die meisten Menschen tatsächlich bekommen. Man kann nicht immer das bekommen, was man will – aber ich spreche zu *Ihnen* als dem potenziellen Geldgeber. Wenn Sie die Mittel haben, Ihren Kindern Geld zu geben, dann haben Sie die Macht, zu kontrollieren, wann sie es erhalten. Also vergeuden Sie diese Gelegenheit nicht! Was auch immer Sie Ihren Erben nach der idealen Altersspanne geben, hat für sie weniger Wert. Wenn es Ihr Anspruch ist, die Wirkung des von Ihnen gegebenen Geldes zu maximieren, anstatt nur den absoluten Eurobetrag zu maximieren, dann sollten Sie versuchen, das Geld dann wegzugeben, wenn es seinen größtmöglichen Nutzen hat.

Nun mögen Sie mir vielleicht nicht zustimmen, was das richtige Alter für den Beginn der Übertragung des Vermögens auf Ihre Kinder betrifft. Aber selbst dann müssen Sie den abnehmenden Wert für Ihre Nachkommen in Bezug auf die Zeit anerkennen. Treiben Sie es einfach auf die Spitze: Nehmen wir an, Sie würden nach einem sehr langen Leben Geld hinterlassen. Macht es Sinn, zu warten und das Geld einem 76-Jährigen zu hinterlassen? Nein, die meisten Leute würden sagen, dass man dann zu alt ist. (Mein Freund Baird hat eine Mutter, die 76 ist und weiß, dass sie ihr Geld nicht mehr vollkommen ausgeben kann, bevor sie stirbt – die letzte Reise, die sie unternommen hat, dauerte fünf Tage, und das war zwei Tage zu lang, sagt er. Da ihr Geld für sie nur von begrenztem Nutzen ist, hat sie versucht, es Baird zu geben, der 50 ist, aber jetzt braucht Baird das Geld auch nicht mehr wirklich.)

Der Optimierung ist es egal, ob wir über Eltern oder Kinder sprechen: Für alle gelten die gleichen Prinzipien, zum Beispiel der (zeitbedingte) Wertverlust des Geldes. Wenn es Ihr Ziel ist, das zu maximieren, was Sie aus Ihrem Leben herausholen, ist es sinnvoll, auch das zu maximieren, was Ihre Kinder aus ihrem Leben herausholen. Wenn Sie also das Beste aus Ihren Zuwendungen an Ihre Kinder machen wollen, müssen Sie das Alter jedes Begünstigten berücksichtigen. Wenn Sie diese Denkweise beherzigen, werden Sie Geld nehmen, das im Sinne der Lebensfreude unproduktiv ist, und es in Geld verwandeln, das größtmöglichen Nutzen bringt.

Das ist genau das, was ich bei meinen eigenen Kindern versuche. Für meine Töchter, die noch nicht 25 Jahre alt sind, habe ich einen Bildungssparplan angelegt und einen Fonds eingerichtet. Allerdings ist das Geld in diesem Fonds ihr Geld, nicht meines. Ich trage dazu bei, wie ich es für richtig halte, bis zu der maximalen Summe, die ich bereit bin zu geben. Mein Stiefsohn ist älter – er ist 29 – und hat daher bereits 90 Prozent seines »Erbes« in Form von Geld erhalten, mit dem er sich ein Haus gekauft hat. (Übrigens ist es völlig in Ordnung, wenn Sie Ihre Zuwendungen auf diese Weise verteilen. Aber ich werde sicher nicht warten, bis er 65 Jahre alt ist, bevor ich ihm den Rest gebe!)

Ich habe ein Testament, das nur dazu dient, das, was ich habe, zu übereignen, falls ich unerwartet sterbe. Vor einer Weile habe ich erkannt, dass ich in meinem Testament Geld für Menschen habe, die älter sind als ich: meine Mutter, meine Schwester und meinen Bruder. Das hat mich nachdenklich gemacht: *Wie sieht es momentan aus? Sollte ich ihnen nicht jetzt schon etwas zukommen lassen, wenn sie sich über diese Zuwendungen mehr freuen können als später?* Meine Antwort lautete ja, also gab ich ihnen diesen Betrag.

Kurz gesagt, indem ich das Geld meinen Kindern und anderen Menschen zu einem Zeitpunkt gebe, an dem es am meisten in ihrem Leben bewirken kann, mache ich es zu ihrem Geld, nicht zu meinem. Das ist eine klare Differenzierung, und ich finde es befreiend: Es befreit mich, das Geld bis zum Äußersten für mich selbst auszugeben. Wenn ich maßlos Geld ausgeben möchte, kann ich es tun, ohne mir über die Auswirkungen auf meine Kinder Sorgen zu machen. Sie können ihr Geld ausgeben, wie sie wollen, und ich habe meines.

IHR WAHRES VERMÄCHTNIS IST NICHT FINANZIELLER NATUR

Ich habe in diesem Kapitel viel darüber gesprochen, wie Sie Ihr Geld an Ihre Nachkommen weitergeben können, jedoch nur deshalb, weil die meisten Leute eben über Geld sprechen, wenn sie fragen: »Was ist mit den Kindern?« Aber denken Sie daran, dass Geld nur ein Mittel zum Zweck ist – eine Möglichkeit, in sinnvolle Erfahrungen zu investieren, die Ihr Leben ausmachen. Wie ich in Kapitel 2 erläutert habe, gehe ich davon aus, dass Ihr Lebensziel nicht die Steigerung Ihres Einkommens und Wohlstands ist, sondern die Optimierung eines erfüllten Lebens, das sich aus Erlebnissen und den bleibenden Erinnerungen an diese Erlebnisse speist. Und so wie Sie versuchen, Ihre eigene Lebenserfüllung zu optimieren, versuchen Sie auch, die Lebenserfüllung Ihrer Kinder so gut wie möglich zu verbessern.

Dasselbe gilt für Erinnerungen: Genauso wie Sie versuchen, mit Ihren Kindern Erinnerungen an bestimmte Zeiten zu schaffen, ist es sinnvoll, dass Ihre Kinder Erinnerungen an Sie entwickeln sollen. Beide Arten von Erinnerungen ergeben eine Erinnerungsdividende: eine Dividende für Sie und eine für Ihre Kinder. Wie also möchten Sie, dass Ihre Kinder sich an Sie erinnern? Das ist nur eine andere Art zu fragen: Welche Art von Erfahrungen sollen sie mit Ihnen machen?

Es ist wichtig, darüber nachzudenken, bevor es zu spät ist. Betrachten Sie es aus der Perspektive des Kindes, dem Erfahrungen mit einem Elternteil vorenthalten wurden: Ein Freund von mir bekam ein riesiges Vermögen von seinem Vater, mit dem er während seiner Kindheit fast keine Beziehung hatte, weil der Vater immer nur Geschäften hinterherjagte, um sein Vermögen zu vergrößern. Trotz des beeindruckenden Reichtums der Familie hatte mein Freund also eine ziemlich miserable Kindheit. Er war der klassische bemitleidenswerte Sohn reicher Eltern. Die Jahre der emotionalen Vernachlässigung belasteten die Vater-Sohn-Beziehung nachhaltig: Als die beiden endlich Zeit füreinander hatten, stellten sie fest, dass sie Schwierigkeiten hatten, die Gesellschaft des anderen zu genießen. Es gab einfach keine Möglichkeit, all die verlorene Zeit und Zuwendung wiedergutzumachen. Wenn mein Freund jetzt an das Vermächtnis seines Vaters denkt, ist materieller Reichtum eines der wenigen Dinge, an die er sich mit einem Gefühl der Dankbarkeit erinnert.

Es ist wie in dem Song »Cat's in the Cradle« von Harry Chapin. Der Liedtext ist einfach herzzerreißend: Der Mann, der die Geschichte erzählt, hat im Grunde die gesamte Kindheit seines Sohnes verpasst, denn es gab immer »planes to catch and bills to pay« (»Flüge, die erreicht werden, und Rechnungen, die bezahlt werden mussten«).

Viele Menschen zitieren aus »Cat's in the Cradle«, weil das Lied so emotional bewegend ist und für so viele Menschen, die es hören, wahr klingt. Ich liebe den Song auch, mit seiner Botschaft, dass man Erfahrungen mit seinen Kindern nicht unbegrenzt hinauszögern sollte – aber seine Botschaft geht mir nicht weit genug. Ja, viele von uns sind zu sehr damit beschäftigt, diesem oder jenem hinterherzujagen, nur um sich irgendwelche Vorteile zu verschaffen, ohne zu erkennen, dass jetzt die Zeit für sinnvolle Erfahrungen mit unseren Kindern gekommen ist. Aber es ist zu einfach, es damit auf sich beruhen zu lassen, denn die Vorteile, zusätzliche Zeit mit seinen Kindern zu verbringen, haben Grenzen. Man kann zwar nicht alles aufschieben, aber man kann einige Dinge aufschieben.

Ich glaube fest daran, dass Ihr wirkliches Vermächtnis für Ihre Kinder aus den Erfahrungen besteht, die Sie mit ihnen gemacht haben, vor allem wenn sie aufwachsen – aus den Lektionen und anderen Erinnerungen, die Sie ihnen mitgeben. Aber damit meine ich nicht auf rührselige Art und Weise, dass die besten Dinge im Leben nichts kosten. Tatsächlich sind die besten Dinge im Leben nicht kostenlos, denn alles, was man tut, geht zulasten von etwas anderem, das man tun könnte. Zeit mit der Familie zu verbringen, bedeutet in der Regel, diese Zeit *nicht* mit dem Verdienen von Geld zu verbringen – und andersherum. Stattdessen gibt es Möglichkeiten, über Erfahrungen in einer quantitativen Weise nachzudenken, die Ihnen dabei helfen kann, bessere Entscheidungen darüber zu treffen, wie Sie Ihre Zeit einteilen.

Aber bevor ich dazu komme, möchte ich mein Hauptanliegen klarstellen: Von all den Erfahrungen, die Sie Ihrem Kind mitgeben möchten, ist eine der wichtigsten die Zeit mit Ihnen.

Die Zeit mit Ihnen ist von entscheidender Bedeutung, denn die Erinnerungen, die Ihre Kinder an Sie haben, haben nachhaltige Auswirkungen, zum Guten oder zum Schlechten. Wissenschaftler haben vor einiger Zeit herausgefunden, dass junge Erwachsene, die als kleine Kinder mehr Zuneigung von ihren Eltern erhalten, im Allgemeinen bessere persönliche Beziehungen haben und auch weniger anfällig für Drogenmissbrauch und Depressionen sind. Wir wissen auch, dass die positiven Auswirkungen von liebevollen, aufmerksamen Eltern weit über das junge Erwachsenenalter hinaus anhalten, dank einer Studie mit mehr als 7000 Erwachsenen mittleren Alters. Die Forscher stellten diesen Erwachsenen eine Reihe von Fragen über ihre Erinnerungen an ihre Mutter und ihren Vater – Fragen wie: »Wie viel Zeit und Aufmerksamkeit hat sie/er Ihnen gewidmet, als Sie sie brauchten?« und: »Wie viel hat sie/er Ihnen über das Leben beigebracht?« und: »Wie würden Sie Ihre Beziehung zu Ihrer Mutter/Ihrem Vater in den Jahren, in denen Sie aufwuchsen, bewerten?«

Offensichtlich ist es so, dass die Kindheitserinnerungen an einen Elternteil umso positiver ausfallen, je höher die Bewertung einer Person in Fragen wie diesen ist. Was haben die Forscher also festgestellt? Indem sie diese Bewertungen mit Antworten auf Fragen zu bestimmten Ergebnissen verglichen, konnten die Forscher den Schluss ziehen, dass diejenigen Erwachsenen, die Erinnerungen an eine stärkere elterliche Zuneigung hatten, eine bessere Gesundheit und weniger Depressionen hatten.[34] Das Wort »Erfahrung« ruft vielleicht nicht die Bilder eines Kindes hervor, dem etwas über das Leben beigebracht wird oder dem einfach nur Zeit und Aufmerksamkeit geschenkt werden – aber all dies sind in der Tat auch Erfahrungen, und sie sind unverzichtbar und zahlen sich auf manchmal überraschende Weise aus. Ich kenne niemanden, der seinen Kindern diese Art von Erfahrung und diese Art von Erinnerungsdividende nicht wünschen würde.

Wie also bemessen Sie solche Dinge – was ist der Wert einer positiven Erinnerung? Ihr erster Gedanke könnte sein, dass man dies unmöglich sagen kann oder dass Erinnerungen unbezahlbar sind. Aber lassen Sie es mich anders ausdrücken: Was ist für Sie der Wert einer Woche in einer Hütte am See? Oder eines Tages mit einem geliebten Verwandten? Der Preis mag extrem hoch oder ziemlich niedrig sein, aber die Tatsache, dass Sie sogar einen Schätzwert benennen können, sagt, dass der Wert eines Erlebnisses bezifferbar ist. (Vielleicht erinnern Sie sich an dieser Stelle daran, dass Sie das in Kapitel 2 mit »Erfahrungspunkten« gemacht haben.)

Es ist mir sehr wichtig, dass Sie den Wert von Erfahrungen mit Ihren Kindern bemessen, weil Sie dabei innehalten und darüber nachdenken müssen, was *wirklich* das Beste für Ihre Kinder ist: Manchmal heißt es, mehr Geld zu verdienen, und manchmal heißt es, mehr Zeit mit ihnen zu verbringen. So viele Menschen sagen sich, dass sie für ihre Kinder arbeiten – sie gehen einfach blind davon aus, dass es ihren Kindern zugutekommt, wenn sie mehr Geld verdienen. Aber solange man nicht innehält, um über die entsprechenden Zahlen nachzudenken, kann man nicht wissen, ob es tatsächlich einen Nettogewinn für die eigenen Kinder bedeutet, wenn man seine Zeit opfert, um mehr Geld zu verdienen.

Was kann es Ihnen bringen, über die Zahlen nachzudenken? Nun, nehmen wir ein extremes Beispiel. Nehmen wir an, Sie leben in der Wildnis und Sie müssen »zur Arbeit gehen«, um Bäume zu fällen, nur um eine einfache Unterkunft für Ihre Familie zu bauen. Wenn Sie arbeiten müssen, nur um Ihrer Familie das Überleben zu ermöglichen, macht es natürlich Sinn, zu arbeiten, anstatt mit ihnen zusammen zu sein. Aber wenn man über den Punkt hinauskommt, wo man nur für die Grundbedürfnisse arbeitet und um negative Erfahrungen zu vermeiden, kann man damit beginnen, seine Arbeit gegen positive Lebenserfahrungen einzutauschen. Was Ihre Kinder betrifft, so können Sie entweder mehr Geld verdienen, um ihnen Erfahrungen zu kaufen, oder Sie können Ihre zusätzliche Freizeit nutzen, um etwas mit ihnen gemeinsam zu erleben.

Das andere Extrem ist der Milliardär, der so viele Stunden arbeitet und so viel für die Arbeit reist, dass er überhaupt keine Zeit mit seinen Kindern verbringt. Wenn Sie bereits Milliardär sind, kann man davon ausgehen, dass es Ihren Kindern besser geht, wenn Sie zumindest ein wenig mehr Zeit mit ihnen verbringen, auch wenn das zulasten Ihrer Karriere geht. Die finanziellen Kosten für Ihre Karriere sind gering, aber der Nutzen für Ihre Kinder ist immens. Es ist also ein Nettogewinn für die ganze Familie, Sie selbst eingeschlossen.

Der Wert der Zeit mit Ihren Kindern ist wie der Wert von Wasser: Wenn Sie 100 Liter Wasser haben, würden Sie keinen Cent für einen zusätzlichen Liter Wasser bezahlen. Aber wenn Sie in der Wüste verdursten, sind Sie vielleicht bereit, sich den Arm abzuschneiden, um auch nur einen Liter Wasser zu bekommen.

Die meisten von uns befinden sich natürlich irgendwo zwischen diesen beiden Extremen. Wir arbeiten weder die ganze Zeit, nur um zu überleben, noch vernachlässigen wir unsere Kinder völlig. Wir stehen daher vor einem schwierigeren Kompromiss zwischen Zeit und Geld. Aber der Gedankengang sollte derselbe sein wie bei den Extremen, auch wenn die Antwort nicht unbedingt auf der Hand liegt: Ist jede zusätzliche Arbeitsstunde, die Sie leisten, es Ihnen und Ihren Kindern wirklich wert? Vergrößert Ihre Arbeit Ihr Vermächtnis – oder führt sie in Wirklichkeit dazu, es zu dezimieren?

Die Berufstätigkeit der Eltern ist ein zweischneidiges Schwert für Kinder aller Einkommensklassen. Wenn Eltern arbeiten gehen, kann das Einkommen, das sie verdienen, das Leben ihrer Kinder in vielerlei Hinsicht verbessern, aber wie die Wirtschaftswissenschaftlerin Carolyn Heinrich betont, kann Arbeit (insbesondere lange Arbeitszeiten und Nachtschichten) die Eltern-Kind-Bindung beeinträchtigen und im Leben der Kinder enormen Stress verursachen. Zudem arbeiten Eltern mit niedrigem Einkommen besonders häufig in anstrengenden Jobs mit langen Arbeitszeiten.[35] Aber natürlich müssen die meisten Menschen arbeiten, um ihre Familien zu versorgen, und das optimale Gleichgewicht zwischen der Zeit am Arbeitsplatz und der Zeit mit den eigenen Kindern ist nicht immer so leicht abzuschätzen.

Wo Sie und Ihre Kinder in Ihrem Leben stehen, ist ebenfalls von Bedeutung. So wie Sie nicht immer wieder den Skiurlaub aufschieben können, weil das Skifahren ein Mindestmaß an gesundheitlicher Fitness erfordert, können Sie auch nicht immer wieder die Zeit mit Ihrem Sechsjährigen aufschieben, weil Ihr Kind schließlich nicht immer sechs Jahre alt bleiben wird. Oder sieben. Oder ein Kind. Die Tatsache, dass diese Möglichkeiten allmählich verschwinden, sollte Sie dazu veranlassen, neu zu bewerten, wie viel Geld Sie für diese Erfahrungen aufzugeben bereit wären.

Betrachten Sie es jetzt aus der Sicht Ihrer Kinder, denn es ist das Glück unserer Kinder, das wir hier zu steigern versuchen. Was glauben Sie, welchen Wert ein zusätzlicher Tag mit Ihnen für Ihr Kind hat? Oder Sie zu Hause zu haben, wenn es von der Schule nach Hause kommt? Oder dass Sie zum Fußballspiel Ihres Sohnes oder zur Musikaufführung Ihrer Tochter kommen? Ich bin mir sehr wohl dessen bewusst, dass Ihre Kinder, besonders wenn sie noch sehr jung sind, diese Erfahrungen wahrscheinlich nicht in dem Moment wertschätzen können, wenn sie sie machen. Wenn ich meine ältere Tochter fragen würde, wie sehr sie es schätzt, dass ich zu einem ihrer Spiele komme, wüsste sie vielleicht nicht einmal, wovon ich spreche. Aber diese gemeinsamen Erfahrungen haben eindeutig einen Wert, vor allem im Nachhinein. Denken Sie daran: Der Zweck von Geld ist es, Erfahrungen zu machen, und eine dieser Erfahrungen für Ihre Kinder ist die Zeit mit Ihnen. Wenn Sie also Geld verdienen, aber keine Erfahrungen mit Ihren Kindern machen, berauben Sie Ihre Kinder geradezu. Und sich selbst.

Wenn Sie einmal genauer darüber nachdenken, was es bedeutet, wenn man sagt, dass das, was Sie Ihren Kindern zurücklassen, die Erfahrungen mit Ihnen sind, könnten Sie zu einer etwas radikalen Schlussfolgerung kommen: Wenn Sie erst einmal genug Geld haben, um für die Grundbedürfnisse Ihrer Familie zu sorgen, dann könnten Sie, indem Sie arbeiten gehen, um mehr Geld zu verdienen, tatsächlich das Erbe Ihrer Kinder vermindern, weil Sie weniger Zeit mit ihnen verbringen! Und je reicher Sie bereits sind, desto wahrscheinlicher ist es, dass dies zutrifft.

WOHLTÄTIGKEIT DULDET KEINEN AUFSCHUB

Wissen Sie was? Fast alles, was ich darüber gesagt habe, dass Sie Ihren Kindern zum richtigen Zeitpunkt Geld geben sollten, gilt auch für Spenden für wohltätige Zwecke. Ob Sie nun Geld oder Zeit für Kinder, für Wohltätigkeitsorganisationen oder für sich selbst opfern, es läuft auf dasselbe hinaus: Es gibt einen optimalen Zeitpunkt, und der ist bestimmt nicht dann, wenn Sie schon gestorben sind.

Betrachten Sie diese Schlagzeile, die in der Woche, in der sie herauskam, eine der am häufigsten per E-Mail weitergeleiteten Geschichten der *New York Times* war: »96-jährige Sekretärin spart heimlich ein Vermögen an und spendet dann 8,2 Millionen Dollar«.

Wow! Die Geschichte beschreibt, wie es einer Frau aus Brooklyn namens Sylvia Bloom gelang, mit ihrem Gehalt als Rechtsanwaltssekretärin ein enormes Vermögen anzuhäufen. Sie war zwar verheiratet, hatte aber keine Kinder, und sie arbeitete 67 Jahre lang für dieselbe Anwaltskanzlei an der Wall Street, lebte in einer Mietwohnung, fuhr bis ins Alter von über 90 Jahren mit der U-Bahn zur Arbeit – und ließ ihre Ersparnisse wachsen, indem sie die Investitionen der Anwälte, für die sie arbeitete, in kleinerem Maßstab ebenfalls tätigte.

Niemand, der Frau Bloom nahestand, hatte bis nach ihrem Tod eine Ahnung von ihrem Reichtum. Sie vermachte einer Stiftung namens Henry Street Settlement 6,24 Millionen Dollar; weitere 2 Millionen Dollar gingen an das Hunter College und einen Stipendienfonds. Alle in der Stiftung waren überwältigt. Blooms Nichte, die Schatzmeisterin der Stiftung war, war besonders verblüfft. Es war die größte Privatspende einer Einzelperson in der 125-jährigen Geschichte der Stiftung. Der Geschäftsführer der Einrichtung nannte diese Spende »den Inbegriff der Selbstlosigkeit«.

Nun, ich verstehe, worauf er hinauswill – es scheint tatsächlich selbstlos zu sein, so viel Geld zu hinterlassen, nachdem man von so wenig gelebt hat, und eine gute Tat ist eine gute Tat. Aber ganz ehrlich, ich betrachte Blooms Handlungsweise nicht als den Gipfel der Selbstlosigkeit.

MAN KANN NICHT GROSSZÜGIG SEIN, WENN MAN TOT IST

Bevor ich erläutere, warum mir Blooms Handlungsweise nicht so selbstlos erscheint, möchte ich vorausschicken, dass ich nicht sagen kann, ob die Entscheidung einer Person gut oder schlecht, vernünftig oder unvernünftig ist, ohne zu wissen, was die Person beabsichtigt. Zum Beispiel würde ich persönlich meine Zeit und mein Geld lieber Menschen als Tieren widmen, aber wenn jemand lieber freiwillig bei einer Tierschutzeinrichtung als in einem Obdachlosenheim arbeitet, wer bin ich, dass ich sagen kann, ob das unvernünftig ist? Solange das, was Menschen tun, mit dem übereinstimmt, was sie tatsächlich wollen, muss ich ihre Entscheidung respektieren, auch wenn es nicht die Entscheidung ist, die ich getroffen hätte. Über Geschmack lässt sich bekanntlich nicht streiten.

Deshalb kann ich nicht sagen, dass es ein Fehler von Sylvia Bloom war, ihr ganzes Leben lang zu arbeiten und zu knausern, damit das ganze Geld schließlich an jemand anderen geht. Wir können nur spekulieren, ob sie es sich absichtlich verwehrt hat, um anderen ein größeres Geschenk zu machen (was in der Tat großzügig wäre), oder ob sie in ihrem Leben einfach nur auf Autopilot lebte, wobei ihre Begünstigten das bekamen, was noch übrig war (was nicht großzügig wäre). Warum? Nun, sobald Sie tot sind, wird die Übertragung Ihres Vermögens rechtlich vollzogen, und das Einzige, was Sie in dieser Angelegenheit zu sagen haben (durch Ihr Testament, das offensichtlich vor Ihrem Tod verfasst wurde), ist, wohin dieses Vermögen übertragen wird. Aber Ihr Geld wird auf jeden Fall genommen – wie kann das also großzügig sein? Die Toten zahlen keine Steuern, nur die Empfänger ihrer Vermächtnisse zahlen sie. Sie können also nur dann großzügig sein, wenn Sie noch leben, wenn Sie tatsächlich eine freie Wahl haben und die entsprechenden Konsequenzen tragen: Dann kann man sich entscheiden, ob man sein Geld oder seine Zeit für die eine oder andere Sache einsetzt. Wenn Sie zu Lebzeiten großzügig geben, dann kann ich Sie als selbstlos betrachten. Wenn Sie tot sind, haben Sie diese Wahl einfach nicht. Per definitionem kann man also nicht großzügig sein, wenn man tot ist.

Kapitel 5

EINE SCHRECKLICHE INEFFIZIENZ

Vielleicht denken Sie, ich betreibe Haarspalterei über die Bedeutung von Selbstlosigkeit, Großzügigkeit und freier Wahl. Schließlich hat Bloom diese Wohltätigkeitsorganisationen in ihr Testament aufgenommen, also müssen ihre Absichten großzügig gewesen sein, oder? Ja, das stimmt. Und es ist möglich, dass sie auch viel Freude beim Sparen dieses Geldes empfand, in dem Wissen, dass es eines Tages einer Sache zugutekommen würde, die ihr am Herzen liegt – Wohltätigkeitsspenden sind schließlich eine weitere Möglichkeit, eine Erfahrung zu machen.

Wo liegt also das Problem? Das Problem ist die schreckliche Ineffizienz: Menschen, die zu ihren Lebzeiten des Geldes bedurft hätten, haben nicht von ihrer Großzügigkeit profitieren können. Hier lebte eine Person, die aus freiem Willen nur wenig von ihrem wachsenden Reichtum nutzte und ständig weit unter ihren Möglichkeiten lebte. Sie entschied sich dafür, weiterhin mit der U-Bahn zur Arbeit zu fahren und weiterhin in einer Mietwohnung zu leben (die übrigens an eine bedürftigere Person hätte gehen können). Nehmen wir an, sie sparte gezielt, damit ihr Geld an diese Wohltätigkeitsorganisationen gehen konnte. Warum hat sie es nicht schon früher an ihre geliebten Wohltätigkeitsorganisationen gespendet, wenn sie es offensichtlich hätte tun können?

Nun, vielleicht bestand ihr Motiv zum Sparen zum Teil aus Vorsichtsmaßnahmen – sie hatte vielleicht gedacht, dass sie mit 72 Jahren mit großer Wahrscheinlichkeit 2 Millionen Dollar bräuchte, um für sich selbst zu sorgen. Oder vielleicht sah sie das Geld, das auf ihren Konten wuchs, als eine Art Spielstand, als ein Maß dafür, wie gut es ihr ging, und nicht als eine Möglichkeit, Einfluss auf die Welt zu nehmen. Oder vielleicht hat sie es nicht wirklich durchdacht; schließlich sind hohe Zuwendungen im Todesfall ein tief verwurzelter Teil unserer Gesellschaft. Ich weiß es nicht – wir können nur Vermutungen anstellen. Aber ich weiß, dass ihre Verzögerung ineffizient war, denn die von ihr gewählten Wohltätigkeitsorganisationen hätten das Geld sicher früher einsetzen können, sodass viel mehr Menschen früher davon hätten profitieren können.

Denken Sie zum Beispiel an das erstaunliche Geschenk, das Robert F. Smith dem Jahrgang 2019 des Morehouse College gemacht hat, indem er alle ihre Studienkredite zurückgezahlt hat. Was auch immer seine Motive waren, wie hoch die Summe seiner Schenkung auch war – der Punkt ist, dass Smith sie nicht in sein Testament gesetzt hat. Er hat das Geld zu Lebzeiten gespendet und den heutigen Absolventen ermöglicht, das College schuldenfrei zu verlassen.

Auch Sylvia Bloom hat für das Bildungswesen gespendet, was für unsere Zwecke besonders interessant ist, weil die Vorteile von Investitionen in die Bildung bestens dokumentiert sind. Die Vorteile kommen nicht nur den einzelnen Studenten zugute (die als Folge der Bildung bessere Jobs und eine bessere Gesundheitsversorgung bekommen können), sondern auch der Gesellschaft insgesamt. Niedrigere Armutsquoten und niedrigere Kriminalitäts- und Gewaltraten sind nur die offensichtlichsten sozialen Vorteile von Bildung.[36] Wirtschaftswissenschaftler haben auch versucht, die Rendite von Investitionen in Bildung zu beziffern. Dabei haben sie festgestellt, dass die soziale Rendite der Schulbildung auf der Sekundar- und Hochschulebene weltweit bei über 10 Prozent (pro Jahr) liegt.[37] Welche anderen Investitionen können eine so zuverlässig hohe Rendite erzielen? Um zu rechtfertigen, dass Sie an dem Geld festhalten und es selbst investieren, anstatt es jetzt an Ihre bevorzugte Wohltätigkeitsorganisation für Bildung zu geben, müssten Sie wissen, dass Sie Jahr für Jahr eine bessere Rendite erzielen können.

Wohltätigkeitsorganisationen ziehen es sicherlich vor, Ihr Geld sofort zu bekommen. Aber einige Wohltätigkeitsorganisationen, insbesondere Stiftungen und (subventionierte) Non-Profit-Organisationen, verwenden das Geld, das sie erhalten, auch nicht sofort; stattdessen versuchen sie, ihr Stiftungsvermögen zu vergrößern, indem sie jedes Jahr mehr einnehmen, als sie ausgeben. Beispielsweise nahmen Stiftungen 1999 mehr als 90 Milliarden Dollar ein, verteilten aber weniger als 25 Milliarden Dollar. Deshalb kommt eine Analyse zu dem Schluss, dass »die Geldgeber nicht nur fragen sollten, wie, sondern auch wie schnell ihre Spenden verwendet werden«.[38] Ich kann dem nur beipflichten. Aber egal wie Ihre bevorzugte Wohltätigkeitsorganisation Ihr Geld ausgibt, die Wohltätigkeitsorganisation hat immer mehr davon, das Geld früher zu erhalten.

IHR VERMÄCHTNIS LIEGT IM HIER UND JETZT

Sie wissen bereits, für wie wichtig ich das Timing Ihrer finanziellen Ausgaben im Allgemeinen halte. Meine Regel Nummer eins lautet: Maximieren Sie Ihre positiven Lebenserfahrungen. Geben Sie also Ihr Geld aus, solange Sie noch leben, sei es für sich selbst, Ihre Lieben oder für wohltätige Zwecke. Und darüber hinaus sollten Sie den optimalen Zeitpunkt für Ihre Ausgaben finden.

Wenn es darum geht, Ihren Kindern Geld zu geben, ist der optimale Zeitpunkt, wie ich bereits in diesem Kapitel angeregt habe, wenn sie zwischen 26 und 35 Jahre alt sind – nicht zu spät, um eine große Wirkung zu erzielen, und nicht so früh, dass sie das Geld verschwenden könnten. Aber wie sieht es mit dem Spenden von Geld für wohltätige Zwecke aus? Bei Wohltätigkeitsorganisationen gibt es nicht so etwas wie zu früh. Je früher Sie zum Beispiel Geld für die medizinische Forschung spenden, desto eher kann dieses Geld zur Bekämpfung von Krankheiten eingesetzt werden, wie wir an der Untersuchung der Rendite von Investitionen in die medizinische Forschung sehen können.[39] Jeden Tag gibt es neue technologische Fortschritte, die das Leben verbessern, und mit der Zeit machen diese Fortschritte einen großen Unterschied. Aber man kann nicht einfach darauf warten, dass diese Dinge geschehen – man muss geben, was man kann, basierend auf den Mitteln, die man heute hat, und den Mitteln, die man für die Zukunft erwartet.

Ein Freund erzählte mir, dass er ein Unternehmen gründen möchte, und wenn das Unternehmen erfolgreich sein sollte, möchte er den Erlös für wohltätige Zwecke spenden. Sein Ziel sei es, mit dem Unternehmen eine große wohltätige Wirkung zu erzielen. Sie können wahrscheinlich erraten, was ich ihm gesagt habe: dass seine Wohltätigkeitsorganisation sein Geld schon jetzt benötige. Wenn Sie jetzt das Geld haben, um in ein neues Unternehmen zu investieren, und es Ihnen bei der Investition in das Unternehmen nur darum geht, Geld für wohltätige Zwecke zu verdienen, wären Sie und die Wohltätigkeitsorganisation besser dran, wenn Sie ihr Ihr Geld jetzt einfach geben würden – auch wenn es weniger ist als das, was Sie später vielleicht geben könnten. Die Not ist gegenwärtig, also ist es an der Zeit, jetzt damit zu beginnen, sie zu lindern, und nicht zu einem weit entfernten Zeitpunkt in der Zukunft.

Immer mehr Philanthropen verfolgen diesen Ansatz, den der Milliardär und Philanthrop Chuck Feeney als »Geben mitten im Leben« bezeichnet. Feeney, der sein Vermögen als Gründer der Duty Free Shoppers Group (die Duty-free-Shops, die man auf Flughäfen sieht) gemacht hat, ist ein großes Vorbild für das, wofür ich mich einsetze: Er begann schon früh, sein Geld (anonym) zu verschenken, und als er etwas mehr als 80 Jahre alt war, hatte er bereits mehr als 8 Milliarden Dollar seines Vermögens verschenkt. Er hatte sich dazu entschieden, sparsam zu leben, wie die Rechtsanwaltssekretärin Sylvia Bloom, aber im Gegensatz zu Bloom wartete er nicht bis zu seinem Tod, um dieses Geld für wohltätige Zwecke zu spenden. Er ist nun weit über 80 Jahre alt, und er und seine Frau leben freiwillig in einer Mietwohnung. Sein Nettovermögen ist jetzt auf etwa 2 Millionen Dollar gesunken, was immer noch genug ist, um ihn für den Rest seines Lebens zu versorgen, aber es ist nur ein winziger Bruchteil des Geldes, das er über die Jahre hinweg verschenkt hat.

Feeney ist eine Inspiration für viele wohlhabende Menschen, darunter Bill Gates und Warren Buffett. Aber man muss nicht reich sein, um zu leben und zu geben. Das gleiche Prinzip trifft auf jede Größenordnung zu, ob man nun Milliarden, Tausende oder Hunderte hat. Es braucht nicht viel Geld, um einen spürbaren Einfluss auf die Menschen in den Entwicklungsländern zu haben: Über Organisationen wie Save the Children und Compassion Deutschland können Sie für weniger als 500 Euro pro Jahr eine Patenschaft für ein Kind übernehmen und ihm so helfen, sicher, gesund und besser ausgebildet aufzuwachsen – und zukünftigen Generationen eine bessere Perspektive schaffen.

Wenn Sie nicht so viel Geld zu verschenken haben, wie Sie gerne hätten, haben Sie wahrscheinlich immer noch *Zeit* zu verschenken. Denken Sie also daran: Wenn ich sage: »Sterben Sie mit null«, meine ich nicht, dass Sie mit dem Geld sterben, das Sie für wohltätige Zwecke spenden werden. Wenn Sie vorhaben, etwas zu verschenken, dann tun Sie es, solange Sie noch leben, und je früher, desto besser. Ihre Wohltätigkeit kann nicht warten.

Empfehlungen

- Überlegen Sie sich, in welchem Alter Ihre Kinder sein sollen, wenn Sie ihnen Geld geben, und wie viel Sie geben wollen. Dasselbe gilt für Spenden an Wohltätigkeitsorganisationen. Besprechen Sie diese Fragen mit Ihrem Ehepartner oder Lebensgefährten. Und tun Sie es heute noch!
- Konsultieren Sie in diesen Fragen auch einen Experten wie einen Vermögensberater oder einen Anwalt.

KAPITEL 6
HALTEN SIE IHR LEBEN IN DER BALANCE

REGEL NUMMER 6: VERBRINGEN SIE IHR LEBEN NICHT IM AUTOPILOTMODUS.

Am Anfang dieses Buches habe ich Ihnen davon erzählt, wie mein Chef mich für, sagen wir, nicht ganz gescheit erklärte. Wie Sie sich vielleicht erinnern, war ich mit Mitte 20 ein ganz schöner Pfennigfuchser und stolz darauf, dass es mir gelungen war, trotz meines mageren Gehalts Geld zu sparen. Mein Chef, Joe Farrell, brachte mich zur Vernunft, indem er mich daran erinnerte, dass ich auf dem Weg sei, in den kommenden Jahren viel mehr Geld zu verdienen. Er wies darauf hin, dass es deshalb dumm von mir sei, das Geld, das ich gerade verdiente, nicht auszugeben.

Joe Farrell hat sich diesen Rat nicht einfach nur ausgedacht. Die Auffassung, dass es vernünftig ist, wenn junge Menschen freier mit ihrem Geld umgehen, wird von vielen Wirtschaftswissenschaftlern geteilt, auch wenn sie dem Ratschlag zuwiderläuft, den die meisten von uns zu hören bekommen. Wenn wir etwa acht oder neun Jahre alt sind, sagen uns unsere Eltern, dass wir einen Teil unseres Geburtstagsgeldes sparen sollen, anstatt alles auszugeben. Wenn wir erwachsen sind, erklären uns die Finanzberater, dass es nie zu früh ist, einen Teil unseres Gehalts zu sparen.

Viele Ökonomen sind dagegen der Meinung, dass Sparsamkeit bei jungen Menschen generell eine schlechte Idee ist. Als der Wirtschaftswissenschaftler Steven Levitt, der durch das Buch *Freakonomics* bekannt wurde, seine Karriere als Juniorprofessor an der University of Chicago begann, empfahl ihm ein höhergestellter Kollege namens José Scheinkman, er solle mehr ausgeben und weniger sparen – ein Ratschlag, den Scheinkman selbst von Milton Friedman bekommen hatte, jenem noch berühmteren Wirtschaftswissenschaftler der University of Chicago. Levitt erinnert sich, dass sein älterer Kollege ihm geraten habe: »Ihr Gehalt wird ebenso steigen wie Ihre Verdienstmöglichkeiten.« Das ist nahezu der gleiche Wortlaut wie das, was Joe Farrell mir gesagt hatte. »Und deshalb sollten Sie jetzt kein Geld sparen, sondern sich welches leihen«, erinnert sich Levitt weiter an die Worte von Scheinkman. »Sie sollten heute so leben, wie Sie in 10 oder 15 Jahren leben werden. Es ist doch verrückt, praktisch zu knausern und zu sparen – aber so wurde das mir, der in einer Mittelschichtfamilie aufgewachsen ist, beigebracht.«[40] Levitt bezeichnet dies als einen der besten Ratschläge finanzieller Natur, die er je erhalten hat.

Dasselbe würde ich über den fast identischen Ratschlag von Joe Farrell sagen, auch wenn ich eine Zeit lang zu weit gegangen bin. Joes Worte öffneten mir die Augen für eine ganz neue Art des Denkens darüber, wie man seine Einnahmen mit seinen Ausgaben in Einklang bringen kann. Ich war allerdings ein etwas übereifriger Bekehrter – vor diesem Gespräch mit Joe war ich ein völlig anderer Mensch als danach. Zuvor hatte ich weitestgehend so gelebt wie die Menschen in der heutigen FIRE-Bewegung:[41] Ich entschied mich immer für die billigere Lösung, achtete auf jeden Cent und sparte so viel wie möglich für die Zukunft. Dann legten Joes Worte einen Schalter in mir um. Ganz schnell avancierte ich von einem Typen, der sein Geld möglichst zusammenhält, zu einem, der sein Geld aus dem Fenster wirft. In den darauffolgenden Jahren stieg mein Einkommen immer weiter an, wie Joe es vorhergesagt hatte – und meine Ausgaben stiegen ebenfalls.

Ich hatte viel Spaß, aber leider kann ich nicht auf eine besondere Erfahrung aus diesen Jahren zurückblicken, die mir eine große Erinnerungsdividende beschert hätte. Das liegt daran, dass ich wie von Sinnen war – ich gab einfach Geld aus, aus schierer Lust statt mit Sinn und Verstand. Ich kaufte zum Beispiel eine Stereoanlage mit einer höheren Klangqualität, als meine Ohren überhaupt wahrnehmen konnten, oder ich ging in Restaurants, die zwar teurer waren, sich aber nicht allzu sehr von den Restaurants unterschieden, in denen ich vorher gegessen hatte. Wenn es eine teurere Version von etwas gab, entschied ich mich für diese, ohne über den maximalen Nutzen nachzudenken. Tatsächlich war ich vom »Autopilot Sparen« einfach bloß zum »Autopilot Ausgeben« gewechselt.

Mit meinen Ausgaben setzte ich auch meine Zukunft aufs Spiel. Ich gab nicht nur mein gesamtes verfügbares Einkommen aus, sondern griff auch noch tief auf meine Rücklagen für Notfälle zu. Was wäre passiert, wenn ich meinen Job verloren hätte? Dann hätte ich außer der Arbeitslosenversicherung kein Polster mehr gehabt, auf das ich mich hätte stützen können, nicht einmal ein Monatsgehalt.

Ich bin immer noch überzeugt davon, dass man Risiken eingehen sollte, wenn man jung genug ist, um sich von den möglichen Nachteilen zu erholen – aber nur, wenn es eine positive Seite gibt, eine Belohnung, die das Risiko ausgleicht. Für jedes Risiko, das man eingeht, sollte es immer eine Belohnung geben. Wenn ich also zum Beispiel eine Reise nach Nepal unternähme, die ich nie wieder machen könnte, weil ich später Kinder und andere Verpflichtungen hätte, dann ist das ein Risiko, das sich lohnt. Es wäre in Ordnung, alles auszugeben, was ich habe, und mich sogar zu verschulden (wie mein Freund Jason für seine Rucksacktour durch Europa), um diese einmalige Erfahrung im Leben zu machen. Das würde ich jedenfalls nicht als aus dem Fenster geworfenes Geld bezeichnen. Aber meine Ausgaben zu jener Zeit entsprachen dem keineswegs: Das Risiko, das ich einging, war es für das, was ich bekam, nicht wert.

Aber Sie können vielleicht nachvollziehen, warum ich zu weit ging: Indem ich versuchte, meine frühere Dummheit zu vermeiden, mich selbst zu berauben, wurde ich einfach zu einer anderen Art von Dummkopf. Indem ich Joes Weisheit aufgriff und blind umsetzte, ersetzte ich einen Fehler durch einen anderen: Früher war ich zu sparsam, und später war ich zu verschwenderisch. Die eigentliche Weisheit von Joes Rat ist, nicht immer alles auszugeben, was man verdient, und weiterhin auf eine immer bessere Zukunft zu setzen. Nein, ich weiß jetzt, dass der entscheidende Punkt ist, *die richtige Balance zu finden zwischen den Ausgaben für die Gegenwart (und nur für das, was einem wichtig ist) und dem klugen Sparen für die Zukunft.*

WARUM EINFACHE REGELN FÜR DIE RICHTIGE BALANCE NICHT BEI JEDEM SINN MACHEN

Mir ist auch klar geworden, dass sich diese Balance im Laufe des Lebens immer wieder verschiebt, auch wenn dies in Widerspruch zu den meisten persönlichen Finanzberatungen steht. Einige Finanzexperten drängen einen beispielsweise dazu, »mindestens 10 Prozent« seines monatlichen Einkommens oder eines jeden Honorars zu sparen. Andere Experten empfehlen andere Beträge, beispielsweise 20 Prozent – aber auch hier wird empfohlen, dies jeden Monat oder jede Woche oder mit jedem Honorar zu tun, unabhängig von Alter oder der finanziellen Situation.

Werfen wir einen genauen Blick auf die 20-Prozent-Empfehlung, die von einer beliebten Budgetierungsformel namens 50-30-20-Regel abgeleitet ist.[42] Die 50-30-20-Regel stammt von Elizabeth Warren – ja, genau die Elizabeth Warren. Bevor sie in die Politik ging, war Warren Juraprofessorin mit besonderer Fachkenntnis im Bereich der Insolvenz, und sie arbeitete auch als Co-Autorin an Büchern darüber, warum Amerikaner aus der Mittelschicht bankrottgehen und wie man dieses traurige Schicksal vermeiden kann. Sie schlug die 50-30-20-Regel vor, die sie die Formel des ausgeglichenen Geldes nannte, um den Menschen zu helfen, finanziell stabil zu bleiben.

Nach dieser Regel sollten Sie 50 Prozent Ihres Einkommens für »Unverzichtbares« (wie Miete, Lebensmittel und Grundbedürfnisse) einplanen, 30 Prozent für Ihre persönlichen Interessen (wie Reisen, Veranstaltungen und Restaurantbesuche) und die restlichen 20 Prozent für den Aufbau Ihrer Ersparnisse und die Tilgung Ihrer Schulden. Die Regel klingt nach einer großartigen (und einfachen) Möglichkeit, dieses Ziel zu erreichen, insbesondere für Menschen, die ihre Ausgaben vielleicht nicht gut im Griff haben. Und sie hat sich erfolgreich durchgesetzt. Aber wenn Sie mehr erreichen wollen als finanzielle Stabilität – das heißt, wenn Sie mein Ziel teilen, Ihre Lebensqualität zu maximieren, ohne pleitezugehen –, dann brauchen Sie eine differenziertere Art des Denkens über das finanzielle Gleichgewicht. Meiner Meinung nach kann das gleiche Verhältnis von Ausgaben und Ersparnissen nicht auf alle Menschen angewendet werden – und, was noch wichtiger ist, der Prozentsatz der Ersparnisse sollte mit 22 Jahren nicht der gleiche sein wie im Alter von 42 oder 52 Jahren. Das optimale Verhältnis variiert fraglos von Mensch zu Mensch und verändert sich mit dem Alter und dem Einkommen. Dieses Kapitel zeigt Ihnen verschiedene Methoden auf, die Ihnen helfen, das optimale Verhältnis für sich selbst zu finden und beizubehalten.

WARUM SICH DAS GLEICHGEWICHT ZWISCHEN AUSGABEN UND EINSPARUNGEN IMMER WIEDER VERÄNDERT

Die 50-30-20-Regel und andere einfache Formeln legen ein konstantes Verhältnis von Ausgaben und Ersparnissen nahe. Bei der 50-30-20-Regel beispielsweise, bei der Sie 20 Prozent Ihres Einkommens sparen, beträgt das Verhältnis 80 zu 20. Wenn Sie die unverzichtbaren Kosten ausnehmen, was bedeutet, dass die einzigen Ausgaben, mit denen Sie rechnen, auf Ihren Wünschen beruhen (mehr oder weniger das, was ich »Erfahrungen« nenne), beträgt das Verhältnis von Ausgaben zu Ersparnissen 30 zu 20. Warum behaupte ich, dass ein solches Verhältnis nicht ein Leben lang Bestand haben kann? Weil es keine optimale Verteilung Ihrer Lebenskraft gibt. Sie verstehen bereits teilweise den Grund, wenn Sie Joe Farrell und Steven Levitt beipflichten: Es ist verrückt, 20 Prozent seines Einkommens zu sparen, wenn man jung ist und mit gutem Recht erwarten kann, in den nächsten Jahren viel mehr zu verdienen.

Tatsächlich kann es, wie Levitt vorschlägt, sogar Sinn machen, sich Geld zu leihen (mehr auszugeben, als man derzeit verdient), wenn man erwartet, in Zukunft viel mehr zu verdienen.

Und nur um das klarzustellen: Wenn ich sage, dass es Sinn macht, sich Geld zu leihen, wenn man jung ist, dann meine ich damit *nicht*, dass man Kreditkartenschulden anhäufen sollte – solche hochverzinslichen Kredite sind für nahezu jeden ungünstig. Leihen Sie sich maßvoll und verantwortungsbewusst Geld. Und da Sie viele Jahre mit steigendem Einkommen vor sich haben, macht es wirklich keinen Sinn, 20 Prozent Ihres Einkommens zu sparen. Das würde bedeuten, dass Sie auf unvergessliche Lebenserfahrungen verzichten, die Sie machen könnten, und es bedeutet auch, dass Sie arbeiten müssten, um für ein reicheres zukünftiges Selbst zu bezahlen – eine alles andere als optimale Nutzung Ihrer Lebensenergie, so viel ist sicher.

Okay, nehmen wir an, Sie stimmen mir zu, dass ein Verhältnis von 80 zu 20 für viele junge Arbeitnehmer nicht optimal ist. Aber was ist mit älteren Arbeitnehmern? Natürlich müssen Sie irgendwann anfangen, für den Ruhestand zu sparen, wenn Sie dann wenig bis gar kein Einkommen mehr haben werden. Und es ist nicht nur der Ruhestand, für den Sie sparen müssen – es wird fast immer Zeiten in Ihrem Leben geben, in denen Ihr Einkommen einen Tiefpunkt erreicht oder Ihre Ausgaben zwangsläufig steigen oder in denen beides gleichzeitig geschieht. Für all diese Eventualitäten müssen Sie irgendwann einmal Geld sparen, daran besteht kein Zweifel. Wenn dieser Zeitpunkt kommt, wollen Sie nicht zu viel sparen (weil Sie dann auf Erfahrungen verzichten würden, die Sie vielleicht nie wieder machen werden), und Sie wollen auch nicht zu wenig sparen (weil Sie dann Ihr zukünftiges Selbst berauben würden). Sie wollen möglichst genau den perfekten Betrag sparen: Sie wollen die optimale Balance zwischen dem Genießen der Gegenwart und der Vorsorge für eine gute Zukunft erreichen.

Aber selbst wenn Sie ein Alter erreichen, in dem es klug ist, mit dem Sparen zu beginnen, ist es *nicht* so, als gäbe es eine magische Zahl, eine ideale konstante Sparquote, die Sie bis zu Ihrem Ruhestand im Gleichgewicht hält. Um zu verstehen, warum, muss man ein Prinzip, das ich vorhin angesprochen habe, vollständig verstehen: Die Fähigkeit eines Menschen, Freude an seinem Geld zu haben, sinkt im Alter. Was bedeutet das? Die Idee wird sehr deutlich, wenn man eine Person auf ihrem Sterbebett betrachtet. Sie ist zu schwach und zerbrechlich, um ihren Körper zu bewegen, vielleicht braucht sie eine Magensonde und eine Bettpfanne für einige ihrer grundlegendsten Funktionen. Die Person auf dem Sterbebett kann nichts anderes tun, als sich an das zu erinnern, was sie in ihrem Leben bereits getan hat. Man könnte ihr einen Privatjet anbieten, der sie überall in die ganze Welt fliegt – aber sie würde ihr Bett nicht verlassen wollen. Ob diese Person nun 1 Million oder 1 Milliarde Euro gespart hat, das Geld spielt keine Rolle, wenn es darum geht, ihre Freude an dem zu erhöhen, was sie noch im Leben hat. Zugegebenermaßen ist dies eine düstere Art, das Ende seiner Jahre zu betrachten. Aber es verändert die Perspektive. Zu diesem Zeitpunkt im Leben ist die einzige Person, die noch weniger in der Lage ist, Freude am Geld zu haben, diejenige, die im Leichenschauhaus liegt oder unter der Erde.

Was hat das mit Ihnen als gesundem 40-Jährigen – oder wie alt Sie auch immer sein mögen – zu tun? Einfach alles! Ich denke oft über solche Sterbebettszenarien nach, weil die Tatsache, dass wir alle sterben werden, Auswirkungen auf jeden Tag unseres Lebens hat. Wir haben alle schon die hypothetische Frage gehört: »Was würden Sie tun, wenn Sie wüssten, dass Sie morgen sterben werden?« Die Person, die diese Frage stellt, ergänzt Ihre Antwort oft mit der Nachfrage: »Warum tun Sie diese Dinge nicht jetzt?« Nun, die naheliegende Antwort ist, dass Sie wahrscheinlich morgen nicht sterben werden, also ist es töricht, so zu tun, als ob es so wäre. Im Allgemeinen sollte der Zeitpunkt Ihres Todes jedoch Einfluss darauf haben, wie Sie Ihre Zeit verbringen.

Wie ich bereits erwähnt habe, würden Sie, wenn Sie wüssten, dass Sie morgen sterben werden, den heutigen Tag auf eine bestimmte Weise verbringen, und wenn es in zwei Tagen so weit wäre, würden Sie den heutigen Tag wohl etwas anders verbringen, denn Sie hätten ja immer noch den folgenden Tag. Dasselbe gilt für drei Tage von jetzt an, vier Tage von jetzt an oder 20 000 Tage von jetzt an: Je mehr Zeit Sie haben, desto mehr verschiebt sich das Gleichgewicht zwischen dem Leben von heute und der Planung für die Zukunft. Wenn Sie sich also einen Tag oder ein Jahr lang zurückarbeiten, vom Sterbebett über den Rollstuhl bis zur Rente und dann weiter zurück in Ihre Zeit, als Sie 30 oder 20 Jahre alt waren, dann sollten Sie zumindest subtile Veränderungen in der Art und Weise sehen, wie Sie Ihr Leben verbringen sollten. Das ist leicht zu erkennen, wenn man von ein paar Tagen spricht – diese Veränderungen sind nicht subtil. Aber wenn wir von *Tausenden* von Tagen, von Jahren und Jahrzehnten sprechen, neigen die Menschen dazu, diese Logik ganz zu vergessen und so zu tun, als seien 20 000 Tage geradezu unendlich. Doch natürlich lebt keiner von uns eine Ewigkeit. Das müssen wir uns vor Augen halten, damit wir die Zeit, die wir haben, optimal nutzen und nicht in die Falle tappen, unser Leben im Autopilotmodus zu führen.

Reisen ist ein gutes Beispiel: Für mich ist das Reisen der ultimative Gradmesser für die Fähigkeit eines Menschen, Spaß am Geld zu haben, wobei es neben Geld noch Zeit und vor allem Gesundheit erfordert. Viele 80-Jährige können einfach nicht mehr viel oder weit reisen, weil ihre Gesundheit es nicht zulässt. Aber man muss nicht völlig geschwächt sein, um einige der mit dem Reisen verbundenen Unannehmlichkeiten vermeiden zu wollen. Je eingeschränkter Ihre Gesundheit ist, desto weniger sind Sie in der Lage, lange Flüge, Flughafenaufenthalte, unregelmäßigen Schlaf und andere reisebedingte Stressfaktoren zu verkraften. Eine Studie über die Reisehemmnisse von Menschen – was sie davon abhielt, zu einem bestimmten Ziel zu reisen – bestätigt nicht nur diese Vermutung, sondern geht noch weiter. Einige Forscher fragten Menschen unterschiedlichen Alters, was sie an einer Reise hinderte. Sie fanden heraus, dass Menschen unter 60 Jahren am meisten durch Zeit und Geld eingeschränkt sind, Menschen ab 75 Jahren am stärksten durch gesundheitliche Probleme. Mit anderen Worten: Wenn Zeit und Geld kein Problem mehr sind, ist die Gesundheit ein Problem. Es ist ja zudem nicht so, als gäbe es ein bestimmtes Alter, in dem die Menschen urplötzlich gesundheitliche Probleme bekommen, die sie am Reisen hindern. »Gesundheitsprobleme wurden mit zunehmendem Alter immer mehr zu einem Hindernis«, berichteten Forscher, »und waren für die ältesten Befragten eine entscheidende Hemmschwelle.«[43]

Es ist die bittere Realität: Ihr Gesundheitszustand verschlechtert sich im Vergleich zu Ihren besten Jahren in den späten Teenager- und Zwanzigerjahren immer weiter, manchmal plötzlich, aber normalerweise so allmählich, dass Sie es nicht bemerken. Als ich jung war, habe ich leidenschaftlich gerne Sport getrieben, vor allem

Football. Ich mag Football nach wie vor – aber selbst als gesunder 50-Jähriger kann ich es unmöglich so genießen wie mit 20 Jahren. Ich kann nicht mehr so schnell laufen und bin viel verletzungsanfälliger. Wenn man Angst vor einer ernsthaften Schulter- oder Knieverletzung haben muss, macht Football einfach nicht mehr so viel Spaß. Freunde in meinem Alter bestätigen das: Ab einem bestimmten Punkt sind die Erinnerungen an das Footballspielen viel angenehmer als das Spielen selbst.

Dies passiert bei allen Arten von sportlichen Aktivitäten. Letzte Woche habe ich Tennis gespielt und bemerkt, dass meine Knie irgendwie wehtaten, also beschloss ich, aufzuhören. Vor 20 Jahren wäre das nicht passiert. Mein Freund Greg, der gerne Ski fährt und (für sein Alter) in bester Form ist, ist kürzlich sieben Tage hintereinander Ski gefahren – etwas, das ihm mit 22 Jahren leichtgefallen wäre –, aber diesmal hatte er große Schmerzen und erkannte, dass sieben Tage hintereinander Ski fahren jetzt zu viel für ihn ist.

Die verminderte Freude aufgrund der nachlassenden Gesundheit hat auch einen echten Einfluss darauf, wie viel Geld man ausgibt. Das Skifahren ist ein gutes Beispiel für diesen Effekt. Nehmen wir an, ein in die Jahre gekommener Skifahrer beschließt, den Sport weiterhin zu genießen, indem er sich mehr Pausen oder längere Pausen zwischen den Abfahrten gönnt. Eine tolle Idee, aber das bedeutet nicht, dass er die gleiche Erfahrung macht wie damals, als er jünger und fitter war. Wenn er früher an einem Tag auf der Piste locker 20 Abfahrten bewältigte, schafft er jetzt nur noch 15. Tatsächlich bringt ihm der gleiche Geldbetrag, den er an diesem Tag fürs Skifahren ausgegeben hat, jetzt nur noch 75 Prozent des Skivergnügens, das er Jahre zuvor hatte.

Mein Freund Greg kommt zwar wieder auf die Beine und wird wieder auf Skiern stehen, aber sein zukünftiges Vergnügen wird sich verringern, weil er nicht mehr so viel Ski fahren kann wie früher – und irgendwann wird er gar nicht mehr fahren können.

Ich werde ständig an diese traurige Wahrheit erinnert, weil viele Menschen, die ich kenne, ähnliche körperliche Beeinträchtigungen feststellen, die sich ganz allmählich manifestieren. Ich möchte Ihnen ein besonders dramatisches Beispiel erzählen. Auf den Britischen Jungferninseln, auf einer Insel namens Jost Van Dyke, gibt es einen tollen Platz am Strand, die Soggy Dollar Bar. Sie trägt diesen Namen, weil es keinen Anlegesteg gibt; die Leute gehen etwas vor der Küste vor Anker und schwimmen buchstäblich bis zur Bar. Den berüchtigten Cocktail dieser Bar, der den Namen Painkiller trägt, bezahlen sie eben mit feuchten Dollarscheinen. Manche ziehen es vor, mit einem Sea-Scooter dorthin zu fahren, was sie natürlich tun können – aber wenn Sie gerne schwimmen, dann bekommen Sie das volle Nasse-Geldscheine-Feeling.

Nun, genau das wollte der Großvater meiner Freundin, Chris (damals 69 Jahre alt), tun, als er zu Besuch kam. Er ist ein ehemaliger Schwimmtrainer und wollte unbedingt hinüberschwimmen, also gingen er und ich ins Wasser. Es ist eine kurze Strecke, 30 Meter oder so, aber schon nach etwa 20 Metern hörte ich Chris rufen: »Wie weit noch?« Ich rief zurück, dass er stehen könne (das Wasser war flach), aber er hörte mich nicht. Als ich zu ihm kam, war sein Atem völlig außer Kontrolle! Mein erster Gedanke war, dass er vielleicht reanimiert werden müsse und ob wir rechtzeitig einen Defibrillator bekommen würden, wenn es mit ihm schnell bergab ginge. Zum Glück kam es nicht dazu – Chris kam langsam wieder zur Ruhe, und nach 15 Minuten hatten sich seine Atmung und sein Puls normalisiert, sodass er und ich mit unseren durchnässten Dollars einen Painkiller genießen konnten. Puh!

Chris und viele andere erinnern sich an ihre Glanzzeiten, ohne zu merken, was mit ihren Körpern geschieht. Chris etwa war sich nicht darüber im Klaren gewesen, dass er keine 30 Meter mehr schwimmen konnte. Viele von uns verdrängen die Realität, und diese Diskrepanz trägt dazu bei, den Mythos der endlosen Go-go-Jahre im Ruhestand aufrechtzuerhalten, als ob wir immer das tun könnten, was uns Spaß macht.

Sie könnten jetzt sagen: »Das mag auf viele Menschen zutreffen, aber ich bin besser in Form als vor 20 Jahren!« Nun, für mich bedeutet das nur, dass Sie sich früher nicht besonders um Ihre Gesundheit gekümmert haben – denn wenn Sie das getan hätten, wären Sie vor 20 Jahren definitiv in besserer Verfassung gewesen. Bei ansonsten gleichen Voraussetzungen ist ein 20-Jähriger gesünder und leistungsfähiger als ein 40-Jähriger, und ein 55-Jähriger ist gesünder und leistungsfähiger als ein 75-Jähriger. Das sind simple physische Fakten des Lebens. Ich möchte das mit einigen Erkenntnissen aus der medizinischen Forschung untermauern.

Die verschiedenen Systeme in Ihrem Körper verschlechtern sich unterschiedlich schnell – aber sie verschlechtern sich alle. So berichten beispielsweise Mediziner, die die Veränderung der Knochendichte und der Muskelmasse in der Bevölkerung im Laufe der Zeit untersuchten, von unterschiedlichen Zahlenwerten bei den beiden Messungen. Um die Sache komplizierter zu machen, fanden sie auch signifikante Unterschiede zwischen den einzelnen Bevölkerungsgruppen. Weiße Frauen haben zum Beispiel eine geringere Knochendichte in den Hüften als schwarze Frauen, und beide Gruppen haben eine geringere Knochendichte als schwarze Männer. Aber alle Gruppen zeigen einen Rückgang mit dem Alter.

Die Forscher erfassen auch verschiedene Indikatoren der Augengesundheit (Sehfunktion), etwa Kontrastempfindlichkeit, Netzhautdicke und Sehschärfe. Die Lungenfunktion hat eine eigene, mit dem Alter abnehmende Verlaufskurve. Das gilt auch für die Gesundheit des Herzens, die kognitiven Funktionen, den Geruchssinn und vieles mehr. Es gibt also viele verschiedene Gesundheitsverläufe, nicht nur einen, und sie sehen alle etwas anders aus: Einige nehmen in einer stetigen, fast linearen Bahn ab, während andere stärker gekrümmt sind und eine rapide Abnahme zeigen. Abgesehen von den Unterschieden in den Bevölkerungsgruppen sind einige Menschen von vornherein gesünder als andere, und einige können ihre Gesundheit im Laufe der Zeit besser aufrechterhalten, sodass die Bandbreiten aussagekräftiger sind als einzelne Kurven. Aber ganz gleich, welche spezifischen Gesundheitsdaten man sich ansieht oder wie viele Kurven man kombiniert: 80-Jährige sind *bei Weitem* nicht so gesund wie 25-Jährige.

Bis zu einem gewissen Grad liegt es an Ihnen selbst, wie schnell Sie körperlich abbauen. Je besser Sie sich um Ihre Gesundheit kümmern, desto weniger stark bauen Sie ab. So ist beispielsweise die Lungenfunktionskurve für Nichtraucher viel flacher als die Kurve für Raucher. Je intakter Ihre Gesundheit in einem bestimmten Jahr ist, desto mehr können Sie Ihre Erfahrungen in diesem Jahr genießen. Mit anderen Worten: Ja, Sie werden körperlich abbauen – aber Sie entscheiden mit, in welchem Maß! Das ist eine gute Sache, denn je besser Sie Ihre Gesundheit im Laufe Ihres Lebens aufrechterhalten können, desto höher wird Ihre Lebenserfüllungsquote sein. Aber machen Sie sich nichts vor: Egal wie sehr Sie sich um Ihren Körper kümmern, Sie werden mit 65 Jahren nicht gesünder sein als mit 25, vorausgesetzt, Sie waren als 25-Jähriger bei normaler Gesundheit.

Ich persönlich gehe bei meinen Entscheidungen darüber, was ich wann tun soll, noch bewusster vor. Neulich hatten meine Freunde und ich uns ein Boot gemietet, und ich dachte über das Wakeboarding nach, das wie Snowboarding auf dem Wasser ist. War ich im Alter von 50 Jahren noch fit genug dazu? Wahrscheinlich. Würde ich in sieben Jahren noch dazu in der Lage sein? Wahrscheinlich nicht. Diese Aktion musste jetzt oder nie stattfinden, also entschied ich mich dafür. Ich will nicht ans Ende meiner Tage kommen, gesundheitlich nicht mehr auf der Höhe sein und dann merken, dass es Dinge gibt, die ich tun wollte, aber die ich früher nicht getan habe, als ich es noch konnte.

Es hängt von Ihrer Gesundheit ab, ob Sie viele Lebenserfahrungen machen können – aber auch Geld spielt eine Rolle, denn viele Aktivitäten kosten Geld. Deshalb sollten Sie das Geld lieber ausgeben, solange Sie die erforderliche Gesundheit noch haben.

Genau das ist der Punkt: Zu viele von uns sehen sich immer noch als 20-Jährige, obwohl unser tatsächliches Alter irgendwo um die 50, 60 oder sogar 70 liegt. Es ist zwar bewundernswert, sich selbst als »jung geblieben« zu betrachten, aber es ist auch notwendig, realistischer und objektiver über seinen Körper und sein Altern nachzudenken. Man *muss* sich seiner körperlichen Grenzen bewusst sein und sich bewusst machen, wie sie sich mit zunehmendem Alter auswirken, egal ob man das nun mag oder nicht.

Ich habe erstmals über diese Dinge nachgedacht, nachdem ich meiner Großmutter die 10 000 Dollar geschenkt hatte und feststellen musste, dass sie sie einfach nicht ausgeben konnte. Alles, was sie zu diesem Zeitpunkt kaufen wollte, war ein Pullover für mich. Ich fing an, dasselbe bei anderen älteren Verwandten zu bemerken, und ich dachte: *Das sind meine Vorfahren, also werde ich wahrscheinlich irgendwann auch so ein Mensch sein.* Es kam mir in den Sinn, dass *jeder* irgendwann so wird. Mit zunehmendem Alter lässt Ihre Gesundheit nach, und Ihre Interessen nehmen allmählich ab,[44] ebenso wie Ihr Sexualtrieb abnimmt. Auch Ihre Kreativität nimmt in der Regel ab. Wenn man extrem alt und gebrechlich ist, kann man, egal wie groß das Interesse ist, fast nur noch dasitzen und Haferbrei essen. Dann ist Geld für Sie nutzlos, denn alles, was Sie brauchen oder wollen, ist im Bett liegen und *Wer wird Millionär* gucken. Mein Fazit: Der Nutzen oder die Nützlichkeit von Geld nimmt mit dem Alter ab.

Es war mir auch klar, dass der Verfall nicht mit der Geburt beginnt. Als Kleinkinder macht uns das Geld nur wenig Freude. Es ist wahr, dass die Pflege von Babys teuer ist, aber es ist nicht so, dass sie viel Freude am Geldausgeben haben. Wenn man ein Baby ist, gibt es kein größeres Glück als Mama und das Bettchen. In gewisser Weise ist der Nutzen, den Babys durch Geld haben, demjenigen älterer Menschen sehr ähnlich. Geld ist sowohl ganz am Anfang als auch am Ende des Lebens nahezu wertlos.

Was passiert dazwischen? Als ich damals um die 20 Jahre alt war, konnte ich immer wieder neue Dinge finden, die Geld kosteten. Bargeld hat, wenn man um die 20 oder 30 ist, einen großen Nutzen. Als ich mir also diese drei Stadien – der Mensch als Baby, als über 20-Jähriger und als alte Person – ansah, wurde mir klar, *dass es eine Kurve geben muss.* Mit anderen Worten: Wenn die horizontale Achse eines Diagramms Ihr Alter und die vertikale Achse Ihre Fähigkeit repräsentiert, Lebenserfahrungen zu genießen, die man mit Geld kaufen kann, dann würden Sie irgendeine Art Kurve sehen, wenn Sie Ihre potenzielle Freude gemäß dem Alter aufzeichnen würden. Betrachten Sie es so: Wenn Sie jedes Jahr den gleichen Geldbetrag (sagen wir 100 000 Euro) erhalten, können Sie in manchen Zeiten in Ihrem Leben viel mehr Freude an diesem Geld haben als in anderen. Der Nutzen des Geldes ändert sich im Laufe der Zeit, und zwar in einer ziemlich vorhersehbaren Weise: Irgendwann zwischen dem Alter von 20 und 30 Jahren beginnt Ihre Gesundheit auf sehr subtile Weise abzubauen, was eine entsprechende Abnahme Ihrer Fähigkeit, Geld voll auszuschöpfen, zur Folge hat.

Dieser Gedanke lässt sofort praktische Auswirkungen erkennen: Wenn Ihre Fähigkeit, Lebenserfahrungen zu genießen, in manchen Altersstufen höher ist als in anderen, dann ist es sinnvoll, in bestimmten Altersstufen mehr von Ihrem Geld auszugeben als in anderen! Da zum Beispiel 100 000 Euro mit 50 Jahren einen höheren Wert haben als mit 80 Jahren und es Ihr Ziel ist, Ihre Freude an Ihrem Geld und Ihrem Leben zu steigern, ist es in Ihrem Interesse, zumindest einen Teil dieses Geldes zu verschieben, und zwar von der Zeit um die 80 in die Zeit um die 50. Aus dem gleichen Grund ist es in Ihrem Interesse, einen Teil davon auch in Ihre Zeit, wenn Sie um die 20, 30 und 40 Jahre alt sind, zu verschieben. Wenn man diese Art von bewussten finanziellen Verschiebungen vornimmt, entsteht im Wesentlichen ein lebenslanger Ausgabenplan, der den sich ändernden Nutzen des Geldes berücksichtigt.

Die gesundheitsabhängige Fähigkeit, Erfahrungen zu genießen

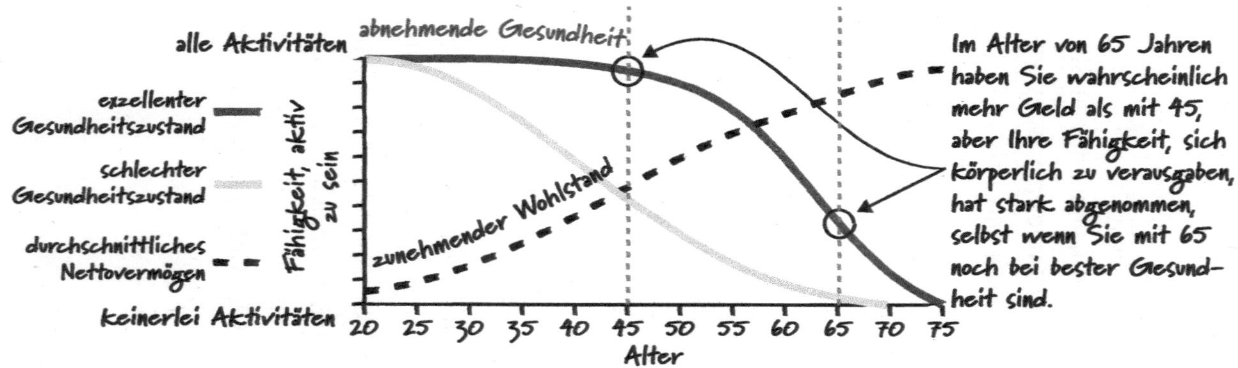

Der Gesundheitszustand eines jeden Menschen verschlechtert sich mit dem Alter. Der Wohlstand hingegen wächst im Laufe der Jahre, da die Menschen immer mehr sparen. Aber die nachlassende Gesundheit schränkt allmählich die Freude an diesem Reichtum ein, da immer mehr körperliche Aktivitäten unmöglich werden, egal wie viel Geld man dafür ausgeben könnte.

Wann immer Sie Geld verschieben, um es *auszugeben*, verändern Sie dabei zwangsläufig auch den Anteil, den Sie *sparen*. Anstatt beispielsweise 20 Prozent des Einkommens während des gesamten Arbeitslebens zu sparen, wäre es für einige Menschen besser, mit Anfang 20 fast nichts zu sparen (wie wir erörtert haben), um dann, wenn sie Ende 20, Anfang 30 sind, mit steigendem Einkommen allmählich ihre Sparquote zu erhöhen. Dann sollten sie ab dem 40. Lebensjahr sogar mehr als 20 Prozent sparen – und dann das Sparen verlangsamen, sodass sie schließlich (wie ich im nächsten Kapitel erläutern werde) tatsächlich anfangen, ihre Ersparnisse auszugeben.

Sie sollten bedenken, dass ich mit der Bemerkung vorsichtig bin, dass *einige* Menschen besser damit fahren würden. Die Situation ist bei jedem anders. Zum Beispiel gibt es Menschen, deren Lieblingsbeschäftigungen preiswert sind, zum Beispiel das Wandern; andere Beschäftigungen erfordern keine hervorragende körperliche Verfassung. Wie viel Sie sparen sollten, hängt auch davon ab, wie schnell Ihr Einkommen von Jahr zu Jahr wächst, wo Sie wohnen und wie schnell Ihre Ersparnisse wachsen. Aufgrund all dieser Variablen und der möglichen Kombinationen, die sich daraus ergeben, gibt es keine einheitliche Regel für alle.

Da haben Sie es: Es ist sinnvoll, in manchen Lebensphasen mehr von Ihrem Geld auszugeben als in anderen, sodass es sinnvoll ist, Ihre Ausgabenbilanz im Laufe der Jahre dem Sparen entsprechend anzupassen.

DIE WAHREN GOLDENEN JAHRE

Man hat uns stets erzählt – wie so vielen hart arbeitenden, emsigen Ameisen –, dass wir unser Geld für unsere »goldenen Jahre« des

Ruhestands sparen sollten. Aber ironischerweise kommen die wahren goldenen Jahre – die Zeit der maximalen potenziellen Freude, weil wir besonders gesund und vermögend sind – meist vor dem traditionellen Rentenalter von 65 Jahren. Und diese wahren goldenen Jahre sind die Jahre, in denen wir den größten Teil unserer Ausgaben vornehmen und nicht die Belohnung aufschieben sollten.

Zu viele Menschen machen den Fehler, in ihre Zukunft zu investieren, und zwar weit über den Zeitpunkt hinaus, an dem sich diese Investitionen jemals in einer Weise auszahlen werden, die ihnen ein erfüllteres Leben bescheren würde. Warum bleiben sie so hartnäckig? Ich glaube, vieles daran ist nur Trägheit (oder, wie ich es nenne, der Autopilot), weiterhin das zu tun, was in der Vergangenheit funktioniert hat. Manchmal ist es besser, das Geld jetzt auszugeben, und manchmal ist es besser, wenn man sein Geld für eine möglicherweise bessere Erfahrung in der Zukunft spart (und investiert).

Bei den Extremfällen ist dies leicht zu erkennen: Wenn Sie Ihr Geld immer weiter nur horten und nichts davon ausgeben, wird Ihre Erfüllungskurve natürlich minimal sein. Und wenn Sie jetzt Ihr ganzes Geld ausgeben, werden Sie für die Zukunft nichts mehr haben. Es ist wie meine Betrachtungsweise der Fabel »Die Ameise und die Grille«: Es gibt eine Zeit zum Arbeiten (und Sparen) und eine Zeit zum Spielen, und das optimale Leben erfordert eine Planung sowohl für das Überleben als auch für das Gedeihen. Die Grille ist so sehr auf das Gedeihen, auf den Genuss des Augenblicks konzentriert, dass sie das Überleben vergisst und am Ende ein zu kurzes Leben führt. Aber auch die Ameise macht einen großen Fehler: Als Ergebnis ihrer harten Arbeit wird sie ein weiteres Jahr leben, aber sie ist so sehr mit dem Überleben beschäftigt, dass sie den Sommer nicht genießen und gedeihen kann. Keines der beiden Extreme ist für die Erfüllung im Leben ideal.

Diese Moral zu verstehen, ist eine Sache, aber sie in die Praxis umzusetzen, ist eine andere Geschichte. Es ist nicht leicht, an einem bestimmten Punkt zu wissen, welchen Weg man einschlagen soll. Das optimale Gleichgewicht zwischen Sparen und Ausgeben ist überhaupt nicht einfach auszumachen. Wenn man jahrzehntelang pflichtbewusst gespart und investiert hat, kann es schwierig sein, aufzuhören – vorausgesetzt, man ist sich überhaupt dessen bewusst, dass man aufhören sollte.

Was sollten Sie also tun? Wie erreichen Sie mehr Gleichgewicht in Ihrem Leben? Ich schlage verschiedene Wege vor, über das Problem nachzudenken. Je nachdem, wer Sie sind und wie Sie denken, werden bei Ihnen unterschiedliche Lösungen Anklang finden.

WIE SIE GESUNDHEIT, GELD UND ZEIT IM LAUFE IHRES LEBENS IN EINKLANG BRINGEN

Denken Sie über die drei grundlegenden Dinge nach, die Menschen brauchen, um das Beste aus ihrem Leben zu machen: Gesundheit, Freizeit und Geld. Das Problem ist, dass diese Dinge selten alle auf einmal zusammenkommen. Junge Menschen haben in der Regel ein hohes Maß an Gesundheit und viel Freizeit, aber sie haben meist nicht viel Geld. Rentner um die 60, 70 und darüber hinaus – also das andere Ende des Spektrums – haben reichlich Zeit (und oft mehr Geld als junge Menschen), aber leider haben sie eine schlechtere Gesundheit und damit im Vergleich zu jüngeren Menschen eine verminderte Fähigkeit, die Zeit und das Geld zu genießen, die sie haben.

Was passiert zwischen diesen beiden Extremen? Ich betrachte diese Zeit als die wirklichen goldenen Jahre, weil sie normalerweise eine gute Kombination aus Gesundheit und Wohlstand umfasst. Ein 35-Jähriger ist zum Beispiel noch gesund genug, um die meisten Dinge zu tun, die ein 25-Jähriger tun kann, verdient aber normalerweise viel mehr Geld. Ein 40-Jähriger (und noch eher ein 50-Jähriger) hat im Allgemeinen einen etwas schlechteren Gesundheitszustand als ein 30-Jähriger, verfügt aber immer noch über eine relativ gute Konstitution – und hat im Allgemeinen ein höheres Einkommen als der 25-Jährige oder der 35-Jährige. Menschen in diesen mittleren Jahren, die weder sehr jung noch sehr alt sind, haben dagegen in der Regel ein anderes Problem: Sie leiden unter einer Zeitknappheit, insbesondere wenn sie Kinder haben. Dieser Zeitmangel ist ihr größtes Hindernis für positive Lebenserfahrungen. Nicht, dass Kinder nicht viele positive Lebenserfahrungen mitbringen – das tun sie –, aber zwischen dem Windelnwechseln, dem Fahren zu verschiedenen Unterrichtsstunden und Sportveranstaltungen und der Bewältigung eines größeren Haushalts bleibt einfach weniger Zeit für andere Erfahrungen. Das Gleiche gilt, wenn Sie keine Kinder haben, aber länger arbeiten und Geld verdienen müssen als mit 20 Jahren.

Um in jedem Alter die positivsten Lebenserfahrungen zu machen, muss man sein Leben ausbalancieren, und dazu muss man eine im Überfluss vorhandene Ressource eintauschen, um mehr von einer knappen zu bekommen.

Jede Altersgruppe tut dies bereits bis zu einem gewissen Grad, obwohl ich glaube, dass man sich oft in der Verhältnismäßigkeit vertut. Konkret tauschen junge Menschen ihre reichlich vorhandene Zeit gegen Geld ein, manchmal in übertriebenem Maße – sie sollten ihre Freizeit mehr als die meisten anderen schätzen. Ältere Menschen geben einen Großteil ihres Geldes dafür aus, ihre Gesundheit zu verbessern oder zumindest Krankheiten zu bekämpfen. Menschen in mittleren Jahren tauschen manchmal Geld gegen Zeit ein – und je mehr Geld sie haben, desto mehr sollten sie davon aufwenden, um Zeit zu kaufen.

Die meisten Erwerbstätigen konzentrieren sich zu sehr darauf, mehr Geld zu verdienen. Lassen Sie mich erklären, warum es zu mehr persönlicher Erfüllung führt, wenn man sich auf Gesundheit und Freizeit konzentriert.

Veränderungen im Verhältnis von Gesundheit, Geld und Freizeit

In jedem Lebensalter gibt es ein unterschiedliches Verhältnis von Gesundheit, Geld und Freizeit. Da man alle drei Komponenten braucht, um Erfahrungen machen zu können, ist es in jedem Alter ratsam, den Überfluss in einem Bereich (wie etwa Geld) zu nutzen, um mehr in den anderen beiden Bereichen zu erwirken (wie etwa mehr in die Gesundheit und Freizeit zu investieren).

WARUM IHRE GESUNDHEIT WERTVOLLER IST ALS IHR GELD

Nichts hat eine größere Auswirkung auf Ihre Möglichkeiten, Erfahrungen zu genießen – und das in jedem Alter –, als Ihre Gesundheit. Tatsächlich ist Gesundheit viel wertvoller als Geld, denn kein Geld kann jemals eine sehr schlechte Gesundheit ausgleichen, wohingegen Menschen bei guter Gesundheit, aber mit wenig Geld immer noch viele wunderbare Erfahrungen machen können.

Das gilt nicht nur für den extremen Fall eines schlechten Gesundheitszustands. Schon deutliches Übergewicht kann die Lebensfreude beeinträchtigen, allein wegen des enormen Drucks, den das zusätzliche Gewicht auf Ihre Knie ausübt. Ich wette, Sie kennen Menschen, die wegen schlechter Knie oder schwacher Muskeln oder einfach, weil Sie sich wegen Ihres Körpers schlecht fühlen, viele Erfahrungen vermeiden, an denen andere um sie herum Freude haben, etwa Wandern oder Seilrutschen oder die Freude am Schwimmen und Sonnenbaden am Strand. Oder sie gehen mit allen anderen wandern, aber sie schnaufen und keuchen und haben große Mühe, aus dieser vermeintlich unterhaltsamen Angelegenheit irgendeine Art von Freude zu ziehen. Einige dieser Menschen waren vielleicht sogar Sportler, als sie jünger waren; es ist nur so, dass sie, als sie aufhörten, sich körperlich zu betätigen, weiterhin Kalorien in sich hineinschaufelten, bis sie 15 oder 25 Kilo Übergewicht hatten. Das kann leicht passieren, vor allem bei Menschen mit einem Beruf, der den größten Teil ihrer Wachzeit und Energie beansprucht und bei dem man den ganzen Tag vor einem Computerbildschirm sitzen muss. Und wozu das alles? Es stellt sich die Frage: Wenn der anstrengende Job ihnen endlich finanziellen Erfolg bringt, verfügen diese Menschen dann noch über die wichtigste Zutat (Gesundheit), um diesen Erfolg zu genießen?

Gesundheitsdienstleister verstehen dieses Problem besser als die meisten von uns, allein schon wegen der vielen leidenden Patienten, die sie sehen. Aber auch Menschen, die im Gesundheitswesen arbeiten, sind nicht davor gefeit, ihre eigene Gesundheit zu vernachlässigen. Lassen Sie mich nur ein Beispiel nennen, und zwar eines mit Happy End.

Stephen Stern, ein Chiropraktiker aus Massachusetts, der mit seinem eigenen jahrzehntelangen Kampf gegen das Übergewicht an die Öffentlichkeit ging, behandelte jahrzehntelang Patienten mit großen Beschwerden und bekam dennoch seine enormen Gewichtsschwankungen nicht in den Griff. Immer wieder begann er, Sport zu treiben und Gewicht zu verlieren, aber dann hörte er wieder mit dem Sport auf und legte sofort wieder an Gewicht zu, wodurch er seine hart erarbeitete körperliche Fitness ebenfalls gleich wieder verlor.[45]

Als Stern 59 Jahre alt war, erkannte er schließlich, dass er dieses Verhaltensmuster nicht länger beibehalten konnte – nicht, wenn er das Schicksal seiner weniger glücklichen Patienten vermeiden wollte. In einem Artikel über ihn hieß es: »Er hatte Patienten in seinem Alter und in jüngeren Jahren gesehen, die die Fähigkeit verloren hatten, Dinge zu tun, die sie liebten – nicht nur durch Verletzungen oder Krankheit, sondern oft auch durch die schlichte Vernachlässigung ihres Körpers. Er wusste, dass Menschen in dieser Lebensphase, wenn sie erst einmal ihre körperlichen Fähigkeiten verloren hatten, diese oft nie wieder zurückerlangten.«

Deshalb war Stern entschlossen, noch vor seinem 60. Geburtstag wieder fit zu werden. Diesmal ging er im Gegensatz zu früher schrittweise vor: Sein Körper konnte die intensiven Trainingsprogramme, die er in seinen jungen Jahren absolviert hatte, nicht mehr verkraften, aber er konnte durch Walking und Gymnastik immer noch ein hohes Maß an Fitness zurückgewinnen. Und dieser langsame, aber stetige Ansatz verfehlte seine Wirkung nicht: Seine alten Knieschmerzen verschwanden, und im Alter von 66 Jahren stellte er fest, dass er beeindruckende Kraft- und Gleichgewichtsleistungen wie einen Handstand mit angewinkelten Beinen durchführen konnte. Seine Bemühungen, seine Fitness zu verbessern, zahlten sich in neuem Selbstvertrauen und Selbstverständnis aus – und in freudigen Erfahrungen, die er sonst nicht gemacht hätte, wie das Bergsteigen mit seiner Tochter. Obwohl er jetzt Dinge tun kann, die die meisten 30-Jährigen nicht können, weiß er, dass er nie so fit sein wird wie ein fitter 30-Jähriger. Was er tatsächlich erreicht hat, ist ein für sein Alter optimaler Gesundheitszustand. »Ich bin ein älterer Mann und bewege mich so, wie ein älterer Mann sich bewegen kann!«

Geschichten wie die von Stephen Stern sind inspirierend – wir alle wünschen uns, dass es nie zu spät sein möge. Aber das ist nicht der Grund, warum ich Ihnen die Geschichte erzähle. Die Wahrheit ist, dass es manchmal wirklich zu spät ist, Jahrzehnte der Vernachlässigung und des Missbrauchs rückgängig zu machen, und das hat Stern verstanden. Und selbst wenn es noch nicht zu spät ist, ist es immer besser, schon früher mit Investitionen in die eigene Gesundheit begonnen zu haben. Was ich wirklich versuche zu vermitteln, ist, dass eine verbesserte Gesundheit alles in Ihrem Leben verbessert, jede Erfahrung angenehmer macht, in jedem Alter.

In unserem dreigliedrigen Modell – bei dem die Erfüllung aus einer einzigen Erfahrung abhängig von Gesundheit, Geld und Freizeit besteht – stellt die Gesundheit den größten Einzelfaktor (oder Multiplikator) dar, der den Umfang der Lebenserfüllungskurve eines Menschen beeinflusst: Unsere Simulationen zeigen, dass selbst eine kleine dauerhafte Verschlechterung der Gesundheit zu einem bestimmten Zeitpunkt im Leben eines Menschen eine große Verringerung seiner Lebenserfüllungskurve nach sich zieht.

Warum ist das so? Warum wirkt sich die Gesundheit auf die lebenslange Erfüllung mehr aus als Freizeit oder Geld? Bei der Anpassung des Gesundheitsinputs richten wir uns nach dem Grad, in dem die körperliche Leistungsfähigkeit nachlässt. Wie schnell der Gesundheitszustand Ihres Körpers sich verschlechtert, hängt davon ab, wie gut Sie jetzt in Form sind (oder nicht). Wenn Sie also 2 Prozent von Ihrem gegenwärtigen optimalen Gesundheitszustand entfernt sind, werden Sie in 10 oder 15 Jahren vielleicht 20 Prozent von Ihrem optimalen Gesundheitszustand entfernt sein. Grundsätzlich hat ein schlechter Gesundheitszustand einen erschwerenden Effekt. Ich will nicht so tun, als sei ich Arzt, aber hier ist ein Beispiel dafür, wie es meiner Meinung nach funktioniert und wie der Gesundheitszustand Ihre Freude an Aktivitäten beeinflusst.

Nehmen wir an, Sie haben 5 Kilo Übergewicht. Das scheint auf den ersten Blick nicht so schlimm zu sein, aber jedes Kilo Übergewicht bedeutet 2 zusätzliche Kilo Druck auf den Knien. 5 Kilo Übergewicht entsprechen 20 Kilo mehr Druck, auf die Ihre Knie nicht ausgelegt sind. Mit der Zeit wird sich der Knorpel in Ihren Knien unweigerlich verschlechtern und einreißen, und vielleicht reiben Ihre Knochen dann aneinander. Ihre natürlichen Stoßdämpfer sind verschlissen, sodass es für Sie schmerzhaft ist, längere Zeit auf den Beinen zu sein, und Joggen ist dann so gut wie unerträglich. Dies führt zu mehr Gewichtszunahme und anderen damit verbundenen Problemen. Es ist kein Wunder, dass die Kniegelenkersatzoperationen in den USA zu den Operationen mit der größten Nachfrage gehören und mit dem Anstieg der Fettleibigkeit einhergehen.[46] Auf jeden Fall sind diese scheinbar unbedeutenden 5 Kilo durch die Verbindung mit anderen schweren Gesundheitsproblemen und mangelnder Freude an den mit dem

Gehen verbundenen Aktivitäten wesentlich folgenschwerer als zunächst angenommen.

Wie ich bereits gesagt habe, ist Bewegung Leben. Ihre Erfahrungen werden stark beeinträchtigt, wenn Ihre Bewegungen schmerzen oder eingeschränkt sind. Es gibt viele Wege der Vergänglichkeit, bis wir schließlich sterben. Wir alle möchten bis zu unserem Tod die größte körperliche Funktionalität haben, doch viele von uns bauen zu einem früheren Zeitpunkt in ihrem Leben exponentiell stark ab, was die Möglichkeiten und das Vergnügen einschränkt und eine Folge dessen ist, wie wir mit unserem Körper umgegangen sind. Einstein nannte den Zinseszins angeblich die größte Kraft im Universum. Kleine Veränderungen in der Gesundheit können zu einem Negativzins führen, der enorme Auswirkungen auf Ihre lebenslangen Erfüllungs- und Erfahrungspunkte hat.

Die gute Nachricht von all dem: Wenn Sie jetzt auch nur kleine Schritte unternehmen, um Ihre Gesundheit zu verbessern (und sei es auch nur um 1 Prozent, wodurch Sie bereits die Auswirkung des Negativzinses vermeiden), haben Sie die Anzahl Ihrer gesamten Erfahrungspunkte enorm gesteigert.

Diese Beobachtung impliziert etwas, das Sie zweifellos schon einmal gehört haben: Menschen jeden Alters sollten mehr Zeit und Geld in ihre Gesundheit investieren. Keine Altersgruppe gibt mehr für die Gesundheit aus als ältere Menschen, deren Ausgaben für die Gesundheit auf die Behandlung degenerativer Krankheiten, die Bewältigung von Schmerzen und die Verlängerung des Lebens abzielen. Aber frühere Investitionen in die Gesundheit würden tatsächlich zu einer größeren Lebenserfüllung führen. Vorbeugende Maßnahmen wie richtiges Essen und die Stärkung der Muskeln helfen Ihnen, Ihre Gesundheit so lange wie möglich zu erhalten – und machen jede Erfahrung angenehmer. Ich spreche nicht nur davon, dass man mit über 70 Jahren noch Ski fahren kann, statt sich mit Kegeln begnügen zu müssen, oder dass man noch Tennis spielen kann statt Federball. Nein, selbst einfache, alltägliche Verrichtungen wie das Treppensteigen, das Aufstehen aus einem Stuhl oder das Tragen von Einkaufstüten werden einfacher und angenehmer, wenn man körperlich fit ist und nicht übermäßiges Körpergewicht auf schwachen Knochen und Muskeln mit sich herumträgt. Denken Sie nur daran: Wie schnell Sie nach einem Tag mit Stadtbesichtigung, Snowboardfahren oder Spielen mit kleinen Kindern müde werden, hat einen offensichtlichen Einfluss darauf, wie viel Freude Sie an diesem Tag verspüren. Rechnen Sie das nun auf alle Ihre zukünftigen potenziellen Tage mit solchen Erfahrungen hoch!

Deshalb gehe ich gerne Wetten ein, die an gesundheitliche Ziele gebunden sind – die Art, bei der ich eine ungeheure Menge Geld darauf wette, dass ein Kumpel es nicht schafft, einen Marathon zu laufen, oder nicht in der Lage ist, eine bestimmte Menge an Gewicht zu verlieren. Ich habe schon mehr solcher Wetten abgeschlossen, als ich zählen kann, und ich finde sie großartig, denn der Wert, ein der Gesundheit dienendes Ziel zu erreichen, welches das Leben verändert, übersteigt bei Weitem das Geld, um das es geht. Zu meinen jüngsten Favoriten gehörten (trotz der Tatsache, dass ich die Wette verloren habe) zwei junge Männer, die ich aus der Pokerwelt kenne, die Brüder Jaime und Matt Staples. Zu Beginn der Wette war Jaime übergewichtig und hatte keinen Hehl aus seinen früheren Versuchen abzunehmen gemacht, während Matt etwas untergewichtig war und Muskeln aufbauen wollte. Um beide zu motivieren, sich ihren Zielen zu nähern, platzierte ich eine einzige Wette: Die beiden Brüder würden eine hohe Summe von mir bekommen, wenn sie in genau einem Jahr das gleiche Gewicht erreichten (genauer gesagt mit einer möglichen Abweichung von einem Pfund).

Ihre enorme Verwandlung war verblüffend: Jaimes Gewicht ging um mehr als 50 Kilo zurück, während Matt mehr als 25 Kilo zunahm, hauptsächlich Muskelmasse. Sie können die Vorher-Nachher-Bilder im Internet sehen.[47] Offensichtlich waren sie glücklich über den Sieg und stolz auf ihre Leistung – aber selbst wenn sie die Wette verloren hätten und sie nahe dran gewesen wären, hätten die Vorteile einer verbesserten Gesundheit den finanziellen Verlust (nur ein Fünfzigstel meines Einsatzes, da wir die Quote auf 50 : 1 festgelegt hatten) aufgewogen, vor allem angesichts ihres jungen Alters. Jaime und Matt werden noch viele Jahre Zeit haben, sich an der gestiegenen Lebensqualität zu erfreuen, die sie durch das Erreichen dieser gesundheitlichen Ziele erhalten. Dasselbe gilt für Sie: Eine bessere Gesundheit verschafft Ihnen nicht nur einen schöneren Ruhestand in späteren Jahren – eine Investition in Ihre Gesundheit ist eine Investition in jede einzelne nachfolgende Erfahrung!

VERKAUFEN SIE IHRE ZEIT NICHT UNTER WERT

Die andere große Möglichkeit, die ich sehe, um ein ausgeglicheneres Leben zu führen, ist, Geld gegen Freizeit einzutauschen – eine Taktik, die in der Regel in der Mitte des Lebens die größte Wirkung erzielt, wenn man mehr Geld als Zeit hat. Das klassische Beispiel ist die regelmäßige Wäsche, eine zeitraubende wöchentliche Arbeit, auf die die meisten Menschen gerne verzichten würden und die an vielen Orten von einer Wäscherei kostengünstig übernommen werden kann.

Lassen Sie mich das verdeutlichen: Angenommen, Ihre Arbeit bringt Ihnen 40 Euro pro Stunde ein, und angenommen, die Wäsche nimmt Sie zwei Stunden pro Woche in Anspruch, weil Sie bei dieser Arbeit langsam und ineffizient sind. Eine professionelle Wäscherei, die eine bessere Ausrüstung hat und sich den lieben langen Tag nur um Wäsche kümmert, ist viel effizienter als Sie und kann selbst dann einen Gewinn erzielen, wenn man Ihnen 50 Euro oder weniger berechnet. Lohnt es sich, 50 Euro pro Woche für einen Service auszugeben, der Ihre schmutzige Wäsche von einer Woche abholt und sie in der folgenden Woche sauber und ordentlich gefaltet zurückbringt? Auf jeden Fall, denn bei 40 Euro pro Stunde sind zwei Stunden Ihrer Zeit 80 Euro wert. Das gilt selbst dann, wenn Sie diese Zeit nicht zum Geldverdienen nutzen; Sie können die Zeit nutzen, um Ihre Kinder auf den Spielplatz zu begleiten, ein Buch zu lesen, einen Freund zum Mittagessen zu treffen oder was auch immer Sie mehr genießen würden, als die Wäsche zu waschen.

Die Wäsche ist nur ein Beispiel, dieselbe Schlussfolgerung lässt sich auf jede lästige Pflicht übertragen, zum Beispiel das Putzen der Wohnung. Für mich war es immer selbstverständlich, so etwas jemand anderem zu überlassen, sodass ich das bereits so handhabte, als ich gerade mal 20 Jahre alt war und noch ein viel geringeres Einkommen hatte. Selbst damals zog ich es vor, am Samstagmorgen im Central Park Rollschuh laufen zu gehen und bei Sarabeth's zu brunchen, anstatt meine Wohnung zu putzen. Und ich danke dem Herrn, dass ich mich entschieden habe, dieses Geld für den Wohnungsputz auszugeben – denn jetzt habe ich lebenslange Erinnerungen an viele angenehme Wochenenden.

Je mehr Geld Sie haben, desto mehr sollten Sie diese Taktik anwenden, denn Ihre Zeit ist viel knapper und begrenzter als Ihr Geld.

Ich tausche ständig Geld gegen Zeit ein. Mein Tag besteht auch nur aus 24 Stunden, aber ich kann mein Bestes tun, um mir so viel von dieser endlichen Zeit freizumachen, wie ich nur kann.

Das ist nicht nur meine persönliche Erfahrung oder eine theoretische wirtschaftliche Betrachtung. Die Erkenntnisse aus der Psychologie unterstützen mich dabei: Menschen, die Geld investieren, um Zeit zu sparen, sind in ihrem Leben wesentlich zufriedener, unabhängig von ihrem Einkommen.[48] Mit anderen Worten, man muss nicht reich sein, um die Vorteile zu genießen, die das Ausgeben von Geld zur Zeitersparnis mit sich bringt.

Durch ein Feldexperiment, bei dem sie einigen arbeitenden Erwachsenen Geld gaben, damit sie mit ihren Investitionen Zeit sparen (während sie einer anderen Gruppe von arbeitenden Erwachsenen den gleichen Betrag für einen Materialkauf gaben), konnten die Forscher allmählich erklären, warum Menschen, die Geld ausgeben, um Zeit zu sparen, glücklicher sind: Sie stellten fest, dass durch die Nutzung zeitsparender Dienstleistungen der Zeitdruck verringert wurde, und ein geringerer Zeitdruck verbesserte die allgemeine Stimmung an diesem Tag. Wenn solche täglichen Stimmungsaufhellungen wiederholt durchgeführt werden, verbessern sie die allgemeine Lebenszufriedenheit.

Das leuchtet mir ein, aber ich glaube auch, dass es nicht nur darum geht, den Zeitdruck zu verringern. Ich sehe das folgendermaßen: Wenn Sie dafür bezahlen, dass Sie Aufgaben vermeiden können, die Ihnen keine Freude bereiten, reduzieren Sie gleichzeitig die Zahl der negativen Lebenserfahrungen und erhöhen die Zahl der positiven Lebenserfahrungen (für die Sie jetzt mehr Zeit haben). Wie sollte Sie das *nicht* glücklicher in Ihrem Leben machen?

Vielleicht stellen Sie mit etwas Bedauern fest, dass Sie aus der Balance geraten sind – sagen wir zum Beispiel, dass Sie jetzt 35 oder 40 Jahre alt sind und mit 20, 30 Jahren all Ihre Zeit damit verbracht haben, Geld zu verdienen, und deshalb viele großartige Erfahrungen verpasst haben. Obwohl Sie diese Jahre nie wieder zurückbekommen werden, können Sie versuchen, Ihr Leben jetzt wieder ins Gleichgewicht zu bringen. Deshalb sollten Sie sich jetzt vor allem darauf konzentrieren, mehr Erfahrungen zu machen, solange Sie noch in einem guten Gesundheitszustand sind. Sie sollten nun mehr Geld ausgeben als jemand in Ihrem Alter, der *nicht* seine ganze Zeit für das Geldverdienen verwendet hat. Für jeden Zeitpunkt gibt es eine ideale Erfahrung, die man in diesem Augenblick machen kann.

IHR PERSÖNLICHER ZINSSATZ

Sie wissen, dass ich behauptet habe, dass Ihre Möglichkeit, Geld gegen Freude einzulösen, mit dem Alter abnimmt? Nun, die logische Folge davon ist diese: Je älter Sie sind, desto mehr sollte jemand anderes Ihnen dafür zahlen müssen, dass Sie eine Erfahrung aufschieben. Wie viel man Ihnen bezahlen sollte, nenne ich Ihren *persönlichen Zinssatz* – der mit dem Alter steigt. Dieser Gedanke kommt Menschen in der Finanzwelt, die es gewohnt sind, über Zinssätze und den Zeitwert des Geldes nachzudenken, sofort in den Sinn. Lassen Sie mich das erklären.

Angenommen, Sie wären 20 Jahre alt: In diesem Alter können Sie es sich leisten, ein oder zwei Jahre lang auf eine Erfahrung zu warten, weil Sie die gleiche Erfahrung in der Regel später machen können. Daher ist Ihr persönliches Interesse gering – jemand muss Ihnen nicht viel bezahlen, damit Sie bereit sind, die Erfahrung aufzuschieben. Nehmen wir an, Sie wollten in diesem Sommer eine Reise nach Mexiko unternehmen, aber Ihr Chef sagt Ihnen: »Ich könnte Sie in diesem Sommer hier gut gebrauchen. Ich weiß, dass Sie diese Mexikoreise machen wollten, aber würden Sie sie stattdessen im nächsten Sommer in Betracht ziehen? Ich würde Ihnen dafür x Prozent der Reisekosten zahlen.« Okay, interessantes Angebot. Wie hoch müsste x sein, damit Sie zustimmen? 10 Prozent? 25 Prozent?

Nehmen wir nun an, Sie wären 80 Jahre alt. An diesem Punkt wird das Aufschieben einer Erfahrung viel teurer, sodass die Summe x viel höher ausfallen müsste als mit 20 Jahren. Selbst wenn Ihnen jemand 50 Prozent des Reisepreises für einen Aufschub zahlen würde, wenn Sie die Reise aufschieben, sollten Sie das Angebot nicht unbedingt annehmen – Ihr persönlicher Zinssatz im Alter von 80 Jahren kann höher als 50 Prozent sein. Er kann sogar bei mehr als 100 Prozent liegen.

Was würde passieren, wenn Sie unheilbar krank wären? Sobald Sie wissen, dass Sie in einem Jahr nicht mehr leben werden, ist Ihr persönlicher Zinssatz nicht mehr zu erfassen – es gibt keinen Geldbetrag, den man Ihnen bezahlen kann, um eine wertvolle Erfahrung aufzuschieben.

Ihr persönlicher Zinssatz steigt also mit dem Alter, aber leider verhalten wir uns nicht immer dementsprechend. Wenn dieses Konzept eines persönlichen Zinssatzes Ihnen einleuchtet, dann kann es Ihnen helfen zu entscheiden, ob es sich lohnt, jetzt das Geld auszugeben oder es für ein anderes Mal zu sparen, wenn Sie den Erwerb einer Erfahrung in Betracht ziehen.

WÜRDEN SIE LIEBER …?

Wenn der persönliche Zinssatz nicht ausreicht, können Sie ein einfaches Vervielfachen einer Erfahrung in Erwägung ziehen. So ist jedenfalls der berühmte Marshmallow-Test aufgebaut, den der Psychologe Walter Mischel in den 1960er-Jahren an der Universität Stanford für Vorschulkinder entwickelt hat: Hättest du lieber jetzt einen Marshmallow oder in 15 Minuten zwei Marshmallows? Viele Dreijährige würden vielleicht sagen, dass sie lieber in 15 Minuten zwei Marshmallows hätten, aber wenn dieser verlockende Marshmallow erst einmal vor ihnen liegt, können sie es nicht mehr abwarten. Erwachsene haben in der Regel eine bessere Fähigkeit, eine direkte Befriedigung hinauszuzögern – sehr oft bis zu dem Punkt, an dem eine Verzögerung der Befriedigung ihnen nicht mehr guttut. Tatsächlich entscheiden sie sich nicht für einen Marshmallow jetzt oder zwei Marshmallows in 15 Minuten, sondern für anderthalb Marshmallows zehn Jahre später!

Wenn es so dargestellt wird, scheint der Fehler offensichtlich. Wie also wenden Sie diese Logik auf Ihre Ausgabenentscheidungen an? Wenn Sie vor der Wahl stehen, zum Beispiel ob Sie in Ihrem nächsten Urlaub eine Reise machen oder Ihr Geld für später sparen wollen, dann sollten Sie sich fragen: *Würde ich lieber jetzt eine Reise machen oder zwei solche Reisen in x Jahren?* So finden Sie heraus, was x ist: Wann immer Sie ein frei verfügbares Einkommen haben – ob es nun 10 oder 100 oder 1000 Euro oder mehr sind –, haben Sie die Wahl. Sie können das Geld jetzt ausgeben oder es für später aufheben. Wenn Sie es für später aufheben, kann das Geld wachsen, denn solange Sie es nicht unter die Matratze legen, investieren Sie es in etwas (wie etwa in Aktien), das eine Rendite über der Inflationsrate verspricht. Dieser inflationsbereinigte Zinssatz wird als »Realzins« bezeichnet.

Je länger Sie die Investition wachsen lassen, desto mehr Geld erhalten Sie am Ende – nach einigen Jahren könnte sich also Ihr Kapital (zum Beispiel 100 Euro) verdoppeln (auf 200 Euro) oder sogar verdreifachen (auf 300 Euro). Der reale Zinssatz variiert, aber nehmen wir das Beispiel eines jährlichen Wachstums von 8 Prozent. (Das ist ein wenig mehr als die durchschnittliche Aktienmarktrendite[49] seit der Gründung der Börse – wiederum inflationsbereinigt.) Bei diesem Zinssatz werden aus Ihren 100 Euro in fünf Jahren 147 Euro. In zehn Jahren werden es 216 Euro – mehr als genug, um zwei von den Erfahrungen zu kaufen, die Sie jetzt kaufen wollten.

Die Frage ist: Sollten Sie neun bis zehn Jahre warten, um zwei der Erfahrungen zu machen, von denen Sie heute eine machen könnten? Es liegt ganz an Ihnen, und Ihre Antwort wird sehr stark davon abhängen, welche Art von Erfahrung es ist – und das sollte sie auch. Damit Sie die Wahl zwischen einer heutigen Erfahrung einerseits und zwei oder mehr späteren Erfahrungen andererseits überhaupt in Betracht ziehen können, muss die Erfahrung wiederholbar sein. (Einmalige Ereignisse wie Hochzeiten und Abschlussfeiern von Familie und besten Freunden sind somit natürlich ausgeschlossen.) Sie sollten auch darüber nachdenken, ob die Erfahrung nicht sogar besser sein könnte, wenn Sie sie verschieben: Manchmal kann man durch Warten das zusätzliche Geld dazu verwenden, eine wesentlich bessere Version derselben Erfahrung zu ermöglichen. Ich kann Ihnen zum Beispiel sagen, dass es viel besser ist, Las Vegas mit 40 Jahren zu erleben als mit 20, vorausgesetzt, dass Sie mit 40 deutlich mehr Geld haben als mit 20. Es ist wie zwei vollkommen verschiedene Städte. Ich will damit nicht sagen, dass man als 20-Jähriger nicht Las Vegas besuchen sollte. Ich will damit sagen, dass es Zeiten gibt, in denen man die Befriedigung aufschieben kann, weil man dadurch mehr Lebenserfahrungspunkte sammeln wird.

Es hängt also von der Erfahrung ab, die Sie machen möchten. Aber im Allgemeinen werden Sie feststellen, dass es zwei unterschiedliche Antworten auf die Frage gibt: *Würde ich lieber …?* In jungen Jahren werden Sie sich natürlich fürs Aufschieben entscheiden, und wenn Sie älter sind, werden Sie jeden Aufschub vermeiden. Wenn Sie 20 sind, wird Ihre Antwort wahrscheinlich lauten, dass Sie bereit sind zu warten. Und warum? Weil Sie zehn Jahre später wahrscheinlich immer noch weitestgehend gesund sein werden und zwei Reisen besser sind als eine. Aber wenn Sie 70 sind, wollen Sie wahrscheinlich nicht warten, bis Sie 80 sind! Ihre nachlassende Gesundheit – die bedeutet, dass die Erfahrung möglicherweise nicht mehr möglich ist, wenn Sie sie erst später machen – sagt Ihnen, dass Sie die Erfahrung jetzt machen sollten.

Sie sehen also, der Gedanke *Würde ich lieber …?* läuft eigentlich auf das Gleiche hinaus wie der persönliche Zinssatz: Je älter Sie werden, desto weniger sollten Sie bereit sein, eine Erfahrung hinauszuschieben, auch wenn Ihnen jemand viel Geld dafür bietet.

DIE LÖSUNG DER MAXIMALEN LEBENSERFÜLLUNG: EINFÜHRUNG IN DIE »DIE WITH ZERO«-APP

In diesem Kapitel habe ich immer wieder davon gesprochen, wie man die Ausgaben und die Ersparnisse, die man sein ganzes Leben lang macht, in Einklang bringen kann. Ich hatte bereits grob erklärt, dass Sie Ihre Ausgaben auf mehr oder weniger das richtige Alter verschieben sollten. Sie wissen um die drei Faktoren, die Ihre Fähigkeit, Ihre Lebensenergie auszukosten, am meisten beeinflussen: Gesundheit, Freizeit und Geld. Aber wenn Ihr Ziel darin besteht, die Freude am Leben zu optimieren, dann müssen Sie herausfinden, wie viel Sie jedes Jahr ausgeben sollten, wobei diese Zahl je nach den Lebensumständen der einzelnen Personen variiert.

Um diese Zahl zu ermitteln, brauchte ich ein Computerprogramm, das die individuellen Umstände jeder Person einbezieht und eine Reihe von Berechnungen durchführt, um den optimalen Finanzplan für diese Person zu ermitteln. Ich freue mich, dass ich mithilfe eines Ökonomen diese App entwickeln konnte. Die Verwendung dieser App ist nicht notwendig, um mehr aus Ihrer Lebensenergie zu machen; Sie können dies tun, indem Sie einfach den Ratschlägen in diesem Buch folgen. Aber wenn Sie Ihr Leben noch mehr optimieren wollen – wenn Sie jedes verfügbare Stückchen Ihrer Lebenskraft ausschöpfen möchten –, kann die App helfen. Mehr über die App und darüber, wie sie helfen kann, erfahren Sie im Anhang (ab Seite 251).

Empfehlungen

- Denken Sie über Ihre derzeitige körperliche Verfassung nach: Welche Lebenserfahrungen könnten Sie jetzt machen, die Sie später vielleicht nicht mehr machen können?

- Überlegen Sie sich eine Möglichkeit, wie Sie Ihre Zeit oder Ihr Geld investieren können, um Ihre Gesundheit zu verbessern und somit zugleich all Ihre zukünftigen Lebenserfahrungen.

- Lernen Sie, wie Sie Ihre Essgewohnheiten verändern können, um Ihre Gesundheit zu verbessern. Von den vielen Büchern zu diesem Thema ist dasjenige, das ich gut kenne und immer empfehle, *Eat to Live – Das wirkungsvolle, nährstoffreiche Programm für schnelles und nachhaltiges Abnehmen* von Dr. Joel Fuhrman.

- Gehen Sie häufiger den sportlichen Aktivitäten nach, die Ihnen ohnehin Spaß machen (etwa Tanzen oder Wandern) und die auch Ihre Freude an zukünftigen Erfahrungen verbessern werden.

- Wenn Ihre Fähigkeit, Erfahrungen zu genießen, mehr durch Zeit als durch Geld oder Gesundheit eingeschränkt ist, überlegen Sie sich ein oder zwei Möglichkeiten, wie Sie jetzt etwas Geld ausgeben können, um mehr aus Ihrer Zeit zu machen.

KAPITEL 7

SETZEN SIE ZEITFENSTER FÜR IHRE BUCKET-LIST

REGEL NUMMER 7: STELLEN SIE SICH IHR LEBEN ALS UNTERSCHIEDLICHE JAHRESZEITEN VOR.

Als meine Töchter klein waren, sahen wir uns gerne gemeinsam den Film *Heffalump – Ein neuer Freund für Winnie Puuh* an. Ich finde, es ist der wunderbarste Kinderfilm, den es gibt – eine süße, unschuldige Geschichte über Freundschaft. Wir haben ihn uns sehr oft angesehen. Aber eines Tages, als meine jüngere Tochter zehn Jahre alt war und ich ihr vorschlug, den Heffalump-Film zu gucken, war sie zu meinem Erstaunen einfach nicht mehr interessiert. Plötzlich war sie der Meinung, sie sei zu alt dafür!

Wenn mir vorher jemand gesagt hätte, dass mein Kind ab diesem Zeitpunkt den Heffalump-Film nicht mehr würde sehen wollen, hätte ich ihn mir wahrscheinlich viel häufiger mit ihr angeschaut. Leider bekommt man im wirklichen Leben selten ein genaues Datum, ab dem man etwas nicht mehr tun kann – diese Dinge scheinen einfach zu verblassen. Und bis sie weg sind, denkt man nicht viel über ihr allmähliches Verschwinden nach, wenn überhaupt. Man geht einfach irgendwie davon aus, dass manche Dinge für immer andauern werden. Aber natürlich tun sie das nicht. Das ist traurig, zugegeben, aber das Gute ist: Allein die Erkenntnis, dass sie nicht ewig andauern, dass alles irgendwann langsam, aber endgültig verschwindet, kann einen dazu bringen, all das noch mehr zu schätzen, was hier und jetzt passiert.

Dieses ganze Buch basiert auf der bitteren, ungeschönten Wahrheit, dass wir alle einmal sterben werden und dass sich mit zunehmendem Alter unser Gesundheitszustand verschlechtert. Aber es gibt noch eine andere, weniger offensichtliche Wahrheit über das »Sterben«, die wichtige Auswirkungen darauf hat, wie Sie Ihr Leben leben sollten: Wir alle sterben im Laufe unseres Lebens eine Vielzahl kleiner Tode. (Ich werde das weiter unten erklären.) Dieses Kapitel untersucht die praktischen Auswirkungen dieses universellen Prozesses, des Übergangs von einem Lebensabschnitt zum nächsten. Darüber hinaus gibt Ihnen dieses Kapitel ein Werkzeug, um ihre Bucket-List zeitlich zu strukturieren und so Ihre Lebenserfahrungen entsprechend zu planen.

KEINE KLAR DEFINIERTEN ENDPUNKTE

Meine Erfahrung mit dem Heffalump-Film ist nur ein Beispiel. Mehrere Jahre lang lebte ich das Leben eines Vaters, der sich seinen Lieblingskinderfilm im Kreise seiner kleinen Kinder ansieht. Aber dann, eines Tages, war dieser Abschnitt meines und ihres Lebens vorbei. Ich existiere natürlich immer noch, und ich kann immer noch andere Erfahrungen mit meinen Töchtern teilen – mir zum Beispiel ihre

Fußballspiele und Tanzaufführungen anschauen und sie auf Reisen mitnehmen. Aber eines Tages werden sie erwachsen, und auch diese Version von mir wird verschwinden.

Da es aber genauso unvermeidlich ist, dass ich altern werde, wird es schließlich ein letztes Mal geben, dass ich wellenreiten gehe, ein letztes Mal, dass ich an einem Pokerturnier teilnehme, sowie ein letztes Mal, dass ich ein Flugzeug besteige und an einen exotischen Ort fliege. Einige dieser letzten Erfahrungen werden früher stattfinden als andere, aber alle werden definitiv irgendwann in hoffentlich ferner Zukunft eintreffen.

Nun, ich versuche weder, morbide zu klingen, noch, ein düsteres Untergangsszenario zu zeichnen. Mein Punkt ist – und ich halte das für sehr wichtig –, dass der Tag, an dem ich sterbe, und der Tag, an dem es mir nicht mehr möglich sein wird, bestimmte Erfahrungen zu machen, zwei völlig unterschiedliche Zeitpunkte sind. Und das gilt für jeden von uns.

Das ist es, was ich meine, wenn ich sage, dass wir im Laufe unseres Lebens viele Tode sterben: Der Teenager in Ihnen stirbt, der Student in Ihnen stirbt, der ungebundene Single, die Version von Ihnen, die ein Elternteil eines Kindes ist, stirbt und so weiter. Sobald jeder dieser Mini-Todesfälle eintritt, gibt es kein Zurück mehr. Vielleicht ist das Wort »stirbt« ein bisschen dramatisch, aber Sie wissen schon, wie ich das meine: Wir alle bewegen uns vorwärts, wir kommen von einer Phase oder einem Abschnitt unseres Lebens in die nächste. So viel Tod und Vergehen, ich weiß – aber das Positive daran ist, dass wir viele Leben zu leben und zu genießen und zu optimieren haben!

Die größte Herausforderung bei der Optimierung dieser Lebensabschnitte besteht nicht nur darin, dass es kein Zurück mehr gibt. Denken Sie an Ihre eigenen früheren Erfahrungen: Wann sind Sie das letzte Mal nach draußen gegangen und haben mit Ihren Freunden aus der Kindheit gespielt? Wann haben Sie das letzte Mal mit einem Ihrer Mentoren gesprochen, bevor er oder sie starb? Selbst wenn Sie sich an den genauen Zeitpunkt erinnern können, wussten Sie wahrscheinlich nicht im Voraus, wann er eintreffen würde. Anders als in der Schulzeit und in den Schulferien kommen und gehen die Endpunkte der meisten Phasen in unserem Leben ohne viel Aufhebens. Die Phasen können sich überschneiden, aber früher oder später geht jede einzelne zu Ende.

Wegen dieser unumgänglichen Endlichkeit aller Lebensphasen kann man manche Erfahrungen nur so lange hinauszögern, bis das Zeitfenster für diese Erfahrungen für immer geschlossen ist. Die beste Analogie, die ich mir vorstellen kann, ist eine Reihe verschiedener Schwimmbecken, wie man sie in einigen großen Ferienanlagen findet: Es gibt normalerweise ein Planschbecken für kleine Kinder, ein Becken mit einer Wasserrutsche für ältere Kinder und Jugendliche, ein Becken nur für Erwachsene, vielleicht sogar ein Becken, in dem nur Bahnen geschwommen werden, und ein Becken nur für Senioren. Nun kann man in jedes Becken gehen, so lange man will, aber nur, wenn man sich an die genauen Regeln für das betreffende Becken hält.

Wenn Sie also erst schwimmen lernen, wenn Sie schon zu alt für das Kinderbecken sind, können Sie immer noch in das Becken für Jugendliche und später in das Becken für Erwachsene gehen; aber wenn Sie kein Jugendlicher mehr sind, steht Ihnen die Wasserrutsche nicht mehr zur Verfügung! Es spielt keine Rolle, wie gut Sie schwimmen können oder wie sehr Sie es jetzt bedauern, dass Sie früher Angst vor der Wasserrutsche hatten. Ebenso können Sie im wirklichen Leben einige Erfahrungen sicher für einen späteren Lebensabschnitt aufschieben – wenn Sie mit um die 20 nicht bestimmte Ausflüge machen oder bestimmten körperlichen Aktivitäten nachgehen, können Sie sie vielleicht noch mit 30 nachholen –, aber diese Möglichkeit, körperliche Erfahrungen von einem Zeitabschnitt auf einen anderen zu übertragen, ist begrenzt. Tatsächlich ist sie sogar stärker begrenzt, als es den meisten Menschen bewusst zu sein scheint, wenn sie immer und immer wieder zögern. Manche Menschen tun so, als hätten sie ihr ganzes Leben lang Zugang zum Kinder- und Jugendbecken – oder als sei ihr ganzes Leben ein einziges großes Becken, das sie jederzeit nutzen können. Aber dann vergeht die Zeit, und sie finden sich im Seniorenbecken wieder und fragen sich, wie sie dort gelandet sind!

EIN LEBEN OHNE REUE

Verstehen Sie, was ich sagen will? Das Problem, sich mit einer zu späten Erfüllung von Wünschen und dem daraus resultierenden Bedauern auseinanderzusetzen, tritt nicht nur einmal, am Ende des Lebens, auf. Vielmehr kann es in jeder Phase des Lebens auftreten: beim lernversessenen Teenager, der den ganzen Spaß des Lebens an der Schule verpasst, weil er zu viele Opfer für eine vermeintlich bessere Zukunft bringt, ebenso wie beim Vater mittleren Alters, der wiederholt unersetzliche Erfahrungen mit seinen eigenen Kindern opfert, weil er um eine Beförderung nach der anderen kämpft. Manchmal erkennen die Menschen ihren Fehler, kurz bevor sich das Zeitfenster schließt – etwa wenn die eigenen Kinder sich darauf vorbereiten, das heimische Nest zu verlassen –, aber manchmal kommt die Einsicht erst, wenn es zu spät ist, überhaupt noch etwas zu tun. Dann kann man sich nur noch vornehmen, es im nächsten Lebensabschnitt besser zu machen.

Das Traurigste ist jedoch, wenn die Einsicht erst dann eintritt, wenn man mit seiner eigenen Sterblichkeit konfrontiert wird, wenn es wirklich zu spät ist, etwas zu ändern, und man nur noch mit seiner Vergangenheit Frieden schließen kann.

Für diejenigen von uns, die noch Zeit haben, Änderungen und Korrekturen vorzunehmen, kann es aufschlussreich und sogar ermutigend sein, darüber zu lesen oder zu hören, was andere Menschen auf dem Sterbebett bereuen.

Vieles davon ist natürlich eine persönliche Angelegenheit jedes Einzelnen, aber wenn man sich Dutzende von Geschichten über Menschen anhört, die auf dem Sterbebett etwas bereuen, dann zeigen sich oft Übereinstimmungen. Die australische Palliativpflegerin Bronnie Ware, die durch ihre Arbeit viel mit Menschen zu tun hatte, die nur noch wenige Wochen zu leben hatten, sprach mit ihren Patienten darüber, was sie in ihrem Leben gerne anders gemacht hätten, und fand fünf wesentliche Punkte heraus, die häufiger bereut werden als andere. Was sie zunächst in einem bekannten Onlineartikel und später in einem Buch beschreibt, sind die beiden häufigsten Reuegefühle,[50] die auch für meine Botschaft am relevantesten sind: Ihre Patienten bedauerten an erster Stelle, dass sie nicht den Mut hatten, ein Leben zu führen, bei dem sie sich selbst treu geblieben wären – im Gegensatz zu dem Leben, das andere von ihnen erwarteten. Es ist ein Bedauern darüber, dass sie ihren Träumen nicht nachgegangen sind und sich diese Träume deshalb nicht erfüllt haben. Wenn Sie missachten, worauf Sie im Leben wirklich Wert legen, und stattdessen einen Weg einschlagen, den Ihnen die Gesellschaft um sie herum tagtäglich aufzwingt, dann riskieren Sie, dass Sie am Ende Ihrer Tage echte Reue empfinden. In der amerikanischen und auch in der deutschen Gesellschaft, die beide harte Arbeit und das Geldverdienen so oft unter

Ausblendung anderer wichtiger Werte wie Freizeit, Abenteuer und Beziehungen überbewerten, liegt es nahe, dass Menschen am Ende ihrer Tage sich oft wünschen, diese Art von Opfer nicht gebracht zu haben. Es gibt da ein passendes Sprichwort: »Niemand hat es jemals bereut, nicht mehr Zeit im Büro verbracht zu haben.«

In diesem Zusammenhang steht auch das zweite Reuegefühl (und tatsächlich der Punkt, den die männlichen Patienten von Ware am meisten bedauerten): »Ich wünschte, ich hätte nicht so viel gearbeitet.« Das trifft genau den Nerv dessen, was ich ständig predige. »Alle Männer, die ich pflegte, bedauerten zutiefst, dass sie so viel Zeit ihres Lebens in der Tretmühle des Arbeitsalltags gesteckt haben«, schreibt Ware. Auch Frauen bedauerten dies, aber Ware betont, dass ihre Patienten aus einer älteren Generation stammen, in der weniger Frauen außer Haus arbeiteten. Und wenn die Menschen sagen, dass sie es bereuen, so viel gearbeitet zu haben, dann sprechen sie nicht von der aufopfernden Arbeit der Kindererziehung; sie sprechen von der Arbeit, der sie nachgingen, um den Lebensunterhalt zu verdienen und die Rechnungen zu bezahlen, und wegen der sie deshalb »die Jugend ihrer Kinder und die Gesellschaft ihres Partners« versäumt hätten.

Jetzt lassen Sie uns einmal tief durchatmen. Mir ist klar, dass dieses ganze Gerede über Tod und Reue im Leben sehr deprimierend klingt. Ich weiß, dass ich Ihnen durch den Versuch, Ihr Bewusstsein dafür zu schärfen, was Sie schließlich für immer verlieren werden, eine Art vorweggenommener Trauer aufzwinge. Aber ob Sie es glauben oder nicht, der Gedanke an den bevorstehenden Verlust kann Sie tatsächlich glücklicher machen. Ein sehr aufschlussreiches Experiment mit Studienanfängern zeigt, woran das liegt.

Ein Team von Psychologen bat eine Gruppe junger Studierender, sich vorzustellen, dass sie in 30 Tagen weit wegziehen würden, und sagte ihnen, sie sollten ihre nächsten 30 Tage entsprechend planen: Es wäre für die Studierenden die letzte Chance für eine sehr lange Zeit, all die besonderen Menschen und Orte zu genießen, die ihnen an ihrem College gefielen. Kurzum, die Studierenden wurden aufgefordert, ihre verbleibende Zeit auf dem Campus zu genießen. Dann baten die Forscher die Studierenden, während dieses Monats jede Woche ihre Aktivitäten aufzuschreiben.

Im Gegensatz dazu wurden einer anderen Gruppe von Studienanfängern keine Vorgaben gemacht, dass sie sich etwas vorstellen oder ihre Tage besonders auskosten sollten – sie wurden lediglich aufgefordert, ihre Aktivitäten aufzuzeichnen. Raten Sie mal, was passierte. Wie Sie sich vorstellen können, waren die Studierenden der ersten Gruppe am Ende der 30 Tage glücklicher als die der zweiten Gruppe. Ob sie nun mehr taten oder es nur schafften, mehr Spaß an dem zu haben, was sie täglich taten[51] – der bloße Akt des bewussten Nachdenkens über ihre begrenzte Zeit hat bestimmt das Seine getan.

Was können wir daraus lernen? Wenn Sie sich dessen bewusst sind, dass Ihre Zeit begrenzt ist, kann Sie das eindeutig dazu motivieren, das Beste aus der Zeit zu machen, die Ihnen zur Verfügung steht.

Wir alle haben so etwas Ähnliches schon erlebt, wenn wir an einem neuen Ort Urlaub machen. Als Touristen wissen wir nur zu gut, dass wir nur eine Woche oder wie lange auch immer an unserem Zielort haben – deshalb planen wir im Voraus, um sicherzustellen, dass wir so viele Sehenswürdigkeiten, Touren, Aktivitäten und andere Erlebnisse wie möglich mitnehmen, die für den Ort, den wir besuchen, einzigartig sind. Wenn wir Freunde besuchen, achten wir darauf, viel Zeit mit diesen Menschen zu verbringen, und wir versuchen, jeden Augenblick zu genießen. Mit anderen Worten, wir bemühen uns voll und ganz, unsere Zeit als die knappe Ressource zu behandeln, die sie nun einmal ist.

Das unterscheidet sich normalerweise sehr von dem, was wir tun, wenn wir wieder zu Hause sind, wo wir die alltäglichen, üblichen Attraktionen unserer Heimatstadt viel eher als selbstverständlich betrachten. Es geht nicht nur darum, dass wir mit anderen dringenden Verpflichtungen des Alltags beschäftigt sind, auch wenn es wahr ist und es unrealistisch wäre, sein Leben so zu leben, als wäre man ständig im Urlaub. Aber es ist mehr als das – es ist auch so, dass die meisten Menschen einfach das Gefühl haben, dass es in der Nähe ihres Zuhauses keine Zeitnot gibt; sie tun so, als ob sie immer in der Lage wären, dieses Museum oder den nahe gelegenen Strand oder diesen oder jenen Freund ein anderes Mal zu besuchen. Daher verbringen wir viele unserer Abende vor dem Fernseher und vertrödeln unsere Wochenenden. Kurz gesagt, wenn wir das Gefühl haben, dass etwas im Überfluss vorhanden und unbegrenzt ist, dann wissen wir es in der Tat nicht immer zu schätzen. Aber die Realität sieht natürlich so aus, dass die Zeit, die man in jeder Phase seines Lebens verbringen kann, *nicht* im Überfluss vorhanden und sicherlich nicht unbegrenzt ist.

Im Gegensatz zu einigen anderen Themen in diesem Buch hat die Auffassung, dass es eine endliche Anzahl von Phasen mit einer endlichen Anzahl von Tagen in jeder Phase gibt, nichts mit Geld zu tun. Ja, die spezifischen Erfahrungen, die man in jedem Zeitabschnitt machen kann, haben zwar mit Geld zu tun, aber die eigentlichen Gegebenheiten und Auswirkungen dieser endlichen Zeitabschnitte nicht. Jeder Mensch sagt Dinge wie »Diese Wandertour wollte ich schon immer mal machen« oder »Diesen Ort wollte ich schon immer mal mit meinen Kindern besuchen«. Solche Erfahrungen lassen sich mit jedem Budget umsetzen. Lassen Sie mich ein einfaches Instrument vorschlagen, um das Bewusstsein für diese Lebensphasen zu schärfen, um Ihnen zu helfen, die Erfahrungen zu planen, die Sie im Laufe Ihres Lebens machen wollen, und um Ihnen so zu helfen, allzu große Verzögerungen zu vermeiden.

SETZEN SIE SICH ZEITFENSTER FÜR IHRE BUCKET-LIST

Zeitfenster für Ihre Bucket-List – also für die Erfahrungen und Erlebnisse, die Sie sich im Leben noch wünschen – sind ein einfaches Hilfsmittel, um in groben Zügen herauszufinden, wie Sie Ihr Leben gestalten wollen. Ich schlage Ihnen Folgendes vor: Zeichnen Sie eine Zeitleiste Ihres Lebens von jetzt bis zum Tod und teilen Sie sie dann in Intervalle von fünf oder zehn Jahren ein. Jedes dieser Intervalle – sagen wir vom 30. bis zum 40. oder vom 70. bis zum 75. Lebensjahr – ist ein Zeitfenster, das nur eine willkürliche Zusammenstellung von Jahren darstellt.

Anschließend denken Sie darüber nach, welche wichtigen Erfahrungen – Aktivitäten oder Ereignisse – Sie im Laufe Ihres Lebens auf jeden Fall machen wollen. Wir alle haben Träume im Leben, aber ich habe festgestellt, dass es äußerst hilfreich ist, sie *alle in einer Liste aufzuschreiben*. Es muss keine vollständige Liste sein; tatsächlich können Sie im Moment nicht genau wissen, was Sie jemals alles tun wollen, denn Sie wissen ja, dass neue Erfahrungen und neue Menschen, die Sie treffen, zu unerwarteten zusätzlichen Interessen führen, die Sie verfolgen wollen. Im Leben geht es schließlich um Entdeckungen. Und Sie werden diese Liste im Verlauf Ihres Lebens bestimmt wieder aufgreifen und verändern.

Aber ich bin mir sicher, dass Sie bereits einige Vorstellungen davon haben, welche Erfahrungen Sie irgendwann einmal, vielleicht sogar mehrmals, machen wollen. Zum Beispiel wünschen Sie sich vielleicht ein Kind, oder Sie möchten den Marathon in Ihrer Heimatstadt laufen, im Himalaja wandern gehen, ein Haus bauen, ein Patent anmelden, ein Unternehmen gründen, sich für Ärzte ohne Grenzen engagieren, in einem Michelin-Sternerestaurant essen, die Berlinale besuchen, 50-mal Ski fahren, in die Oper gehen, eine Kreuzfahrt nach Alaska unternehmen, 20 Romanklassiker lesen, die Finalspiele der Fußballweltmeisterschaft live sehen, an einem Scrabble-Turnier teilnehmen, den Yellowstone-Nationalpark besuchen, die Mandelblüte auf Mallorca erleben, dreimal mit Ihren Kindern nach Disneyland fahren und, und, und. Sie verstehen schon das Prinzip. Seien Sie kreativ.

Ihre Liste wird Ihr eigener, einzigartiger Ausdruck dessen sein, wer Sie sind, denn Ihre Lebenserfahrungen sind das, was Sie zu dem macht, der Sie sind. Wichtigster Punkt: Wenn Sie Ihre Liste erstellen, machen Sie sich keine Gedanken über Geld; Geld ist hier nur eine Ablenkung vom eigentlichen Ziel, nämlich sich vorzustellen, wie Sie sich Ihr Leben *idealerweise vorstellen.*

Sobald Sie Ihre Liste zusammengestellt haben, beginnen Sie damit, jedes Ihrer angestrebten Ziele in die entsprechenden Zeitfenster zu schieben, je nachdem, wann Sie im Idealfall die entsprechenden Erfahrungen machen möchten. Wenn Sie zum Beispiel 50 Mal in Ihrem Leben Ski fahren möchten, in welchen Jahrzehnten oder Abschnitten von fünf Jahren möchten Sie dann diese Skiferien verbringen? Denken Sie auch hier noch nicht über Geld nach, sondern denken Sie an den Punkt in Ihrem Leben, an dem Sie die jeweilige Erfahrung machen möchten.

Einige der Zuordnungen zu den Zeitfenstern werden leichter sein als andere. Wahrscheinlich haben Sie bereits eine gute Vorstellung von vielen wunderbaren Erfahrungen, die Sie im Laufe Ihres Lebens genießen wollen.

Wie Sie Ihre Bucket-List zeitlich strukturieren

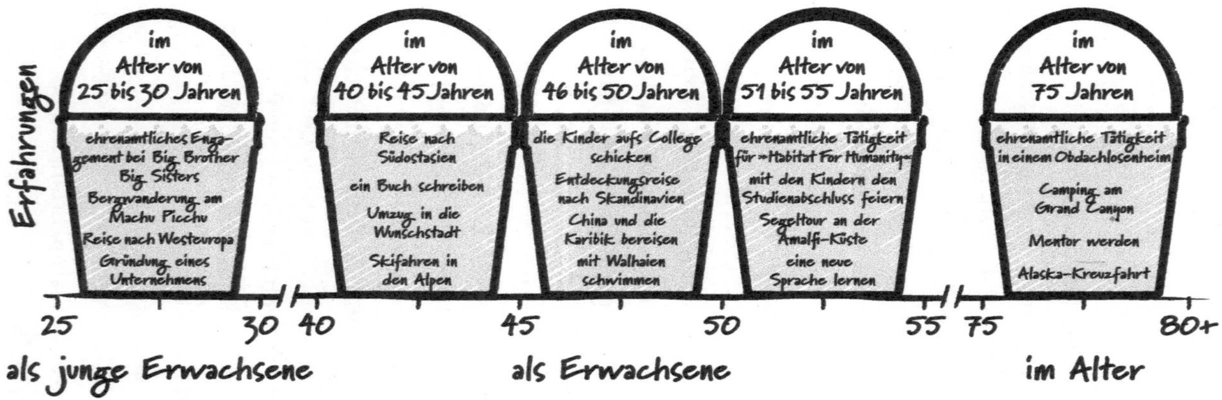

Sie strukturieren Ihre Bucket-List zeitlich am besten, indem Sie die gesamte Liste Ihrer gewünschten Erfahrungen auf bestimmte Zeitabschnitte Ihres Lebens aufteilen.

Manche Einträge auf Ihrer »Wunschliste« sind nicht so stark zeitlich begrenzt; so können Sie zum Beispiel immer in ein fernes Land reisen. Aber wie wir festgestellt haben, ist es stets einfacher zu reisen, wenn man um die 40 oder 50 Jahre alt ist, als wenn man um die 70 oder 80 Jahre alt ist. Deshalb sollten Sie schon heute damit beginnen, die kommenden Jahre aktiv und bewusst zu planen.

Im Allgemeinen werden Sie bei der Verwendung von Zeitfenstern nach und nach erkennen, dass manche Erfahrungen besser in einem bestimmten Alter gemacht werden sollten. Bergsteigen und der Besuch von lauten Konzerten zum Beispiel machen viel mehr Spaß, wenn man jünger ist. Es überrascht nicht, dass die körperlich anstrengendsten Aktivitäten eher auf die linke (jüngere) Seite der Zeitachse fallen. Mit 80 werden Sie wahrscheinlich nicht mehr viel Ski fahren. Ja, einige Leute laufen noch nach dem 70. Lebensjahr einen Marathon; eine außergewöhnlich fitte Frau namens Katherine Beiers lief den Boston-Marathon sogar noch mit 85. Aber solche Menschen sind natürlich absolute Ausnahmen. Und selbst für Beiers war der Marathon mit 85 nicht ihr erster, sondern ihr vierzehnter.

ALLES ZU SEINER ZEIT: ZEITLICH STRUKTURIERTE VERSUS GEWÖHNLICHE BUCKET-LIST

Wenn Sie diese Aufgabe, sich Zeitfenster zu setzen, durchführen, werden Sie feststellen, dass es für alles einen geeigneten Zeitpunkt gibt. Dennoch werden Sie vielleicht allmählich das Gefühl haben, dass einige gewünschte Erfahrungen mit anderen Erfahrungen kollidieren. Oder Sie erkennen, dass einige der Aktivitäten, die Sie machen wollen, sich überhaupt nicht realisieren lassen werden, wenn Sie nicht jetzt schon damit beginnen, sie zu planen.

Nur um das klarzustellen: Diese zeitlich strukturierte Liste ist das Gegenteil der herkömmlichen, sogenannten Bucket-List, die in der Regel eine einzige Auflistung all der Dinge ist, die Sie zu tun hoffen, bevor Sie »das Zeitliche segnen«. Die traditionelle Bucket-List wird normalerweise von einem älteren Menschen zusammengestellt, der, wenn er mit seiner Sterblichkeit konfrontiert wird, damit beginnt, eine Liste von Aktivitäten und Beschäftigungen anzufertigen, die er nicht nur noch nicht getan hat, sondern die er nun schnell tun muss, bevor seine Zeit abgelaufen ist.

Im Gegensatz dazu gehen Sie durch die strukturierte Einteilung der Ziele in Zeitfenster viel proaktiver an Ihr Leben heran. Sie blicken in der Tat über mehrere kommende Jahrzehnte Ihres Lebens nach vorne und versuchen, all die verschiedenen Aktivitäten, Ereignisse und Erfahrungen zu planen, die Sie sich wünschen. Sich Zeitfenster zu setzen, erlaubt es Ihnen, aktiv Ihr Leben zu planen; eine normale Bucket-List hingegen ist ein viel passiveres Unterfangen in einem plötzlichen Wettlauf mit der Zeit.

Wenn Sie Ihre Zeitfenster füllen, werden Sie vielleicht feststellen, dass einige Erfahrungen sich viel flexibler verschieben lassen als andere. Sie können zum Beispiel noch bis ins hohe Alter Bibliotheken besuchen, klassische Filme sehen, Romane lesen und Schach spielen. Eine Kreuzfahrt können Sie ebenfalls in nahezu jedem Alter genießen.

Dennoch werden Sie, wenn Sie anfangen, Ihre Zeitfenster zu füllen, wahrscheinlich feststellen, dass die Erfahrungen, die Sie im Leben machen wollen, nicht gleichmäßig über die Altersstufen verteilt sind. Stattdessen häufen sie sich während bestimmter Zeiträume an und nehmen ungefähr die Form einer zur rechten Seite abflachenden Glockenkurve an (siehe die folgende Abbildung).

Mit Mitte 20 angehäufte Erfahrungen im Vergleich zu den gewöhnlich auf die Lebensmitte verteilten Erfahrungen

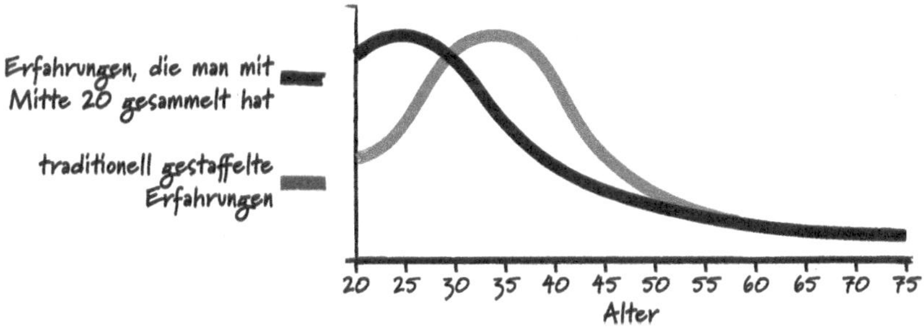

Ohne finanzielle Zwänge würden Sie die meisten Ihrer Erfahrungen idealerweise mit Mitte 20 oder 30 machen, wenn Ihr Gesundheitszustand am besten ist. Aber in der Realität geben die meisten Menschen stattdessen erst in der Mitte des Lebens am meisten Geld für Erfahrungen aus.

Solange Sie den Faktor Geld immer noch außer Acht lassen und sich in erster Linie auf Ihre Gesundheit und Ihre Freizeit konzentrieren, wird diese Glockenkurve wahrscheinlich eher auf der linken Seite der Skala stehen – denn Sie werden die meisten Ihrer Erfahrungen (insbesondere körperlich anstrengende Aktivitäten) machen wollen, wenn Sie bei bester Gesundheit sind, um sie zu genießen, und bevor Sie durch die Anforderungen der Elternschaft eingeschränkt werden. Wenn Ihr Lebensplan Kinder einschließt, werden sich die Erfahrungen, die Sie mit ihnen machen wollen, etwas später häufen und wahrscheinlich einen Höhepunkt erreichen, wenn Sie um die 30 oder 40 Jahre alt sind. Auch hier gilt, dass all dies selbst dann zutrifft, wenn Sie die Kosten für die Erfahrungen nicht einkalkulieren.

Okay. Denken Sie daran, dass wir uns nur auf zwei wesentliche Komponenten Ihrer Zeitfenster konzentriert haben: Ihre körperliche Gesundheit und Ihre Lebensträume. Wir haben finanzielle Bedenken bewusst ignoriert, denn es ist immer allzu einfach, unsere

Träume zu verwerfen, indem wir schlichtweg sagen: »Klingt wirklich schön, aber seien wir ehrlich. Das kann ich mir nicht leisten.« Die Fixierung auf Geld lenkt von der bitteren Wahrheit ab, dass Zeit und Gesundheit vergänglich sind.

Aber finanzielle Bedenken sind durchaus berechtigt. Lesen Sie deshalb das nächste Kapitel, in dem wir darüber sprechen, wie Sie die Gelegenheit, Ihr Geld auszugeben, nicht verpassen, solange Sie die Zeit noch auf Ihrer Seite haben.

Empfehlungen

- Wenn es Sie ein wenig überfordert, Ihr ganzes Leben in Zeitabschnitte zu unterteilen, machen Sie es sich zur Aufgabe, die nächsten 30 Jahre auf drei Zeitfenster zu verteilen. Sie können Ihre Liste zudem immer noch weiter ergänzen. Nur tun Sie es, bevor Ihr Alter und Ihre Gesundheit zu einem entscheidenden Faktor werden.

- Wenn Sie Kinder haben, denken Sie darüber nach, wie Ihre eigene Version des Heffalump-Films aussieht: Welche Erfahrungen möchten Sie in den nächsten ein bis zwei Jahren noch mit Ihren Kindern machen, bevor diese Phase in deren Leben und in Ihrem vorbei ist?

KAPITEL 8
ERKENNEN SIE IHREN ZENIT

REGEL NUMMER 8:
ERKENNEN SIE, WANN SIE AUFHÖREN MÜSSEN, IHR VERMÖGEN ZU STEIGERN.

Ich habe kürzlich meinen 50. Geburtstag gefeiert. Sicherlich habe ich an diesem Tag eine wunderbare Zeit verbracht, aber es war definitiv nicht die größte Party meines Lebens. Meine größte und beste Party hatte ich fünf Jahre zuvor, nachdem ich den Entschluss gefasst hatte, zu meinem 45. Geburtstag die denkwürdigste Party auszurichten, die ich mir leisten konnte. Die Idee bestand darin, meine Familie und Freunde aus allen Phasen meines Lebens zusammenzubringen und sie alle an einen meiner Lieblingsorte auf der Welt zu führen: die ruhige und schöne Karibikinsel St. Barths, auf der meine Frau und ich unsere Flitterwochen verbracht hatten.

Obwohl der 45. Geburtstag nur ein kleiner Meilenstein ist, wusste ich, dass ich mit diesem Erlebnis nicht warten wollte, bis ich 50 Jahre alt bin: Meine Mutter war schon alt, und ich wollte es ihr ermöglichen, dorthin zu fliegen und die Feier in vollen Zügen zu genießen. (Mein

Vater war bereits so geschwächt, dass er nicht reisen konnte, daher war es umso wichtiger, dass meine Mutter teilnahm.) Außerdem wurden meine Freunde auch nicht jünger! Wer wusste, ob es jemals wieder eine Chance geben würde, all diese Menschen zusammenzubringen? Dieses Jahr war genau der richtige Zeitpunkt, und ich war entschlossen, die Party in die Tat umzusetzen. Ich wollte diese bedeutende und einzigartige Erinnerung für den Rest meines Lebens in mir tragen.

Natürlich wusste ich, dass dies einiges kosten würde. Glücklicherweise ging es mir zu diesem Zeitpunkt in meinem Leben durch ein wenig Geschick und viel Glück in meinem Beruf als Energiehändler finanziell gut. Aber ich weiß, dass Geld für jeden ein Thema ist. Viele der Menschen, die ich einladen wollte, darunter Freunde aus Kindheit und Studium, konnten es sich nicht leisten, nach St. Barths zu fliegen und ein Zimmer in dem abgelegenen Hotel zu bezahlen, das ich ins Auge gefasst hatte. Die Menschen, mit denen man Erfahrungen teilt, beeinflussen nachhaltig die Qualität des Erlebnisses – und nirgendwo trifft das mehr zu als bei einer einzigartigen Veranstaltung. Ich wusste also, dass ich, wenn ich diese Art von unvergesslicher Geburtstagsfeier haben wollte, für viele meiner Gäste aufkommen und bezahlen musste.

Doch auch mein Vermögen ist begrenzt, genau wie das aller anderen, und als ich anfing, alles einmal durchzurechnen, kam ich bald an meine Grenzen. Diese Traumfeier zu realisieren, würde einen großen Teil meines flüssigen Nettovermögens kosten. War es wirklich eine gute Idee, so viel Geld für nur eine Woche auszugeben, egal wie außergewöhnlich diese Woche auch sein mochte?

Wir alle sind mit einer ähnlichen Frage konfrontiert, wenn wir eine größere Anschaffung in Betracht ziehen. Natürlich unterscheiden sich die Geldbeträge von Mensch zu Mensch, häufig in beträchtlichem Umfang, aber die Kernfrage ist für uns alle gleich: Wie können wir unser Geld am besten ausgeben, um maximalen Genuss zu erzielen und um ein Maximum an Erinnerungen zu generieren?

Nun, Sie kennen bereits einige meiner Antworten auf diese Frage: Investieren Sie in Erlebnisse, die lang anhaltende Erinnerungen einbringen; denken Sie immer daran, dass die Gesundheit eines jeden Menschen mit dem Alter abnimmt; geben Sie Ihr Geld Ihren Kindern, bevor Sie sterben, anstatt für ihr Erbe zu sparen; und lernen Sie, die gegenwärtige Freude mit der späteren Erfüllung in Einklang zu bringen. Aber obwohl ich ein großer Verfechter dieser Prinzipien bin, hat mich meine Feier zum 45. Geburtstag innehalten lassen: Ich musste mich über die psychologische Hürde hinwegsetzen, ein Vermögen für eine einzige einwöchige Party auszugeben, egal wie unvergesslich sie sein würde. Ich musste mir immer wieder sagen, dass ich nie wieder 45 Jahre alt werden würde, und fragte mich, wann ich all diese maßgeblichen Menschen in meinem Leben wieder zusammenbringen würde – kurz vor meiner Beerdigung, irgendwann in der Zukunft? Nachdem ich diese psychologische Hürde überwunden hatte, war ich jedoch voll überzeugt und stellte die beste Party auf die Beine, die ich mir von meinem Geld leisten konnte.

DIE PARTY MEINES LEBENS

Ich mietete das komplette Strandhotel Taïwana, das abgeschieden am weißen Sandstrand der größten Bucht der Insel lag – alle 22 Zimmer und Suiten. Um alle unterzubringen, buchte ich auch mehrere Zimmer in dem nicht minder beeindruckenden Hotel nebenan, dem Cheval Blanc. Ich kaufte Flüge für Dutzende von Gästen. Darüber hinaus organisierte ich Bootsfahrten und Picknicks sowie nächtliches Essen und Unterhaltung: An einem Abend gab es Sushi und Karaoke, an einem anderen Abend stand Old-School-R&B auf dem Programm.

Dann war da noch Natalie Merchant. Als ich Mitte 20 war und in New York lebte, gerade erst am Anfang stand und mir eine winzige Wohnung mit einem Mitbewohner teilte, hörten er und ich uns ständig *Tigerlily*, Merchants 1995er Debüt-Soloalbum, an. Ich liebte dieses Album. Und ich wusste, dass der sanfte lyrische Stil der Sängerin, die früher bei den 10 000 Maniacs war, die perfekte Stimmung für einen besonderen Abend abgeben würde und dass es bei allen, von meiner Mutter bis zu den Jungs, mit denen ich in Jersey aufgewachsen war, ein Riesenerfolg sein würde. Also arrangierte ich mit dem Management von Merchant, dass sie für ein Privatkonzert auf die Insel kommen würde, wobei ich meinen Gästen nur sagte, dass wir einen Überraschungsgast hätten.

Der Abend des Privatkonzerts war so wunderbar, wie Sie sich das nur vorstellen können. Ich erinnere mich, wie ich meine Frau in den Armen hielt und einfach nur der Musik zuhörte und wie Merchant die Geschichte erzählte, wie sie eines der Lieder komponiert hatte. Ich erinnere mich auch daran, dass ich wie verrückt Champagner getrunken habe. Es war auch eine Freude, meine Mutter mit der großen Sängerin plaudern zu sehen. Aber es war nicht nur das Konzert, das unglaublich war – für nichts in der Welt würde ich die Erinnerung an diese Reise tauschen wollen.

Stellen Sie sich einmal vor: Sie gehen an einem kristallklaren Tag von Ihrem Zimmer zum schönen Strand hinunter, wo sanfte Wellen hereinrollen, und wo immer Sie hinschauen, sehen Sie nur die Menschen, die Sie lieben. Sie sehen Ihren besten Freund aus Studienzeiten, und dann gehen Sie noch ein Stück weiter und sehen Ihren besten Freund aus Ihren früheren Arbeitsjahren. Ihre Mutter kommt aus ihrem Häuschen. Sie sehen andere gute Freunde auf der Terrasse oder am Pool, und alle bewundern die Schönheit ringsum. Und alle sind glücklich! Glauben Sie mir, diese gemeinsame Erfahrung zu teilen, ist einfach das beste Gefühl überhaupt. Irgendwann kam mir tatsächlich der Gedanke, dass es *genau so im Himmel aussehen könnte*. Dieses Gefühl kam mir immer wieder. Die ganze Woche war in jeder Hinsicht fantastisch, und ich werde sie nie vergessen, nicht bevor mein Gehirn aufhört zu arbeiten.

Bis heute reden die Menschen in meinem Leben immer noch über diese Woche, und hin und wieder passiert irgendetwas, das mich an diese wunderbare Party erinnert – und all diese herrlichen Gefühle kommen wieder zurück. Diese Tage und Nächte in meinem Kopf nochmals zu erleben, fühlt sich fast so gut an, als wäre ich in diesem Moment tatsächlich dort. Am Ende meines Lebens, davon bin ich überzeugt, wird sich meine Freude aus meinen Erinnerungen speisen – und diese Reise nach St. Barths dürfte dabei ganz oben auf der Liste stehen.

Deshalb bereue ich in keiner Weise die wahnsinnig hohe Summe, die ich für diese eine Woche ausgegeben habe – auch nicht die Tatsache, dass ich nicht bis zu meinem 50. Geburtstag gewartet habe, um die Party meines Lebens zu feiern.

Tatsache ist, dass zu dem Zeitpunkt, als ich 50 Jahre alt wurde, mein Vater gerade gestorben war und sich der Gesundheitszustand meiner Mutter leider erheblich verschlechtert hatte. Mein Bruder und meine zwei Schwestern kamen mich zwar besuchen, aber einige meiner Freunde konnten diesmal nicht kommen. Aus meiner Sicht war es eine sehr gute Entscheidung gewesen, fünf Jahre zuvor bei diesem außergewöhnlichen Treffen einmal so richtig auf den Putz gehauen zu haben.

Oder ich hätte für diese üppige Party zu meinem 45. Geburtstag nicht so dick auftragen können und stattdessen meinen Geburtstag gefeiert, indem ich mir nur die Bankauszüge von meinen Wertpapieren und meiner privaten Altersvorsorge angeschaut hätte. Aber was für eine Art von Erinnerung wäre das gewesen?

Sehen Sie, viele von uns neigen dazu, die Erfüllung von Wünschen hinauszuzögern und für die Zukunft aufzusparen. Und die *Möglichkeit*, die Erfüllung aufzuschieben, kommt uns sehr entgegen. Pünktlich zur Arbeit zu kommen, alltägliche Rechnungen zu bezahlen, sich um unsere Kinder zu kümmern, Essen auf den Tisch zu bringen – das sind elementare Dinge im Leben. Aber das Aufschieben von Erfüllung ist nur bis zu einem gewissen Punkt hilfreich. Wenn man sich jeden Tag abrackert, läuft man Gefahr, eines Morgens aufzuwachen und zu merken, dass man vielleicht *zu viel* aufgeschoben hat. Und im Extremfall bedeutet eine unbegrenzt hinausgezögerte Erfüllung *keine* Erfüllung. Ab welchem Punkt ist es also besser, etwas nicht mehr aufzuschieben?

Nun, es gibt ein paar mögliche Antworten auf diese Frage. Eine davon lautet: *Betrachten Sie jedes Jahr für sich*, wie in Kapitel 6, »Halten Sie Ihr Leben in der Balance«, bereits dargelegt: Während Ihres gesamten Lebens müssen Sie Ihre Ausgaben für die Gegenwart mit Ihren Ersparnissen für die Zukunft in Einklang bringen. Die optimale Balance verschiebt sich von Jahr zu Jahr, da sich Ihre Gesundheit und Ihr Einkommen aller Voraussicht nach jedes Jahr ändern.

Die andere Möglichkeit, die Frage nach der optimalen Balance zu beantworten, besteht darin, Ihre Ersparnisse im Laufe Ihres Lebens als Ganzes zu betrachten. Wie Sie das tun können, ist der Schwerpunkt dieses Kapitels. Da die meisten Menschen über Ausgaben und Ersparnisse nicht so denken, möchte ich Ihnen erklären, wie ich das meine.

Denken Sie zunächst einmal an alles, was Sie im Moment besitzen, von Ihrem Haus bis zu Ihrer Schallplattensammlung, vom Wert

Ihrer Aktien an der Börse bis zum Bargeld in Ihrer Brieftasche. Dies ist Ihr Gesamtvermögen. Wenn Sie irgendwelche Schulden haben, wie zum Beispiel ein Studiendarlehen, eine Hypothek oder den Kredit für Ihr Auto, dann addieren Sie alle diese Darlehen und ziehen Sie diesen Betrag von Ihrem Gesamtvermögen ab. Was Ihnen übrig bleibt, ist Ihr *Nettovermögen*: was Sie *besitzen*, abzüglich Ihrer *Schulden*. Klingt vertraut, nicht wahr? Das Nettovermögen ist ein grundlegendes Konzept, das wir bereits angesprochen haben, als wir uns die Daten ansahen, die zeigen, dass das durchschnittliche Nettovermögen der Amerikaner und auch der Deutschen mit dem Alter tendenziell steigt. Wenn Sie dies so weit verstanden haben, verstehen Sie bereits den nächsten wichtigen Punkt, nämlich dass das Vermögen eines Menschen nicht ein Leben lang gleich bleibt.

Das ist ein wichtiger Punkt, um die Idee mit dem Zenit zu verstehen: Ihr Nettovermögen verändert sich tendenziell im Laufe Ihres Lebens. So ist es bei den meisten Menschen. Für einen guten Teil Ihres Lebens, besonders wenn Sie am Anfang stehen, geben Sie einfach das Geld aus, das Sie gerade verdienen. In dieser frühen Phase Ihres Lebens erhöhen Sie Ihr Nettovermögen nicht: Wenn Sie in einer Mietwohnung leben, eine Menge Schulden für ein Studiendarlehen haben und noch nicht genug verdienen, um diese Schulden zu begleichen, haben Sie vielleicht sogar ein negatives Nettovermögen, weil Sie mehr Geld schulden, als Sie besitzen.

Aber wenn Sie diese Studienkredite nach und nach abbezahlen – und vorausgesetzt, Ihr Einkommen steigt schneller als Ihre Ausgaben –, dann beginnen Sie in der Regel zu sparen, was bedeutet, dass Ihr Nettovermögen aus dem Negativen ins Positive steigen kann. Und es wird im Laufe der Zeit immer positiver: Wenn Sie erwerbstätig bleiben, steigt Ihr Nettovermögen im Allgemeinen weiter an, unabhängig davon, ob der Anstieg langsam oder schnell erfolgt. Ich sage nicht, dass es so sein *sollte* – es ist nur so, wie es normalerweise ist. Nehmen wir an, Ihr Nettovermögen im Alter von 25 Jahren beträgt 2000 Euro, und dann beträgt Ihr Nettovermögen im Alter von 30 Jahren 10 000 Euro. Im Alter von 35 Jahren wird es höchstwahrscheinlich etwas mehr als 10 000 Euro betragen – und es wird in der Regel mit 40 Jahren höher sein als das und mit 45 Jahren noch höher. Die Statistiken über das Nettovermögen der Haushalte (nach dem Alter des Haushaltsvorstands) belegen diesen Trend.

Oder schauen Sie sich den Prozentsatz von Wohneigentum an,[52] denn der Besitz eines Hauses ist ein üblicher Weg zum Vermögensaufbau. (Sie denken vielleicht nicht so über Ihr Haus wie über Geld auf der Bank, aber es lässt sich nicht leugnen, dass der Besitz eines Hauses zu Ihrem Nettovermögen beiträgt.) Während nur etwa 35 Prozent der Amerikaner unter 35 Jahren eine eigene Wohnung oder ein Haus besitzen, liegt die Wohneigentumsquote für Amerikaner im Alter von 35 bis 44 Jahren bei fast 60 Prozent und für Amerikaner in der Altersgruppe der 45- bis 54-Jährigen bei fast 70 Prozent. Sie ist sogar noch höher, je älter die Menschen werden.

Diese grundlegenden Statistiken beschreiben jedoch nur, was die Menschen derzeit in Bezug auf ihr Nettovermögen tun, nicht aber, was sie tun *sollten*, wenn ihr Ziel darin besteht, ihre Lebensfreude ein Leben lang zu maximieren. Was *sollten* Sie also tun?

Hier weicht mein Rat von dem ab, was die meisten Menschen tun: Sie sollten diesen einen besonderen Punkt in Ihrem Leben finden, an dem Ihr Nettovermögen *so hoch ist, wie es jemals sein wird.* Ich nenne diesen Punkt Ihren Vermögensgipfel oder einfach »Ihren Zenit«.

Warum sollte es jemals einen Zenit geben – warum wird Ihr Nettovermögen nicht einfach weiter steigen? Zunächst einmal sollten Sie sich daran erinnern, dass aus meiner Sicht Ihr übergeordnetes Ziel darin besteht, Ihre Lebenserfüllung zu maximieren – Ihre Lebensenergie in so viele Erfahrungspunkte wie möglich umzuwandeln. Dazu müssen Sie die optimale Verteilung Ihres Geldes und Ihrer Freizeit auf das richtige Alter herausfinden, da ein Rückgang der Gesundheit und der Tod unausweichlich sind. Das hat zur Folge, dass Sie in einigen Jahren nur sehr wenig Geld sparen müssen (damit Sie mehr für Ihre sinnvollen Lebenserfahrungen ausgeben können), während Sie in anderen Jahren mehr Geld sparen sollten (damit Sie später mehr Geld haben, um mehr oder bessere Erfahrungen zu machen).

Aber es gibt einen noch wichtigeren Grund für einen Zenit des Nettovermögens: Ihr Ziel ist es, mit einer Null auf dem Konto zu sterben. Wenn Ihr Nettovermögen weiter steigt, bis Sie über 60 oder 70 Jahre alt oder noch älter sind, dann gibt es keine Möglichkeit, dass Sie mit null sterben werden. Irgendwann müssen Sie also tatsächlich anfangen, Ihre lebenslangen Ersparnisse anzubrechen; wenn Sie das nicht tun, werden Sie am Ende mit nicht ausgegebenem Geld enden, was bedeutet, dass Sie nicht so viele Erfahrungspunkte gesammelt haben, wie Sie es hätten tun können. Deshalb sage ich, dass Ihr Nettovermögen irgendwann an einen Punkt kommt, an dem es seinen höchsten Stand erreicht – danach müssen Sie anfangen, es für Erfahrungen auszugeben, solange Sie diese Erfahrungen noch genießen können. Dieser Punkt ist in der Tat Ihr Zenit.

Sie können den Zeitpunkt dieses Zenits nicht dem Zufall überlassen. Um das Beste aus Ihrem Geld und Ihrem Leben zu machen, müssen Sie den Zeitpunkt Ihres Zenits *bewusst* festlegen. Später in diesem Kapitel werde ich Ihnen einige Hinweise geben, wie Sie diesen Zeitpunkt erkennen und genau bestimmen können.

ABER WERDEN SIE GENUG ZUM LEBEN HABEN?

Bevor Sie darüber nachdenken, wie Sie Ihr Geld bis auf den letzten Euro ausgeben können, müssen Sie sicherstellen, dass Sie genug Geld haben werden, um für den Rest Ihres Lebens davon zu leben. Das ist eine wichtige Voraussetzung, denn viele Menschen sparen nicht genug für den Ruhestand. Obwohl ich jeden dazu auffordern möchte, seine Erfahrungen zu maximieren, möchte ich nicht zu unverantwortlichen Ausgaben ermutigen. Seinen Zenit als ein Datum zu betrachten – und nicht als eine Zahl –, ist nur für solche Menschen ein guter Ratschlag, die eine bestimmte Grenze bei Ihren Ersparnissen erreicht haben – ich bezeichne das als die Schwelle.

Selbst dann sollten Sie bedenken, dass ich diese Empfehlungen auf mein eigenes Modell dessen, was ein erfülltes Leben ausmacht, stütze; ich bin kein Finanzberater, und wenn ich Sie dazu inspiriere, anders über den Umgang mit Ihrem Geld nachzudenken, ist es eine gute Idee, wenn Sie zunächst die Einzelheiten Ihrer persönlichen Situation mit einem Fachmann besprechen, etwa einem zertifizierten Finanz- oder Steuerberater.

Jetzt, wo ich diesen Haftungsausschluss erwähnt habe, lassen Sie mich erklären, wie ich an diesen Schwellenwert der Ersparnisse herangehe und ihn betrachte. Der Schwellenwert, von dem ich rede – wie viel Sie mindestens sparen sollten –, *ist* bezifferbar. Aber wie Sie gleich sehen werden, könnte diese Zahl durchaus niedriger sein als bei den pflichtbewussten Sparern, die bereits mit dem Sparen begonnen haben. Der Grund dafür ist, dass der Schwellenwert darauf beruht, das schlimmste Szenario zu vermeiden (das heißt Geldmangel, bevor man stirbt); es ist der Geldbetrag, den man gespart haben muss, um ohne weiteres Einkommen *zu überleben*. Wenn Sie diese Schwelle erreicht haben, brauchen Sie nicht mehr für Geld zu arbeiten – Sie können stattdessen damit beginnen, Ihre Ersparnisse sorgfältig auszuschöpfen.

Nun, dieser Wert ist nicht für jeden gleich hoch, denn die Lebenshaltungskosten unterscheiden sich unter anderem dadurch, wo Sie wohnen. Und wenn Sie andere Menschen als sich selbst ernähren, brauchen Sie natürlich mehr Ersparnisse, als wenn Sie alleinstehend sind. Aber der Schwellenwert zum Überleben hängt für alle von Ihren jährlichen Lebenshaltungskosten und der Anzahl der Jahre ab, die man von heute an voraussichtlich leben wird.

Schauen wir uns ein Beispiel an. Nehmen wir an, Ihre jährlichen Lebenshaltungskosten betragen 12 000 Euro. Das ist zugegebenermaßen sehr niedrig. Aber ich benutze dieses Beispiel nicht, um Ihnen konkret zu sagen, wie viel Sie brauchen werden, sondern nur, um Ihnen ein Gefühl dafür zu geben, wie die Berechnung im Grunde funktioniert.

Nehmen wir für dieses Beispiel des Weiteren an, dass Sie 55 Jahre alt sind und dass Sie, nachdem Sie einen Lebenserwartungsrechner ausprobiert haben, erwarten können, dass Sie etwa 80 Jahre alt werden. Ihr Geld wird also noch 25 Jahre reichen müssen (verbleibende Lebensjahre = 25). Wie groß muss heute Ihr finanzielles Polster sein, damit für den Rest Ihres Lebens die Lebenshaltungskosten abgedeckt sind?

Nun, um eine ungefähre Antwort – nicht die endgültige Antwort – zu erhalten, würden Sie einfach Ihre jährlichen Lebenshaltungskosten, also die *Kosten, um ein Jahr zu leben*, mit der Anzahl der Jahre multiplizieren, in denen Sie diesen Betrag ausgeben werden, also die noch *verbleibenden Lebensjahre*:

Lebenshaltungskosten für ein Jahr × verbleibende Lebensjahre
= 12 000 Euro × 25 = 300 000 Euro

Nochmals, dies ist *nicht* die endgültige Antwort. Der tatsächliche Betrag, den Sie sparen müssen, ist in Wirklichkeit viel niedriger als 300 000 Euro. Warum? Weil Ihr finanzielles Polster nicht einfach nur so daliegt, während Sie Jahr für Jahr daran nagen. Angenommen, Sie haben es in ein normales Aktienpaket oder Anleiheportfolio investiert, dann bringt Ihr Geld in der Regel Zinsen ein und arbeitet, um auch dann Einkommen zu erzielen, wenn Sie nicht mehr arbeiten. Daher helfen die Zinsen, die es über der Inflationsrate erzielt (unabhängig davon, ob diese Zinsen 2 Prozent oder 5 Prozent oder was auch immer betragen), die Kosten für Ihre Auszahlungen auszugleichen.

Zeit für eine weitere Einschränkung: Denken Sie immer daran, dass auch ein Aktien- oder Anleiheportfolio nicht immer Zinsen über der Inflationsrate einbringt. Die Renditen können von Jahr zu Jahr variieren, manchmal sogar um einiges.

Für unser Beispiel gehen wir jedoch einmal von einem Zinssatz von 3 Prozent über der Inflationsrate aus. Und lassen Sie uns das Beispiel noch erweitern, indem wir diesen Zinssatz von 3 Prozent über der Inflationsrate mit in die Rechnung einbeziehen.

Nehmen wir an, Sie beginnen mit 212 000 Euro Ersparnissen und geben im ersten Jahr 12 000 Euro aus. Wie viel haben Sie nach dem ersten Jahr? Nun, Sie haben *nicht nur* 200 000 Euro. Stattdessen kommen Sie eher auf 206 000 Euro, denn selbst wenn Sie die gesamten 12 000 Euro zu Beginn des Jahres abheben (sodass die ersten 12 000 Euro keine Zinsen bringen), bringen Ihnen die 3 Prozent, die Sie auf die restlichen 200 000 Euro verdienen, volle 6000 Euro ein. Sie können diesen Prozess für die gleichen jährlichen Abhebungen und die gleichen jährlichen Zinsen für die vollen 25 Jahre fortsetzen.

Diese feste jährliche Auszahlung ist eine Annuität (ganz ähnlich wie eine Sofortrente, die Sie mit einer Versicherung abschließen), und es gibt eine technische Formel (die sogenannte Barwertformel für Jahreszahlungen),[53] um zu berechnen, wie viel Sie zunächst benötigen würden, um eine bestimmte Jahresauszahlung zu erzielen. Wenn Sie diese Zahlen in diese Formel einfließen lassen würden, würden Sie feststellen, dass die anfänglichen 212 000 Euro fast bis zum Ende reichen. (Um genau zu sein, müssen Sie mit 213 210,12 Euro beginnen, wenn Sie möchten, dass Ihr Geld bei einem Zinssatz von 3 Prozent und einer jährlichen Auszahlung von 12 000 Euro 25 Jahre lang reicht.) Mit jeder Abhebung verringert sich Ihr ursprünglicher Betrag – er vermindert sich nur nicht so sehr, wie Sie vielleicht denken, denn mit den Zinsen erhalten Sie einen Teil dessen zurück, was Sie brauchen. Deshalb brauchen Sie nur einen Teil der jährlichen Lebenshaltungskosten, multipliziert mit der Anzahl der Jahre: Die Zinsen bringen Ihnen den Rest ein.

Wie hoch ist also dieser Anteil? Als einfache Faustregel schlage ich 70 Prozent vor. In unserem obigen Beispiel liegt der Anteil tatsächlich bei knapp über 71 Prozent (denn 213 210,12 Euro sind 0,7107 mal 300 000 Euro). Wenn der Zinssatz höher wäre, wäre der Anteil, den Sie an Einsparungen benötigen würden, geringer. Wenn Ihr Zinssatz zum Beispiel 5 Prozent beträgt und alles andere gleich bliebe, brauchen Sie nur 173 426,50 Euro – oder etwas weniger als 58 Prozent. Wenn der Zinssatz bei null liegt, bräuchten Sie natürlich das gesamte Geld (die vollen 300 000 Euro) allein aus den Ersparnissen. Aber 70 Prozent decken Sie in den meisten Fällen ab, und das ist doch eine einfache, gute Zahl.

Lassen Sie uns also all dies in einer Grundformel zur Berechnung des Grenzwerts Ihrer Lebenshaltungskosten zusammenfassen:

$$\text{Grenzwert für Lebenshaltungskosten} = 0{,}7 \times \text{jährliche Lebenshaltungskosten} \times \text{verbleibende Lebensjahre}$$

Sie können mit verschiedenen Schätzungen der *jährlichen Lebenshaltungskosten* und der *verbleibenden Lebensjahre* spielen. Wenn Sie sich beispielsweise in Florida zur Ruhe setzen wollen, können Sie sich informieren, was das jedes Jahr kosten würde. Und natürlich können Sie auch eine höhere oder niedrigere Anzahl von Jahren zugrunde legen und sehen, wie sich diese Veränderungen auf den Grenzwert für Ihre Lebenshaltungskosten auswirken.

Auch hier gilt, dass dieser Grenzwert für Lebenshaltungskosten das absolute Minimum ist. Wenn Sie diesen Grenzwert erreicht haben, werden Sie wahrscheinlich noch nicht in den Ruhestand gehen wollen – es könnte für Sie immer noch Sinn machen, weiterhin zu arbeiten, um Geld für eine höhere Lebensqualität zu verdienen, als der zugrunde liegende Schwellenwert bieten kann. Aber jetzt können Sie sicher anfangen, zumindest über die *Möglichkeit* nachzudenken, Ihr finanzielles Polster anzubrechen. Nachdem Sie sich erst einmal um Ihre bloße Existenz gekümmert haben, können Sie anfangen, den Zenit Ihres Vermögens als Zeitpunkt statt als Zahl zu betrachten.

Denken Sie auch daran, dass Sie mehrere Vermögensquellen nutzen können, um Ihren Schwellenwert zum Überleben zu erreichen. Das heißt, wenn Sie Eigenkapital in Ihr Haus gesteckt haben, können Sie sich entschließen, sich zu verkleinern und das Haus zu verkaufen – oder wenn Sie lieber in Ihrem jetzigen Haus bleiben möchten, können Sie eine Umkehrhypothek aufnehmen, eine Möglichkeit, den Wert Ihrer Immobilie zu nutzen. Wenn Sie sich nicht sicher sind, für wie viele Jahre das Geld reichen muss, oder wenn Sie Angst haben, dass Ihnen das Geld ausgeht, denken Sie daran, dass Sie Ihre Ersparnisse ganz oder teilweise verwenden können, um eine Sofortrente abzuschließen.

ERKENNEN SIE IHREN ZENIT: ES IST EIN ZEITPUNKT, KEINE ZAHL

Nehmen wir an, Sie haben Ihren Schwellenwert zum Überleben erreicht und sogar noch ein bisschen mehr. Jetzt können Sie es sich leisten, darüber nachzudenken, wann Sie Ihr finanzielles Polster anbrechen müssen, um eine maximale Lebenserfüllung zu erreichen. Auch hier gilt: Wenn Sie auf diese Weise an den Zenit Ihres Vermögens denken, ist der Zenit keine Zahl (ein bestimmter Eurobetrag), sondern ein *bestimmter Zeitpunkt* (der an Ihr biologisches Alter gebunden ist). Das sind zwei sehr unterschiedliche Betrachtungsweisen Ihrer finanziellen Ziele.

Viele von uns sind darauf getrimmt worden, dass unser Plan für den Abbau unserer Ersparnisse in Zahlen ausgedrückt werden sollte – das heißt, dass wir, sobald wir einen bestimmten Betrag an Ersparnissen erreicht haben, in den Ruhestand gehen und von diesen Ersparnissen leben können. Und es mangelt nicht an Vorschlägen, wie hoch diese Zahl sein sollte. Der einfachste Vorschlag, der unmöglich richtig sein kann, ist, dass jeder eine einzige Zahl anstreben sollte, wie etwa 1 Million oder 1,5 Millionen Euro, unabhängig davon, wer Sie sind oder wo Sie leben. (Wie können 1 Million Euro Ersparnisse sowohl für einen gesunden, weltreisenden Menschen aus einer Großstadt wie Berlin oder San Francisco als auch für einen zurückgezogen lebenden Bewohner aus einer Kleinstadt oder einem Dorf die richtige Zahl sein?) Kein echter Rentenexperte würde eine für alle Menschen einheitliche Zahl vorschlagen.

Stattdessen geben diese Experten individuellere Ratschläge – basierend auf Ihren tatsächlichen Lebenshaltungskosten, Ihrer Lebenserwartung und den prognostizierten Zinssätzen (zum Beispiel eine typische jährliche Rendite von inflationsbereinigten 4,5 Prozent). Einige Berater berücksichtigen sogar die Tatsache, dass Ihre Ausgaben für den Ruhestand vom Beginn bis zum Ende des Ruhestands nicht konstant sein werden – daher sagen sie Ihnen, dass Sie zu Beginn des Ruhestands (in den Go-go-Jahren) mehr Geld benötigen werden[54] als nach 10 oder 20 Jahren. Es gibt also definitiv verschiedene Grade der Differenzierung in Bezug auf diese Ratschläge zur Rentenplanung. Aber was all diese finanziellen Ratschläge gemeinsam haben, ist das Ziel, eine einzige Zahl zu ermitteln – ein finanzielles Ziel, das Sie ins Auge fassen und erreichen müssen, bevor Sie sicher beginnen können, Ihre Ersparnisse anzubrechen.

Für Menschen, die nicht genug gespart haben, um im Ruhestand weiterleben zu können – entweder weil ihr Einkommen zu gering ist oder weil sie zu sehr wie eine Grille gelebt haben –, macht es Sinn, sich auf ein finanzielles Ziel zu konzentrieren. Ohne ein solches Ziel im Auge zu haben, laufen Menschen, die nicht genug gespart haben, Gefahr, das schlimmste Szenario erleben zu müssen: Sie haben kein Geld mehr und müssen dann noch hören, dass sie zu alt sind, um noch arbeiten zu können.

Aber eine Zahl, eine bestimmte Summe sollte *nicht* das Hauptziel der meisten Menschen sein. Ein Grund dafür ist, dass psychologisch gesehen keine Zahl jemals als ausreichend empfunden wird. Nehmen wir zum Beispiel an, die Zahl, die Sie sich ausdenken (basierend auf Berechnungen, wie sie von Finanzberatern empfohlen werden), beträgt 2 Millionen Euro. Um dieses Ziel zu erreichen, können Sie leicht rechtfertigen, dass Sie länger arbeiten, indem Sie sich sagen und sich davon überzeugen, dass Sie eine noch höhere Lebensqualität genießen können, wenn Sie 2,5 Millionen Euro sparen. Und nach dieser Logik können Sie für eine noch höhere Lebensqualität sorgen, wenn

Sie 3 Millionen Euro sparen. Wo hört das also auf? Das ist ein Problem bei einem numerischen Ziel. Wenn man versucht, mit diesem beweglichen Ziel Schritt zu halten, arbeitet man einfach automatisch weiter und schiebt am Ende die besten Erfahrungen seines Lebens auf.

Um zu verstehen, warum Sie an einen Zeitpunkt und nicht an eine Zahl denken sollten, müssen Sie sich daran erinnern, dass das Genießen von Erfahrungen eine Kombination aus Geld, Freizeit und Gesundheit erfordert. Sie brauchen alle drei Komponenten – Geld allein ist nie genug. Und die meisten Menschen kostet es Zeit, mehr Geld zu sparen. Wenn Sie also mehr Jahre arbeiten, um mehr Ersparnisse aufzubauen, als Sie tatsächlich brauchen, erhalten Sie zwar mehr Geld, *verlieren* aber mehr Freizeit und Gesundheit, die *mindestens* ebenso wertvoll sind. Unterm Strich heißt das: Mehr Geld ist nicht gleich mehr Erfahrungspunkte.

Die meisten Menschen vergessen die Kosten, die mit dem Gelderwerb einhergehen, sodass sie sich hauptsächlich auf die Gewinne konzentrieren. So kann man sich zum Beispiel mit 2,5 Millionen Euro eine bessere Lebensqualität als mit 2 Millionen Euro erkaufen, *wobei alle anderen Dinge gleich sind* – aber alle anderen Dinge sind in der Regel eben *nicht* gleich! Denn für jeden zusätzlichen Arbeitstag opfern Sie eine entsprechende Menge an Freizeit, und während dieser Zeit nimmt auch Ihre Gesundheit allmählich ab. Wenn Sie fünf Jahre warten, bis Sie mit dem Sparen aufhören, verschlechtert sich Ihr Gesundheitszustand insgesamt um fünf Jahre und schließt das Fenster für bestimmte Erfahrungen ganz. Zusammenfassend lässt sich aus meiner Sicht sagen, dass die Jahre, in denen Sie diese zusätzlichen 500 000 Euro verdienen, nicht die Anzahl der Erfahrungspunkte ausgleichen (geschweige denn übertreffen) würden, die Sie durch die Arbeit für mehr Geld verloren haben, anstatt diese fünf Jahre Freizeit zu genießen.

Abnehmender Nutzen des Geldes im Alter

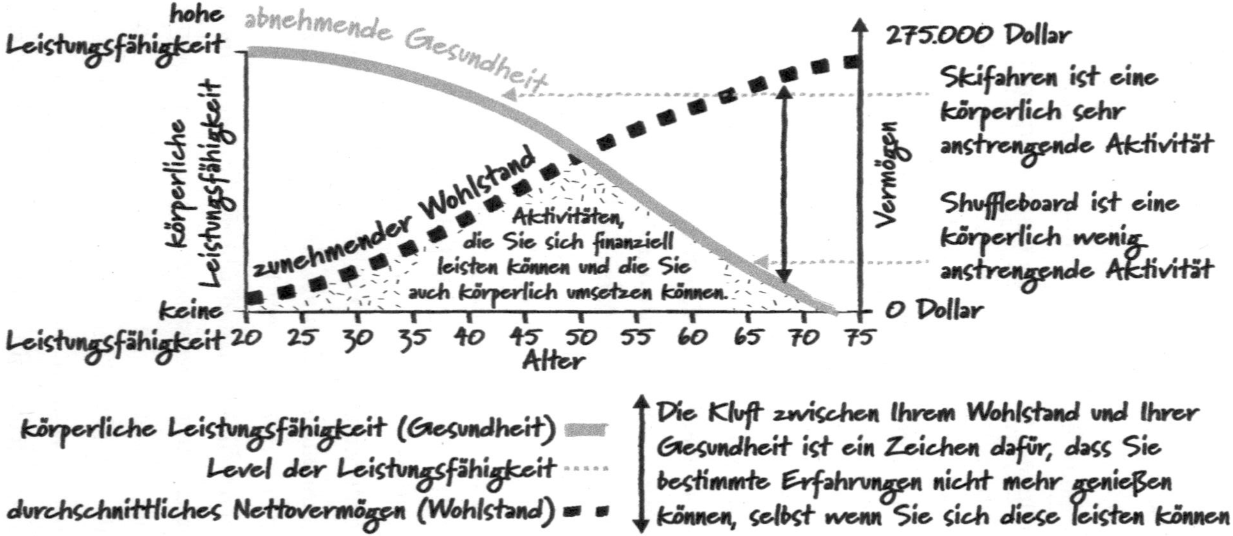

Ihre Möglichkeiten, Erfahrungen zu genießen, hängen sowohl von Ihren wirtschaftlichen Voraussetzungen (die hier gezeigte Vermögenskurve) als auch von Ihrer körperlichen Leistungsfähigkeit (die Gesundheitskurve) ab. Wenn Sie weiterhin Vermögen aufbauen, gewinnen Sie nicht notwendigerweise mehr Erfahrungen, denn Ihre abnehmende Gesundheit schränkt Ihre Freude an bestimmten Erfahrungen ein, egal wie viel Geld Sie haben.

Denken Sie also über einen bestimmten finanziellen Mindestbetrag hinaus *nicht* an einen Geldbetrag. Betrachten Sie stattdessen den Zenit Ihres Vermögens als einen Zeitpunkt.

Natürlich denken einige Menschen bereits darüber nach, wann sie aufhören sollten, ihre Ersparnisse zu vermehren. Für amerikanische Arbeitnehmer sind die naheliegendsten Zeitpunkte das 62. Lebensjahr (das früheste Datum, an dem sie Sozialversicherungsleistungen in Anspruch nehmen können) und das 65. Lebensjahr (das Alter, ab dem sie Medicare in Anspruch nehmen können). Und je nach Geburtsjahr können sie zwischen dem 66. und 67. Lebensjahr mit dem Bezug der vollen Sozialversicherungsleistungen beginnen.[55] Angesichts der steigenden Lebenserwartung empfehlen Rentenexperten, dass Rentner mit mittlerem Einkommen bis zum 70. Lebensjahr damit warten sollten, Sozialversicherungsleistungen in Anspruch zu nehmen, da sie dann mehr als 100 Prozent ihrer vollen Leistungen erhalten können.[56] Der Zeitpunkt, an dem Amerikaner mit dem Bezug von Leistungen beginnen, und der Zeitpunkt, an dem sie in Rente gehen, müssen nicht übereinstimmen – aber die Zeiträume von Sozialversicherung und Medicare scheinen die Wahl des Rentenalters zu beeinflussen, insbesondere weil die Leistungen der Sozialversicherung einen großen Teil des Renteneinkommens der meisten Menschen ausmachen. Die Leistungen erzählen jedoch nicht die ganze Geschichte: Laut einer Studie der Non-Profit-Organisation Pew Charitable Trusts aus dem Jahr 2016 geben fast zwei Drittel der amerikanischen Arbeitnehmer an, dass sie planen, über das Alter von 65 Jahren hinaus zu arbeiten.[57] Das ist das von ihnen *prognostizierte* Rentenalter, nicht ihr tatsächliches.

Das tatsächliche Renteneintrittsalter ist oft niedriger, weil die Menschen manchmal vor dem geplanten Ruhestand in Rente gehen – in der Regel aufgrund eines unerwarteten Arbeitsplatzverlustes oder einer

Krankheit. Eine solche unfreiwillige Verrentung ist keine unbedeutende Angelegenheit, da sie in letzter Zeit mehr als die Hälfte aller Rentner zu betreffen scheint: Laut einer Studie mit fast 14 000 neu in den Ruhestand getretenen Arbeitnehmern waren 39 Prozent, die 2014 in Rente gingen, gezwungen zu kündigen, und weitere 16 Prozent waren »teilweise gezwungen«. Diese Zahlen zeigen, wenn sie richtig sind, dass viel mehr Amerikaner unfreiwillig in Rente gehen, als die offizielle Rentenstatistik ausweist. Die Altersdiskriminierung älterer Arbeitnehmer in Verbindung mit dem Stigma des unfreiwilligen Arbeitsplatzverlustes führt offenbar dazu, dass einige Arbeitnehmer sagen, sie seien in Rente gegangen, obwohl sie in Wirklichkeit gezwungen wurden, ihre Arbeit aufzugeben,[58] und danach keine andere Arbeit finden konnten. Was auch immer der Grund sein mag, das häufigste Renteneintrittsalter in den Vereinigten Staaten liegt in Wirklichkeit bei 62 Jahren,[59] ebenso wie der Durchschnitt[60] – wiederum das Alter, in dem Amerikaner mit dem Bezug von Sozialversicherungsleistungen beginnen können.[61]

Wann sollten Sie sich also tatsächlich vornehmen, Ihr finanzielles Polster anzubrechen? Anders ausgedrückt: Wenn der Zenit Ihres Nettovermögens an einem bestimmten Zeitpunkt eintritt, wann tritt dann dieser entscheidende Zeitpunkt ein? Nun, der Zeitpunkt ist an Ihr biologisches Alter gebunden, das nur ein Maß für Ihren allgemeinen Gesundheitszustand ist. Wenn Sie etwa zwei 50-jährige Frauen nehmen (das ist ihr chronologisches Alter), könnte eine das biologische Alter einer 40-Jährigen haben, während die andere das biologische Alter einer 65-Jährigen hat. Die erste, »jüngere« 50-Jährige (nennen wir sie Anne) wird nicht nur länger leben als die »ältere«, weniger gesunde 50-Jährige (Betty), sondern kann sich bis ins hohe Alter sowohl körperlich als auch geistig betätigen. Da noch weitere gute Jahre vor ihr liegen, in denen sie Erfahrungen sammeln kann, sollte Anne einen späteren Zenit als Betty anstreben – was bedeutet, dass Anne länger als Betty ihre Ersparnisse weiter aufstocken muss, bevor sie anfangen kann, ihr Nettovermögen bis auf null auszugeben.

Bei der Beschäftigung mit diesem Thema haben meine Kollegen und ich jetzt die Einkommen und Ausgaben für Dutzende von möglichen Personen wie Anne und Betty simuliert, wobei verschiedene Szenarien über die eigene Gesundheit, das Wachstum des Einkommens und die Zinssätze berücksichtigt wurden. Abhängig von all diesen Faktoren können wir unterschiedliche Verlaufskurven des Nettovermögens erkennen. Als Ergebnis haben wir viele verschiedene Verlaufskurven erstellt – jede ist optimal auf eine bestimmte Person abgestimmt. In jeder optimalen Kurve stirbt die Person mit genau null, und deshalb hat jede von ihnen irgendwann vor dem Zeitpunkt ihres Todes den Zenit ihres Nettovermögens erreicht. Fazit: Bei den meisten Menschen tritt dieser Zenit (ihres Nettovermögens) zwischen ihrem 45. und 60. Lebensjahr auf.

Akkumulation des Nettovermögens

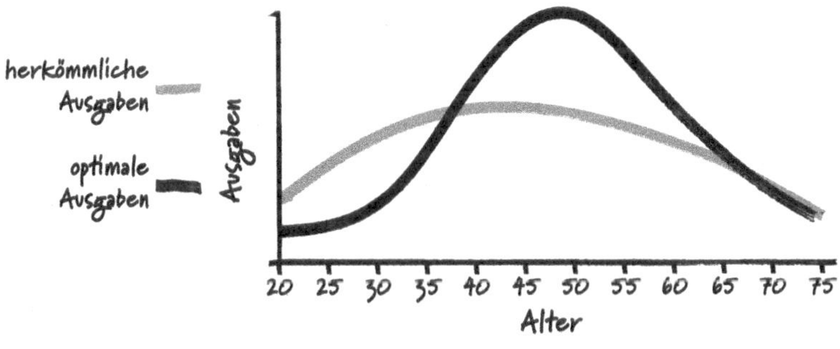

Normalerweise erhöhen die Menschen ihr Nettovermögen bis zum Ende ihrer Erwerbstätigkeit und scheuen sich, auch im Ruhestand viel von ihrem Kapital abzugeben. Aber um das Beste aus Ihrem hart verdienten Geld zu machen, müssen Sie Ihr finanzielles Polster früher anbrechen (und damit beginnen, Ihre Ersparnisse in einem durchschnittlichen Alter zwischen 45 und 60 Jahren auszugeben), sodass Sie theoretisch am Ende bei null landen.

Lassen Sie uns das näher betrachten. Lassen Sie mich zunächst deutlich machen, dass es sich bei 45 bis 60 Jahren um ein chronologisches Alter handelt. Wie am Beispiel von Anne und Betty dargelegt wurde, liegt der Zenit am oberen Ende dieser Spanne, wenn die Gesundheit einer Person ausgezeichnet ist (also ihr biologisches Alter niedriger ist als ihr chronologisches Alter). Bei den besonders gesunden Menschen, den wirklichen Ausnahmefällen, könnte der Zenit sogar höher als 60 Jahre sein. Und wenn jemand an einer Krankheit leidet, die einen frühen Tod erwarten lässt, dann liegt der Zenit natürlich vor dem 45. Lebensjahr. Aber im Allgemeinen erreichen die meisten Menschen ihren Zenit im Alter zwischen 45 und 60 Jahren. Dies zeigen unsere Simulationen: Für die meisten Menschen führt das Warten, bis sie über diese Altersgruppe hinaus sind, zu einem nicht optimalen Ergebnis für ein erfülltes Leben, weil sie am Ende mit mehr als null auf dem Konto sterben und ihnen die Zeit für viele erfüllende Erfahrungen ausgeht.

Natürlich hat das wachsende Einkommen auch einen großen Einfluss auf den Zenit eines Menschen. Jemand mit schnell wachsendem Einkommen erreicht seinen Zenit früh. Am anderen Ende des Verdienstspektrums befinden sich Menschen, die bis Ende 60 und vielleicht sogar noch länger ihre Ersparnisse weiter aufstocken müssen, wenn sie nach der Verrentung noch beliebige Erfahrungen in ihrem Leben machen wollen. Aber dennoch gilt, dass die meisten Menschen zwischen 45 und 60 Jahren ihren Zenit erreichen.

Was bedeutet das alles für Sie? Es bedeutet, dass Sie, wenn Sie keine Ausnahme sind, viel früher als herkömmlich empfohlen mit dem Abbau Ihres Vermögens beginnen sollten. Wenn Sie warten, bis Sie 65 oder auch nur 62 Jahre alt sind, um auf Ihr finanzielles Polster zurückzugreifen, werden Sie mit ziemlicher Sicherheit länger arbeiten als nötig, um Geld zu verdienen, das Sie niemals ausgeben werden. Was für ein trauriger Gedanke: sich zu schinden und zu plagen, ohne den verdienten Lohn zu genießen.

Verstehen Sie mich nicht falsch: Ich will Ihnen nicht vorschreiben, wann Sie in Rente gehen sollen – wie ich im nächsten Abschnitt erklären werde –, sondern nur, wann Sie anfangen sollten, mehr auszugeben, als Sie verdienen.

»ABER ICH LIEBE MEINE ARBEIT!« TEIL II

Als ich eingangs davon sprach, mit einer Null auf dem Konto zu sterben, erzählte ich Ihnen von den Menschen, die verständlicherweise den Einwand erheben, dass ihnen ihre Arbeit Spaß mache – was schadet es also, wenn man mit dieser Art von »Freude an der Arbeit« Geld verdient und sieht, wie es im eigenen Leben ungenutzt bleibt? Wie ich an betreffender Stelle bereits gesagt habe, ist es der Optimierung egal, woher das Geld kommt – wenn man das Geld einmal hat, ist man es sich schuldig, es sinnvoll auszugeben.

Eine Frage, die immer mal auftaucht, wenn ich darüber spreche, dass man alles ausgeben sollte, wenn man den Zenit einmal erreicht hat, lautet: »Erwarten Sie wirklich, dass ich einen Job, den ich liebe, kündige, nur weil ich einen magischen Punkt erreicht habe?« Und meine Antwort lautet: nein. Wenn Sie weiterarbeiten wollen, bitte sehr. Stellen Sie nur sicher, dass Sie Ihre Ausgaben entsprechend erhöhen, damit Sie am Ende nicht mit einem großen Rest an Geld sterben. Das wäre eine Verschwendung, egal wie sehr Ihnen Ihre

Arbeit Spaß macht. Ich weiß, dass es einige Glückspilze unter uns gibt, die tatsächlich »ihren Traum leben« und im Leben das tun, wovon sie schon immer geschwärmt haben. Das sind jene seltenen Menschen, die es nicht erwarten können, jeden Tag zur Arbeit zu kommen, und die nur sehr ungern abends nach Hause gehen. Sie lieben das, was sie tun, wirklich. Gleichwohl sind es nur wenige Menschen, die das tun können, was sie sich erträumt haben. Sie sind vielleicht einer von ihnen. Aber wenn Sie nicht zu den Glücklichen gehören – wenn Ihnen der Lohn, den Sie mit nach Hause bringen, wichtiger ist als die täglichen Erfahrungen im Büro –, dann ist es an der Zeit, Ihr Leben zu überprüfen und herauszufinden, was Sie wirklich davon haben wollen.

Der Fokus unserer Gesellschaft auf die Arbeit ist wie eine verführerische Droge. Es bedarf all Ihrer Sehnsucht nach Entdeckungen und Wundern und Erfahrungen, die Ihnen versprechen, Ihnen die Mittel (Geld) zu geben, um all diese Dinge zu bekommen – aber die Fokussierung auf Arbeit und Geld wird dabei so eindimensional und verselbstständigt, dass Sie vergessen, wonach Sie sich ursprünglich gesehnt haben. Das Gift wird zur Medizin – das ist doch verrückt!

Wenn Sie am Ende nur einen Haufen Geld haben wollen, dann ist das wohl Ihre Entscheidung. Aber bedenken Sie, dass ich noch nie gesehen habe, dass das Gesamtvermögen von jemandem auf seinem Grabstein steht. Würden Sie nicht lieber versuchen herauszufinden, welche einzigartigen Erlebnisse Sie für Ihre eigenen, persönlichen Erinnerungen auf dem Weg dorthin machen möchten – nicht nur für sich, sondern auch für Ihre Familie und Ihre Lieben? Genau aus diesem Grund hatte ich mich entschlossen, es für diese Riesenparty zum 45. Geburtstag richtig krachen zu lassen.

Ich habe mich mit meinem Freund Andy Schwartz über dieses Thema unterhalten. Andy ist ein erfolgreicher Unternehmer in der Klebstoffbranche. Er ist Mitte 50, verheiratet, hat drei Kinder, Teenager und junge Erwachsene, und hat keine Pläne, sich zur Ruhe zu setzen, obwohl er es könnte. Er hat viele gute Gründe: Die Arbeit fordert und beschäftigt ihn intellektuell nach wie vor, er liebt es, Zeit mit anderen in seiner Branche zu verbringen, und er fühlt sich für das finanzielle Wohlergehen seiner Mitarbeiter verantwortlich. »Wenn es mir nicht gefallen würde, wenn ich das Gefühl hätte, es sei eine lästige Pflicht, würde ich das Geschäft verkaufen und aussteigen«, sagt er.

Andy ist also nicht jemand, der nur deshalb arbeitet, weil er Angst hat, dass er nicht genug Geld haben wird, um sich zur Ruhe zu setzen. Er liebt das Geschäft, und er genießt es, es weiterzuentwickeln – das Geschäft selbst ist für ihn eine reiche Quelle an Lebenserfahrungen.

Wenn man ihn fragt, warum er seinen Reichtum gerne vermehrt, wo er doch schon reich ist, wird er seine Enkelkinder erwähnen, denen er ein finanzielles Polster bieten möchte, und wohltätige Zwecke, für die er gerne Geld spenden würde, zum Beispiel seine Highschool und sein College.

»Gut«, sage ich. »Ich bin froh, dass du zufrieden bist. Also arbeite weiter und verdiene mehr Geld – aber gib es auf jeden Fall jetzt aus! Wenn du deiner Highschool oder deinem College Geld geben möchtest, dann tu es jetzt. Wenn du deinen Kindern und zukünftigen Enkelkindern Geld geben möchtest, dann fang jetzt damit an. (Für Kinder, die noch zu jung sind, lege einen Fonds an.) Was alles andere betrifft, investiere das Geld in das beste Leben, das du dir vorstellen kannst.«

Als ich Andy dies sagte, antwortete er, dass seine Vorlieben nicht kostspielig seien. Er behauptet, dass er einen ziemlich ruhigen und bescheidenen Lebensstil führe. Daraufhin frage ich: »Woher willst du wissen, was deine Vorlieben sind, wenn du wirklich nicht viel getan hast, außer zu arbeiten und Kinder zu erziehen?« Die Wahrheit ist, dass Andys Geschäfte einen so großen Teil seines Lebens ausmachten und so viel von seiner Aufmerksamkeit forderten, dass er einfach nicht in der Verfassung ist, über einmalige, neuartige oder anregende Möglichkeiten nachzudenken, sein Geld auszugeben.

Aber wenn ihn jemand auffordern würde, zum Beispiel 300 000 Dollar für Aktivitäten auszugeben, die nichts mit der Arbeit zu tun haben, sondern tatsächlich Spaß machen, wäre er gezwungen, anders zu denken – und er würde definitiv neue Aktivitäten und Beschäftigungen entdecken, die ihm gefallen würden. Ich spreche auch nicht davon, Geld nur um des Geldes willen auszugeben, sondern um die vollkommenste und erfüllteste Version von Andy zu werden, die er sein könnte.

Zunächst einmal könnten er und seine Frau sich zusammensetzen und ihre drei Lieblingsmusiker oder -bands aufzählen. Warum nicht für ein Wochenende irgendwohin fliegen, um sie an einem bestimmten Ort zu sehen? Oder er könnte Schirmherr von TED werden, was mehrere Hunderttausend Dollar kostet und ihm besonderen Zugang zur TED-Hauptkonferenz verschafft, wo er leibhaftige Koryphäen aus vielen Bereichen kennenlernen könnte. Nach einem Besuch bei einer solchen TED-Veranstaltung und dem Gespräch mit derart faszinierenden Menschen hätte er gleich 13 verschiedene Ziele und Richtungen gefunden, auf die er sich stürzen könnte!

Glauben Sie mir – es ist wirklich nicht so schwer, viel Geld für Dinge auszugeben, die man liebt. Aber man muss sich schon etwas Zeit nehmen, um zunächst bewusst herauszufinden, welche Ausgaben für einen selbst wirklich verlockend sind. Der Verhaltensökonom Meir Statman hat sich selbst als Beispiel für diese Idee genommen und gesagt, dass er Reisen in der Businessclass jeden Cent wert findet – aber er würde kein Geld für teures Essen verschwenden. »Ich kann mir ein Essen für 300 Dollar zwar leisten, aber ich käme mir dumm vor – als ob sich der Chefkoch hinten in der Küche darüber kaputtlachen würde.«[62] Der Punkt ist, dass es an Ihnen liegt, wofür Sie Geld ausgeben. Lohnt es sich nicht, darüber nachzudenken, was Sie wertschätzen, und Ihr Geld darauf zu verwenden?

Wenn Sie also nicht bereit sind, Ihren Job zu kündigen, aber das Beste aus Ihrem Geld machen wollen, bevor Sie sterben, geben Sie mehr aus, als Sie bisher ausgegeben haben!

Eine andere Strategie, um die meisten Erfahrungen aus Ihren frühen goldenen Jahren herauszuholen, ohne Ihren Job aufzugeben, besteht darin, Ihre Arbeitszeiten zu reduzieren, wenn Ihnen das möglich ist. Wenn Sie das Glück haben, bei einem Arbeitgeber zu arbeiten, der ein Altersteilzeitprogramm anbietet, sollten Sie sich auf jeden Fall darüber informieren. Leider bieten nur etwa 5 Prozent aller Arbeitgeber (in den USA) solche Programme an, so ein Bericht des U.S. Government Accountability Office aus dem Jahr 2017. In einigen Branchen wie dem Bildungswesen und der Hightechindustrie liegen die Prozentsätze jedoch höher.[63] Die gute Nachricht ist, dass deutlich mehr Arbeitgeber inoffizielle Programme einrichten, bei denen die Geschäftsführer ihre Spitzenkräfte und Mitarbeiter mit gefragten Fähigkeiten schrittweise in den Ruhestand schicken.[64] Das macht Sinn: Je wertvoller Sie für Ihren derzeitigen Arbeitgeber sind, desto wahrscheinlicher ist es, dass er bereit ist, mit Ihnen zu Ihren Bedingungen zu arbeiten.

Kurz gesagt, passen Sie auf, dass Sie nicht ständig vom Geld verleitet werden. Sicher, es ist schön, sich anerkannt zu fühlen und gut bezahlt zu werden, und Arbeitgeber, die Sie schätzen, könnten Sie dazu bewegen, länger zu arbeiten, als es für Sie optimal wäre. Es ist leicht, einer solchen Versuchung zu erliegen: Denn wenn Sie 55 Jahre alt und ein geschätzter Arbeitnehmer sind, verdienen Sie wahrscheinlich mehr pro Stunde, als Sie jemals zuvor verdient haben. Aber denken Sie daran, dass Ihr Ziel nicht die Maximierung des Reichtums ist, sondern die Maximierung Ihrer Lebenserfahrungen. Das ist für die meisten Menschen ein riesiger Unterschied.

DIE HERAUSFORDERUNG DER DEKUMULATION

Sobald Sie endgültig den Zenit Ihres Vermögens ermittelt haben, müssen Sie anfangen, Ihr Geld auszugeben, sprich zu dekumulieren. Das bedeutet, dass Sie in Ihren wirklichen goldenen Jahren – zwischen 45 und 60 Jahren –, wenn Sie sowohl in Bezug auf Ihre Gesundheit als auch in Bezug auf Ihren Wohlstand in einigermaßen guter Verfassung sind, mehr ausgeben sollten, als die Menschen normalerweise ausgeben, denn die meisten Menschen, die für die Zukunft sparen, sparen zu lange.

Geldausgaben im Lebensverlauf

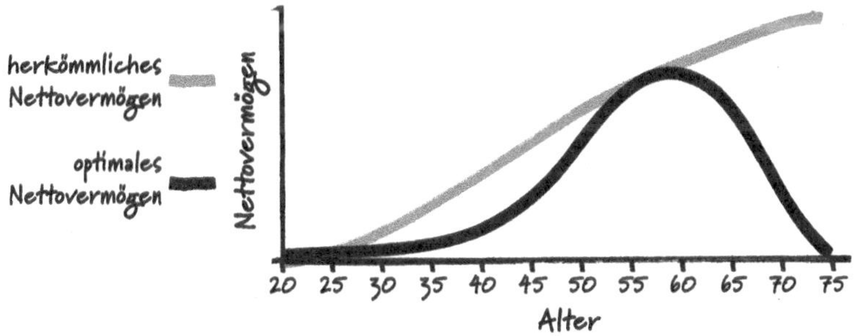

Egal ob Sie das Geld optimal ausgeben oder so, wie die meisten Menschen es tun, Ihre Ausgaben im Alter sind niedriger als in den mittleren Jahren, weil ältere Menschen in der Regel nicht die gesundheitlichen Voraussetzungen haben, um noch so viele Erfahrungen zu machen. Wenn Sie also in den mittleren Jahren nicht deutlich mehr ausgeben als die meisten Menschen, werden Sie nicht mit null auf dem Konto sterben.

Denken Sie nun einmal an das Konzept mit den Zeitfenstern zurück. Als ich dieses Hilfsmittel vorgestellt habe, habe ich Sie dringend gebeten, alle Bedenken bezüglich des Geldes beiseitezulegen, damit Sie sehen können, dass die meisten Erfahrungen natürlich auf eine glockenförmige Kurve fallen, die ein wenig nach links, also in Ihre jüngeren Jahre verschoben ist. Aber was passiert, wenn Sie anfangen, die Erfahrungen, die Sie machen wollen, mit Preisschildern zu versehen? An diesem Punkt wird sich die Kurve ein wenig nach rechts neigen, denn während Ihre Gesundheit Schritt für Schritt natürlich abbaut, steigt Ihr Vermögen tendenziell an, was bedeutet, dass Sie mehr verfügbares Einkommen für höherwertige Erfahrungen haben. Wenn Sie zum Beispiel sowohl Kinobesuche als auch das Theater genießen, können Sie beides in fast jedem Alter tun. Das bedeutet, diese Erfahrung können Sie glücklich über Ihr ganzes Leben verteilen. Aber wenn Sie einmal anfangen, über

Geld nachzudenken, können Sie die Tatsache nicht mehr ignorieren, dass Theaterkarten in der Regel viel mehr kosten als Kinokarten, was bedeutet, dass Sie, um den größtmöglichen Genuss zu haben, einige der Theatervorstellungen nach rechts verlagern wollen, wenn Sie älter und wohlhabender sind. Aber Sie wollen sie nicht zu weit nach rechts verlagern, wenn Sie vielleicht zu alt sind, um die Schauspieler zu hören oder sich für die Toilette anzustellen; an diesem Punkt in Ihrem Leben würden Sie wohl lieber zu Hause bleiben und sich *Wer wird Millionär* oder Wiederholungen von den *Golden Girls* anschauen.

Es gibt eine weitere Schlussfolgerung, zu der Sie wahrscheinlich kommen werden, wenn Sie anfangen, diese Erfahrungen mit Preisschildern zu versehen: Der Geldbetrag, den Sie im Ruhestand benötigen werden, ist oft viel niedriger als das, was Ihnen zum Sparen geraten wurde. Wenn man Ihnen beispielsweise gesagt hat, dass Sie in jedem Rentenjahr 80 Prozent oder mehr Ihres jährlichen Einkommens vor Ihrem Ruhestand benötigen werden, werden Sie wahrscheinlich nach einem Blick auf die Aktivitäten, die Sie für die Zeit ins Auge gefasst haben, wenn Sie 70, 80 Jahre alt oder noch älter sind, entdecken, dass diese wirklich nicht so viel kosten – weit weniger als 80 Prozent Ihrer bisherigen Ausgaben. (Rufen Sie sich die Untersuchungen über die No-go-Jahre aus Kapitel 3 in Erinnerung.) Es stimmt, dass einige körperlich anspruchslose Aktivitäten – wie ein Opernbesuch – sehr kostspielig sein können, aber Sie wollen wahrscheinlich nicht innerhalb von nur fünf Jahren 70-mal in die Oper gehen. An einem bestimmten Punkt im Leben werden Sie einfach nicht mehr als eine bestimmte Menge an Ersparnissen aufbrauchen können – also sparen Sie nicht zu viel und planen Sie stattdessen, dieses Geld früher auszugeben.

Doch selbst wenn Sie Geld in Ihre Überlegungen mit einbeziehen, wird die Kurve nicht nach rechts verlaufen – Sie werden feststellen, dass die überwiegende Mehrheit der Erfahrungen, die Sie machen wollen, innerhalb von etwa 20 Jahren in der Mitte des Lebens, in beide Richtungen, gemacht werden müssen – mit anderen Worten ungefähr zwischen dem 20. und 60. Lebensjahr. Die Menschen sprechen so oft über das Sparen für den Ruhestand. Aber es gibt viel weniger Gespräche über das Sparen für ausgezeichnete und unvergessliche Lebenserfahrungen, die viel früher als im typischen Rentenalter stattfinden sollten. Wenn Sie sich die Aktivitäten anschauen, die in der Werbung für den Ruhestand beworben werden – ein Paar, das beim Spaziergang an einem schönen Strand Händchen hält, ein Mann, der einen Jungen auf den Schultern trägt –, werden Sie feststellen, dass Sie die meisten dieser Dinge tatsächlich vor dem Ruhestand tun möchten.

Sage ich Ihnen, dass Sie Ihr ganzes Geld vor dem 60. Lebensjahr verprassen sollen? Nein. Sie werden definitiv auch ein Einkommen brauchen, wenn Sie älter sind. Während Sie also noch arbeiten, um Geld zu verdienen, sollten Sie besser für die Zeit in Ihrem Leben sparen, wenn Sie nicht mehr arbeiten. Machen Sie sich einfach klar, dass die Zeit nur in eine Richtung fließt und dass sie nach und nach die Möglichkeiten für bestimmte Erfahrungen für immer fortspült. Wenn Sie das bei der Planung Ihrer Zukunft im Auge behalten, werden Sie jedes Jahr Ihres Lebens besser nutzen können.

Das Wissen, dass Sie genug Geld für den Rest Ihres Lebens haben (indem Sie Ihre Lebenshaltungskosten berechnen), sollte Ihnen die Sicherheit geben, jetzt offensiver Geld auszugeben. Aber selbst dann wird der psychologische Übergang vom Spar- zum Ausgabemodus nicht einfach sein. Es ist nie leicht, seine tief verwurzelten

Gewohnheiten zu ändern: Wenn Sie Ihr ganzes Leben als guter, solider und engagierter Sparer verbracht haben, ist es schwer, plötzlich den Gang umzuschalten und genau das Gegenteil zu tun. Für Menschen, die es gewohnt sind, Vermögen zu akkumulieren, ist die Dekumulation nicht selbstverständlich. Alte Gewohnheiten lassen sich nur schwer ablegen.

Aber das ist absolut notwendig, wenn Sie das Beste aus Ihrer Lebensenergie machen wollen. Denken Sie daran, dass Sie Ihr Geld nicht mitnehmen können – jeder Euro, den Sie nicht zur richtigen Zeit ausgeben, hat später einen weitaus geringeren Wert für Sie, und in einigen Fällen wird er Ihnen überhaupt keine Freude mehr bereiten.

Denken Sie auch daran, in Ihre Gesundheit zu investieren, auch wenn Sie diese in der Vergangenheit vernachlässigt haben. Wie ich bereits erklärt habe, beeinflusst Ihr Gesundheitszustand Ihre Fähigkeit, alle möglichen Erfahrungen zu machen, massiv. Es lohnt sich also, Zeit und Geld für die Verbesserung oder zumindest für die Erhaltung Ihrer Gesundheit aufzuwenden, sei es durch den Besuch eines schicken Fitnessstudios (auf das Sie sich tatsächlich freuen), durch die Einstellung eines Personal Trainers oder durch Fitnessvideos.

Eine meiner Schwestern, Tia, hat sich diesen Rat wirklich zu Herzen genommen. Mit 57 Jahren arbeitet sie immer noch im Familienbetrieb, aber sie hat ihre Arbeit neu gestaltet, sodass sie nicht mehr wie früher neun oder zehn Stunden am Tag sitzen muss. Sie weiß, dass die Muskeln aller Menschen mit dem Alter schwinden. Tia verlangsamt diesen Abbau, indem sie mehrmals pro Woche ein Widerstandstraining absolviert. Sie schwimmt auch regelmäßig und nimmt an einem Spin-Kurs teil. Sie hat's drauf! Tia wird in nächster Zeit keinen Marathon laufen – aber durch diese Investitionen in ihre Gesundheit verändert sie aktiv ihre gegenwärtige und zukünftige Lebensweise und den Erfahrungshorizont ihres Lebens.

GESTALTEN SIE DIE ZEITFENSTER IHRER BUCKET-LIST NEU

Im Laufe des Lebens ändern sich Ihre Interessen, und neue Menschen treten in Ihr Leben. Deshalb ist es eine gute Idee, die Aufgabe, Zeitfenster für die Bucket-List zu setzen, ab und an zu wiederholen, etwa alle fünf bis zehn Jahre.

Eine der wichtigsten Phasen, in denen Sie Ihre Zeitfenster neu strukturieren sollten, ist die Zeit, in der Sie sich dem Zenit Ihres Vermögens nähern. Viele Menschen in der Lebensmitte haben vergessen, was sie früher im Leben erfüllt hat. Sie waren bis dahin zu sehr damit beschäftigt, sich um Karriere und Kinder zu kümmern, um noch neue Interessen zu entwickeln. Infolgedessen gehen viele Menschen nur mit einer vagen Vorstellung davon in den Ruhestand, was sie mit der ganzen Freizeit anfangen werden. Oder sie haben zwar bestimmte Vorstellungen – in der Regel Reisen, die sie unternehmen wollen –, aber nur für die ersten ein oder zwei Jahre. Nach einer Weile neigen sie dazu, sich ziellos treiben zu lassen und sich vielleicht sogar danach zu sehnen, wieder an ihre Arbeitsstelle zurückzukehren, den einzigen Ort, von dem sie wissen, dass sie dort ein festes Gefühl von Sinn, Zugehörigkeit und Leistung erfahren werden. In den schlimmsten Fällen kann dieses Gefühl der Ziellosigkeit sogar zu Angst und Depressionen führen.

Bevor Sie also kündigen oder Ihre Arbeitszeit reduzieren, sollten Sie sich genau überlegen, was Sie tun wollen, wenn Ihre Arbeit nicht mehr viel von Ihrer täglichen Zeit in Anspruch nimmt. Gibt es ein schon lange schlummerndes Hobby, das Sie wieder aufnehmen möchten? Eine bestimmte Freundschaft, die Sie wieder aufleben lassen wollen? Eine neue Fertigkeit, die Sie erlernen möchten, oder einen Verein, dem Sie beitreten möchten? Welche Abenteuer möchten Sie wirklich erleben – und wann möchten Sie sie erleben? Setzen Sie diese in die entsprechenden Zeitfenster und beginnen Sie, an Ihren neuen Erinnerungen zu arbeiten.

Empfehlungen

- Berechnen Sie Ihre jährlichen Lebenshaltungskosten auf Grundlage des Ortes, an dem Sie Ihren Ruhestand verbringen möchten.
- Lassen Sie sich von Ihrem Arzt untersuchen, um sich über Ihr biologisches Alter und Ihre Lebenserwartung zu informieren; lassen Sie die medizinischen Tests durchführen, die Sie sich leisten können und die Ihnen den aktuellen Gesundheitszustand und eine eventuelle Verschlechterung Ihres Gesundheitszustandes anzeigen.
- Denken Sie in Anbetracht Ihrer eigenen Gesundheit und Vorgeschichte darüber nach, wann Ihre Freude an bestimmten Aktivitäten wahrscheinlich jährlich spürbar abnehmen wird – und wie die Aktivitäten, die Sie lieben, von diesem Nachlassen betroffen sein werden.

KAPITEL 9

SEIEN SIE MUTIG – NICHT LEICHTSINNIG

REGEL NUMMER 9: GEHEN SIE IHRE GRÖSSTEN RISIKEN EIN, WENN SIE WENIG ZU VERLIEREN HABEN.

Mark Cuban, der Besitzer der Dallas Mavericks und einer der Investoren-»Haie« in der Reality-TV-Show *Shark Tank*, lernte das Unternehmertum in jungen Jahren.[65] Mit zwölf Jahren verkaufte er seinen Nachbarn Müllsäcke. Mit 16 Jahren kaufte er Briefmarken und verkaufte sie dann mit Gewinn weiter. Er wuchs in einer Arbeiterfamilie in Pittsburgh auf, und er erinnert sich, dass seine Mutter ihn drängte, ein Handwerk zu erlernen, etwa Fliesenleger. Stattdessen nahm Cuban ein Studium der Betriebswirtschaft auf dem College auf, das er mit Disco-Tanzstunden und schließlich mit dem Kauf und Betrieb einer Studentenkneipe finanzierte. Am Ende schloss die Polizei die Kneipe wegen Alkoholausschanks an Minderjährige. Als Cuban seinen Abschluss machte, war er immer noch verschuldet –

aber er hatte nun die Fähigkeiten und das Selbstvertrauen, sich im Geschäftsleben durchzusetzen. Nach einer kurzen Zeit bei einer Bank in seiner Heimatstadt packte der 23-jährige Cuban seine spärlichen Habseligkeiten in einen alten Fiat und fuhr nach Dallas, wo er sich einem Freund aus dem College anschloss, der von der Stadt begeistert war. Dort teilten sich die beiden eine Wohnung mit vier anderen jungen Männern, wobei Cuban kein Bett hatte, sondern in seinem Schlafsack auf einem bierbefleckten Teppich im Wohnzimmer schlief. Aber er ließ sich nicht entmutigen. Er besorgte sich einen Job als Barkeeper und einen weiteren als Verkäufer in einem Softwaregeschäft.

Als er gefeuert wurde, weil er sich dem Chef im Laden widersetzt hatte, heckte er Pläne für seine eigene Firma aus: ein Computer-Beratungsunternehmen namens MicroSolutions. Ein paar Jahre später, als er 32 Jahre alt war, verkaufte er diese Firma für 6 Millionen Dollar und setzte sich für fünf Jahre zur Ruhe.

WETTEN SIE, WENN SIE NICHTS (ODER WENIG) ZU VERLIEREN HABEN

Schließlich beendete Cuban seinen frühzeitigen Ruhestand und startete das Geschäft, das ihn zum Multimilliardär machte – aber darum geht es hier nicht. Das Interessanteste an Mark Cubans Erfahrung ist für mich, dass ihm keiner der mutigen Schritte, die zu diesem Erfolg führten, riskant erschien – nicht der Umzug nach Dallas oder die Jobs, die er dort annahm, nicht der Widerstand gegen seinen Chef und nicht das Geschäft, das er nach seiner Entlassung begann. »Ich hatte nichts«, erinnerte er sich. »Ich hatte also nichts zu verlieren, oder? Es ging nur darum, es zu versuchen.«

Was Cuban meint, ist, dass er sich in einer Situation mit asymmetrischem Risiko befand: Die Vorteile eines möglichen Erfolgs sind viel größer als die Nachteile eines möglichen Scheiterns. Wenn man einem asymmetrischen Risiko ausgesetzt ist, macht es absolut Sinn, mutig zu sein und die sich bietende Gelegenheit zu ergreifen. Im Extremfall, wenn die Nachteile sehr gering (oder nicht vorhanden sind, wie im Fall von »nichts zu verlieren«) und die Vorteile wirklich groß sind, ist es tatsächlich riskanter, den mutigen Schritt nicht zu tun. Die Kehrseite des Verzichts auf ein Risiko ist vor allem emotionaler Natur: Möglicherweise bedauert man es ein Leben lang und fragt sich: *Was wäre, wenn ...?* Das Gute an einem Risiko ist immer, dass man einen emotionalen Gewinn hat – auch wenn es nicht klappt. Es erzeugt ein Gefühl von Stolz, ein wichtiges Ziel mit ganzem Herzen verfolgt zu haben. Wenn man sein Bestes gegeben hat, gewinnt man viele positive Erinnerungen an diese Erfahrung, egal was passiert. Das ist nur eine weitere Form der Erinnerungsdividende, über die ich bereits gesprochen habe: Wenn Sie von irgendeinem Punkt in Ihrem Leben zurückblicken, werden Sie sich an Ihre Taten erinnern, und sie werden Ihnen in einem positiven Licht erscheinen. Mit anderen Worten: Auch Erfahrungen, die nicht so enden, wie man gehofft hat, können immer noch positive Erinnerungsdividenden hervorbringen. Mutig zu sein, ist also eine Investition in Ihr zukünftiges Glück – und damit eine weitere Möglichkeit, den Verlauf Ihrer Lebenskurve zu optimieren.

Die meisten Gelegenheiten im Leben stellen keine extreme Asymmetrie der Risiken dar, aber wenn man sie genauer betrachtet, bemerkt man oft, dass die Nachteile gar nicht so groß sind, wie man dachte.

JE JÜNGER SIE SIND, DESTO MUTIGER SOLLTEN SIE SEIN

Denken Sie daran, was ich darüber gesagt habe, in Erfahrungen zu investieren, besonders wenn man jung ist. Die Idee ist, dass es immer gut ist, in Erfahrungen zu investieren – aber es ist besonders gut, es zu tun, wenn man jung ist. Nun, eine ähnliche Logik gilt auch für den Mut: Wenn man älter ist, ist das Eingehen mancher Risiken eher leichtsinnig als mutig.

Dies ist unschwer an den körperlichen Risiken zu erkennen. Als Kind bin ich immer vom Dach meiner Garage gesprungen. Es hat Spaß gemacht, und ich habe mich nie wirklich verletzt. Es kam mir nicht einmal riskant vor. Aber ich wäre ein Narr, wenn ich jetzt mit meinem 50 Jahre alten Körper von einem Dach springen würde: Ich bin schwerer, und meine Knie können Stöße nicht mehr so gut abfangen. Wenn ich also springen würde, würde ich wahrscheinlich in der Arztpraxis landen – und selbst wenn die Verletzung keine bleibenden Schäden verursachen würde, würde ich lange brauchen, um mich davon zu erholen. Mit anderen Worten: Ich habe heute bei einem solchen Sprung viel mehr zu verlieren als zu gewinnen. Die Zeiten, in denen ich vom Dach meiner Garage gesprungen bin, sind also endgültig vorbei.

Das geschieht in vielen Bereichen, in denen sich das Gleichgewicht zwischen Risiko und Nutzen mit der Zeit verändert – bis sich das Zeitfenster für immer schließt. Wenn man jung ist, kann sich jedes Risiko, das man eingeht, in hohem Maße auszahlen, wenn man Erfolg hat: Ihr Vorteil ist enorm. Gleichzeitig sind die Nachteile (mit anderen Worten, was passiert, wenn man das Risiko eingeht und scheitert) gering, denn man hat viel Zeit, sich zu erholen. Beim Poker zum Beispiel können Sie manchmal mehr Chips kaufen oder

»nachladen«. Nun, wenn man jung ist, befindet man sich in einer Phase des Lebens, in der man immer wieder nachladen und nachladen und nachladen kann.

Folglich sind die langfristigen Auswirkungen eines Scheiterns am Ende ziemlich gering. Als ich 23 Jahre alt war, wurde ich als Juniortrader bei einer Investmentbank gefeuert. Dieser Job war mein Ausbildungsplatz für die von mir angestrebte Karriere, aber eines Tages war ich übermüdet zur Arbeit gekommen, und man erwischte mich, wie ich an meinem Schreibtisch eingeschlafen war. Nun, das war das Ende dieses Jobs. Ich bekam Angst und war unsicher, was ich als Nächstes tun sollte. Der Gedanke daran, im nächsten Monat arbeitslos zu sein, stresste mich. Meine Arbeitslosigkeit endete, als ich einen Job als Vertreter für Erdgas annahm – ein Job, der gut bezahlt wurde, aber nicht das war, was ich wirklich tun wollte, nämlich als Trader arbeiten. Trotzdem wusste ich, dass ich etwas tun musste. Ich dachte mir, ich würde sehen, wohin diese Reise als Erdgashändler mich führt. Ich war 23 – es war leicht, den Kurs zu korrigieren. Selbst wenn ich den Job als Erdgashändler nicht gefunden hätte, selbst wenn ich ein elender Versager gewesen wäre, wäre ich nicht gestorben, und ich hätte mich auch nicht vor der Suppenküche in die Schlange stellen müssen.

Allerdings will ich damit nicht sagen, dass Mut in asymmetrischen Risikosituationen immer zum Erfolg führt, so wie es bei Mark Cuban der Fall war. Manchmal gehen die Dinge nicht so, wie man sie sich vorstellt, egal wie sehr man sich bemüht. Was ich damit sagen will, ist, dass sich die »Niederlage« lohnt. Für mich war es immer noch den Einsatz wert, denn ich wusste, dass ich wenig zu verlieren hatte, dass ich viel Zeit hatte, den Kurs zu korrigieren, und dass ich trotz allem zusätzlich noch einige großartige Erinnerungen erworben hatte.

Kapitel 9

BERUF – DIE QUAL DER WAHL

Nehmen wir an, Sie wollen Schauspieler werden, aber Sie wissen, dass die Konkurrenz in diesem Bereich enorm groß ist: Die meisten Menschen, die nach Hollywood gehen, schaffen es nie und enden, von einem Casting zum nächsten hetzend, als Kellner. Ihre Alternative zu einer Karriere als Schauspieler ist ein sicherer Bürojob, der Sie nicht begeistert. Sollten Sie also Ihren sicheren Job hinter sich lassen und nach Hollywood gehen? Nun, das hängt fast ausschließlich von Ihrem Alter ab – nicht davon, was Ihre Eltern von Ihnen erwarten oder was Ihre Freunde denken, was Sie tun sollten. Wenn Sie Anfang 20 sind, sollten Sie es versuchen! Geben Sie Ihr Bestes, versuchen Sie, sich für das zu engagieren, was Sie wirklich wollen. Sie können sich ein paar Jahre Zeit lassen, und wenn es nicht klappt, können Sie immer noch zu einem Bürojob zurückkehren – oder einen handwerklichen Beruf erlernen.

Genau das hat der ehemalige Schauspieler Jeff Cohen getan, als seine Schauspielkarriere ins Stocken geriet. Wenn Sie jemals *Die Goonies*, den Film von 1985 über eine Gruppe von Kindern auf der Suche nach einem verlorenen Schatz, gesehen haben, erinnern Sie sich vielleicht an die Figur Chunk, den pummeligen Burschen der Außenseiterbande. Chunk war Cohens bahnbrechende Rolle – bis zu diesem Zeitpunkt bestand seine Karriere nur aus kleinen Rollen in Fernsehsendungen und Werbespots. Nach *Die Goonies* schien der überschwängliche, lustige Cohen auf dem Weg zu einer großen Karriere in Hollywood zu sein – aber es kamen einfach keine neue Rollen zustande. Was tun? Die Pubertät habe ihn »vom Pummelchen in einen Prachtkerl« verwandelt, sagt Cohen gerne lachend. Hollywood ist voll von traurigen Geschichten ehemaliger Kinderschauspieler, aber zum Glück gehört Cohens Geschichte nicht dazu. Er ging aufs College und studierte Jura, spezialisierte sich auf Unterhaltungsrecht und ist jetzt Partner in seiner eigenen Kanzlei.[66] Halb so wild, dass sich seine Schauspielkarriere in Luft aufgelöst hat.

Wenn Sie über 50 Jahre alt sind, ist es hingegen keine großartige Idee, nach Hollywood zu gehen. Zu diesem Zeitpunkt sind die Chancen hoch, dass Sie Menschen in Ihrem Leben haben, die von Ihnen abhängig sind, wie ein Ehepartner und Kinder. Wenn das der Fall ist, ist Ihr Scheitern nicht mehr Ihr eigenes – es betrifft auch andere Menschen. Aus dem gleichen Grund habe ich mit dem Motorradfahren und den Flugstunden aufgehört, als ich Kinder bekam: Meiner Meinung nach hatte ich nicht mehr das Recht, mein Leben für diesen Nervenkitzel aufs Spiel zu setzen. Und so ist es mit allen möglichen Risiken: Je älter man wird, desto mehr hat man zu verlieren. Aber es geht nicht nur darum, dass der Einsatz höher ist. Auch der potenzielle Nutzen ist geringer! Selbst wenn Sie alleinstehend sind oder Ihre Kinder erwachsen und ausgeflogen sind, steht das Nutzen-Risiko-Verhältnis nicht zu Ihren Gunsten, wenn Sie älter sind. Im besten Fall, wenn die Dinge für Sie spektakulär gut laufen, haben Sie nur noch wenige Jahre Zeit, um diesen Erfolg zu genießen. Wären Sie nicht lieber früher im Leben das große Risiko eingegangen?

Ich will nicht behaupten, dass es töricht ist, wenn jemand mit 50 Jahren anfängt, seine Träume verwirklichen zu wollen, denn die Umstände sind bei jedem anders; und wenn Sie Ihre Chance verpasst haben, als Sie jünger waren, und Sie die bevorstehenden Jahre des Ruhestands als Ihre letzte Chance sehen, Ihren Träumen zu folgen, würde ich sagen, dass spät besser ist als nie. Aber wenn wir die Zeit zurückdrehen könnten, würde ich sagen: Warten Sie nicht. Tun

Sie das jetzt und nicht erst im Ruhestand, denn im Rentenalter sind Sie nicht mehr jahrelang topfit. Im Allgemeinen ist dieses ganze »Ich werde warten, bis ich im Ruhestand bin« ein gewaltiger Fehler. Aber wenn Sie diesen Fehler schon gemacht haben, dann machen Sie das Beste aus der Zeit, die Ihnen noch zur Verfügung steht.

Leider nutzen viele Menschen diese Zeiten, in denen sie leicht Risiken eingehen *könnten*, nicht aus. Ich glaube, es liegt daran, dass sie in ihren Gedanken die Nachteile noch verstärken. Sie denken an das absolut schlimmste Szenario – zum Beispiel an Obdachlosigkeit –, auch wenn dieses Szenario nicht im Entferntesten realistisch ist. Infolge dieser Art von Angstdenken erkennen sie nicht die Asymmetrie des Risikos, dem sie ausgesetzt sind: In ihren Köpfen ist es so, als ob ein katastrophales Scheitern genauso wahrscheinlich ist wie jede Art von Erfolg.

Vor ein paar Jahren unterhielt ich mich mit einer jungen Bekannten namens Christine, die einen Job als Verkäuferin von Kunststoffarbeitsplatten hatte. Es ist an sich nichts verkehrt daran, Arbeitsplatten aus PVC oder anderen Materialien zu verkaufen, und ich bin sicher, dass einige Verkäufer sehr zufrieden sind, wenn sie ihren Kunden helfen, genau die richtige Arbeitsplatte zu finden. Nur gehörte Christine nicht dazu, hauptsächlich weil ihr Arbeitgeber ihr keine Anerkennung für ihre harte Arbeit zollte. Außerdem hatte sie nur sehr wenige freie Tage. Der Job machte sie so unglücklich, dass ich sie eindringlich bat, einen mutigen Schritt zu machen und einfach zu kündigen. Einfach zu kündigen, ohne auch nur zu warten, bis sie einen anderen Job gefunden hatte, weil ihr durch die Ausübung des Verkaufsjobs nur sehr wenig Zeit blieb, sich nach etwas Besserem umzusehen. Sie hatte jedoch große Angst, dass es ihr schwerfallen würde, einen neuen Job zu finden, wenn sie arbeitslos wäre. Es stimmt, dass Arbeitgeber oft davor zurückschrecken, Arbeitslose einzustellen – deshalb war es ein Risiko für Christine, ihren Job zu kündigen. Aber ich habe sie davon überzeugt, dass sie mit 25 Jahren jung genug war, um das Risiko einzugehen. Sie könnte sich morgen einen Job als Kellnerin besorgen, wenn es nötig wäre, bis sie herausgefunden hätte, was sie wirklich tun wollte. Mit anderen Worten, ihre Misere war nicht so schlimm, wie sie sich das vorgestellt hatte. Außerdem: Wenn sie das Risiko jetzt nicht eingehen könnte, wann würde sie es dann eingehen?

Sie nahm meinen Rat an und kündigte, ohne dass ein anderer Job in Aussicht stand. Seither hatte sie eine Reihe von Positionen inne, darunter einen anderen Job, den sie hasste, der ihr aber 150 000 Dollar pro Jahr einbrachte. (Dieser Job machte sie so unglücklich, dass sie aufhörte – aber dann zwei Wochen später wieder zurückkam.) Der Punkt ist, dass man es sich in jungen Jahren leisten kann, viele Risiken einzugehen, weil man viel Zeit hat, sich zu erholen – man kann straucheln und stolpern und kommt doch einfach wieder auf die Beine.

Natürlich ist es immer einfacher zu kündigen, wenn man bereits einen anderen Job in Aussicht hat, aber – wie ich Christine sagte – was einfach ist, sollte nicht darüber entscheiden, was man tut. Lassen Sie sich nicht von Schwierigkeiten davon abhalten, Ihr bestes Leben zu leben!

VON DER ANGST VOR DEM UMZUG

Einer der wesentlichen Gründe, warum Leute es vermeiden, mutig zu handeln, ist ihre Aversion gegen Umzüge und zu viele Reisen. Viele

Menschen ziehen einen Umzug in eine andere Stadt gar nicht erst in Betracht, und wenn sich eine Gelegenheit fern der Heimat ergibt, höre ich sie oft Dinge sagen wie »Ich kenne dort niemanden« oder »Ich möchte in der Nähe meiner Mutter bleiben«. Es ist für mich erstaunlich, dass Menschen sich selbst so stark binden und kein neues Abenteuer im Leben suchen, weil sie Angst haben, sich von zwei oder drei Menschen zu trennen. Wenn man das tut, ist es, als ob man diesen zwei oder drei Menschen die Wahl ließe, wo man lebt.

Nicht, dass man sich nicht darum kümmern sollte, seine Beziehungen zu pflegen. Es ist nur so, dass Sie, wenn Sie rational über das Problem nachdenken, entdecken dürften, dass Sie das Abenteuer erleben und trotzdem wunderbare Beziehungen pflegen können und dass Sie dort, wo Sie hingehen, auch neue Freunde dazugewinnen. Wie denken Sie diese Frage rational durch? Meine Antwort ist, jede einzelne Angst genau abzuschätzen.

Nehmen wir zum Beispiel an, Sie haben das Angebot, für einen hochinteressanten Job, bei dem Sie 70 000 Euro pro Jahr mehr verdienen als bei Ihrem jetzigen Job, ans andere Ende des Landes (oder der Welt) zu ziehen. Aber Sie befürchten, dass Sie den Kontakt zu Ihren Freunden und Ihrer Familie verlieren könnten.

Wenn ich so etwas höre, stelle ich ein paar Fragen. Eine davon ist: Wie viel Zeit verbringen Sie mit diesen Menschen? Oft ist es gar nicht so viel Zeit, weil wir dazu neigen, das, was leicht erreichbar ist, als selbstverständlich zu erachten. Die andere Frage, die ich stelle, ist: Wie viel kostet ein Hin-und-Rückflugticket erster Klasse von hier nach dort ohne vorherige Reservierung? Das ist der höchste Preis, den man zahlen müsste, um die Menschen zu sehen, von denen man wegziehen würde. Wie verhält sich also dieser Preis im Vergleich zu Ihrem Gehaltszuwachs, ganz zu schweigen von allem anderen, was

Sie durch den Umzug gewinnen können? Selbst nach diesen Berechnungen entscheiden sich die Menschen manchmal immer noch, an Ort und Stelle zu bleiben. Das ist natürlich ihre Entscheidung, aber ich möchte darauf hinweisen, dass sie damit sagen, dass sie bereit sind, 70 000 Euro für den Komfort zu zahlen, nicht umziehen zu müssen.

Wenn ich niemals bereit gewesen wäre umzuziehen, hätte ich die größte Karrierechance meines Lebens verpasst. Dies geschah, als ich mit 25 Jahren als Vertreter für Erdgas arbeitete – der Job, für den ich eingestellt wurde, nachdem ich zwei Jahre zuvor gefeuert worden war. Ich verdiente gutes Geld, etwa das 10- bis 15-Fache von dem, was ich in meinem ersten Job nach dem College verdient hatte. Und ich hatte Spaß mit meinem gestiegenen Gehalt – aber ich hasste diesen Job. Ich hasste die Kaltakquise, und es war mir unangenehm, dass mein Erfolg so sehr davon abhing, ob eine bestimmte Person, die ich anrief, mich mochte oder nicht. Außerdem lag es in der Natur des Berufs eines Vertreters, dass mein Erfolg nach oben hin gedeckelt war, egal wie gut meine Leistung war. Ich hatte eine gewisse Kontrolle, aber nicht so viel, wie ich wollte. Deshalb wollte ich Trader werden. Als Trader nimmt man das ganze Risiko auf sich und fährt den ganzen Lohn ein.

Die Gelegenheit, Trader zu werden, kam unerwartet. Als Teil meines Vertreterjobs machte ich eine, wie ich dachte, routinemäßige Reise, um einen Kunden in Texas zu besuchen. Was ich nicht wusste, war, dass ich mich tatsächlich in einem Bewerbungsgespräch befand: Am Ende meines Besuchs bot mir mein Kunde die Stelle als Head-Options-Trader in seinem Unternehmen an! Ich erinnere mich, dass ich mit ihm verhandelte, als ob ich nicht sicher wäre, ob ich diesen Job annehmen wollte, aber im Hinterkopf dachte ich: *Wo sind meine Koffer? Ich bin schon auf dem Weg!*

Andere Menschen konnten nicht verstehen, warum ich einen bequemen Job in New York City aufgeben wollte, um einen so riskanten Job anzunehmen, bei dem ich nicht wusste, ob ich Geld verdienen würde – und dazu noch ausgerechnet nach Texas ziehen wollte! Ich gebe zu, ich hatte meine eigenen klischeehaften Vorstellungen von Texas oder von jedem Ort in den Südstaaten der USA – vor allem als Schwarzer. Aber mein Wunsch nach dem potenziellen Reichtum, den das Leben als Trader mit sich bringen könnte, war so groß, dass ich alles getan hätte, um die Chance zu nutzen. Ich wäre nach Sibirien gezogen, wenn es notwendig gewesen wäre. Ich wusste auch, dass ich mich hassen würde, wenn ich den Job nicht annehmen würde. Und was hatte ich wirklich zu verlieren? Wenn es nicht geklappt hätte, hätte ich nach New York City zurückgehen und wieder Broker werden können. Das Wissen, dass ich es versucht hatte, würde mich für den Rest meines Lebens stolz auf mich machen und mir das Gefühl geben, dass mein Leben sinnvoller war. Auf diese Weise können selbst »negative« Erfahrungen positive Erinnerungsdividenden bringen.[67] Viele Vorteile, wenige Risiken.

Alles fügte sich perfekt zusammen: Ich hatte Erfolg als Trader und lernte Texas kennen und lieben. Eine Woche nach meiner Ankunft in Houston gingen mein Manager und ich zu einer Wohltätigkeitsauktion, bei der wir auf ein Pferd und eine Schrotflinte mitboten. Eine Zeit lang besaß ich also ein Pferd, was meine Freunde in New York für bizarr hielten. Ich besitze zwar kein Pferd mehr, aber ich habe immer noch die alte Schrotflinte. Und während ich immer noch Freundschaften mit Menschen pflege, die ich damals in New York kennen- und schätzen gelernt habe, habe ich mir ein glückliches Leben aufgebaut und auch in Houston viele gleichgesinnte Menschen gefunden.

Ich weiß, dass Sie bei der Lektüre all dessen vielleicht versucht sind, meine Erfahrung abzutun: *Sie haben leicht reden, Bill.* Nicht jeder bekommt Angebote, im Trading eine Menge Geld zu verdienen, und sicherlich hat nicht jeder einen bequemen Job, den er überhaupt erst aufgeben müsste. Aber die logische Konsequenz meiner Erfahrung funktioniert in jeder Größenordnung: angefangen bei jemandem, der einen Job mit einem Gehalt im sechsstelligen Bereich verlässt und sich zudem Geld von seinen reichen Eltern leihen kann, bis hin zu Menschen, die gerade mal das Nötigste zusammenkratzen; angefangen beim Verkäufer bei Burger King, der Abendkurse besucht, um Computerprogrammierung zu lernen, bis hin zu der Frau, die sich mit einem Freund zusammentut, um ein Streetfood-Unternehmen zu gründen – auch das ist mutig, nur in kleinerem Rahmen. In all diesen Fällen kann man den sichereren Weg des stillen Wehklagens wählen oder den mutigeren Weg, der zwar weniger sicher, aber potenziell viel lohnender ist, sowohl finanziell als auch psychologisch.

WIE MAN ALS ÄLTERER MENSCH MUTIG SEIN KANN

Alles, was ich in diesem Kapitel gesagt habe, deutet darauf hin, dass man in jungen Jahren mutig sein muss. Aber es gibt auch Möglichkeiten, als älterer Mensch mutig zu sein. Und die haben damit zu tun, dass man mutig genug ist, sein hart verdientes Geld auszugeben. Man muss die Courage haben, die Dinge zu tun, die ich in Kapitel 8, »Erkennen Sie Ihren Zenit«, beschrieben habe – den Mut, von einer Karriere abzulassen, damit man die verbleibende Zeit mit etwas Erfüllenderem verbringen kann. Die Menschen haben mehr

Angst davor, dass ihnen das Geld ausgeht als dass sie ihr Leben vergeuden, und das muss man ändern. Ihre größte Angst sollte sein, Ihr Leben und Ihre Zeit zu verschwenden, und nicht: *Werde ich mit 80 Jahren so und so viel Euro haben?*

WAS IST, WENN ICH RISIKOSCHEU BIN?

Ich kann die Angst vor dem Risiko verstehen, weil meine Mutter so ist: Sie arbeitete als Lehrerin, war staatlich angestellt und wollte immer, dass auch ich eine staatliche Anstellung bekomme. Wir hatten so viele Streitigkeiten darüber – die sogenannte Arbeitsplatzsicherheit –, dass sie sagte, ein Job im öffentlichen Dienst gebe einem eine Garantie, ein großes Maß an Sicherheit. Ich wollte immer das Gegenteil, nämlich versuchen, den Mond einzufangen. Ich dachte mir, wenn die Post einen jederzeit einstellt und ein sicheres Einkommen bietet, könnte ich dort immer noch arbeiten gehen, wenn alles andere fehlschlüge; aber es gibt keinen Grund, *gleich* bei der Post anzufangen.

Doch ich verstehe, was meine Mutter meinte: Als Afroamerikanerin, die direkt nach der Weltwirtschaftskrise geboren wurde, hat sie noch viele Jahre vor der Bürgerrechtsreform miterlebt. Das Leben war immer unfair, und die Welt schien es auf einen abgesehen zu haben, also machte es in Anbetracht ihrer Herkunft Sinn, Sicherheit vor alles andere stellen zu wollen. Tatsächlich war ihre Mutter, meine Großmutter, sogar noch ängstlicher. Ich werde nie vergessen, was meine Mutter zu mir sagte, als ich meine erste Million Dollar verdient hatte. »Erzähl es ja deiner Großmutter nicht«, sagte sie mir, »denn sie wird sich nur Sorgen machen, dass du sie verlieren könntest.«

Ich verstehe also, wie die Erziehung dazu führen kann, dass man auf Nummer sicher gehen will. Die Menschen sind von Natur aus unterschiedlich risikofreudig, und das ist in Ordnung. Ich werde Ihnen nicht sagen, wie viel Risiko Sie auf sich nehmen sollten. Aber ich möchte Folgendes hinzufügen: Erstens, egal mit welchem Risiko Sie sich wohlfühlen, welche kühnen Schritte Sie für Ihr Leben in Betracht ziehen – Sie sind im Allgemeinen besser dran, wenn Sie diese Schritte früher in Ihrem Leben machen. Auch hier gilt, dass Sie höhere Vorteile und geringere Risiken haben.

Zweitens, unterschätzen Sie nicht das Risiko der Untätigkeit. Auf Kurs zu bleiben, anstatt mutige Schritte zu unternehmen, fühlt sich sicher an, aber bedenken Sie, was auf dem Spiel steht: das Leben, das Sie hätten leben *können*, wenn Sie den Mut zu mehr Mut aufgebracht hätten. Sie gewinnen eine gewisse Sicherheit, aber Sie verlieren auch Erfahrungspunkte. Machen Sie sich zum Beispiel klar, dass Sie nur 7000 statt 10 000 Erfahrungspunkten erhalten, wenn Sie bestimmte Risiken vermeiden. Das bedeutet, dass Sie am Ende ein Leben führen, das 30 Prozent weniger erfüllend ist. Wenn Sie sagen, dass 30 Prozent weniger Erfüllung den Seelenfrieden wert sind, den Sie bekommen, nun, dann ist das in Ordnung. Meine Großmutter zum Beispiel hätte nachts nicht schlafen können, wenn sie ein mutigeres Leben geführt hätte, und das kann ich ihr nicht verübeln. Wie viel Risiko Sie auf sich nehmen, ist Ihre persönliche Entscheidung – ich möchte nur, dass Sie sich der Entscheidung, die Sie treffen, und der vollen Konsequenzen dieser Entscheidung bewusst sind.

Drittens möchte ich Sie daran erinnern, dass es einen Unterschied zwischen geringer Risikotoleranz und der guten alten Angst gibt. Die Angst neigt dazu, das tatsächliche Risiko überproportional zu vergrößern. Wenn Sie dazu neigen, auf mutige Schritte mit

Angst zu reagieren, sollten Sie das schlimmste Szenario durchdenken. Wenn Sie alle Sicherheitsnetze in Betracht ziehen, die Sie in Ihrem Leben haben – von der Arbeitslosenversicherung, die Ihnen Ihr Job bietet, über eine private Versicherung, die Sie gegen jede Art von Katastrophe abschließen können, bis hin zur guten altmodischen Hilfe durch Ihre Familie –, ist das Worst-Case-Szenario am Ende wahrscheinlich nicht so schlimm, wie Sie denken. Wenn das der Fall ist, sind Ihre Nachteile normalerweise recht begrenzt – aber Ihre Vorteile könnten fürwahr unendlich sein.

Empfehlungen

- Finden Sie heraus, welche Möglichkeiten Sie nicht nutzen, die für Sie nur ein geringes Risiko darstellen. Denken Sie immer daran, dass Sie in jungen Jahren mehr Risiken eingehen sollten, als wenn Sie älter sind.
- Betrachten Sie die Ängste, die Sie zurückhalten, seien sie nun rational oder irrational. Lassen Sie nicht zu, dass irrationale Ängste Ihren Träumen in die Quere kommen.
- Machen Sie sich klar, dass Sie in jedem Augenblick eine Wahl haben. Die Entscheidungen, die Sie treffen, spiegeln Ihre Prioritäten wider, also stellen Sie sicher, dass Sie diese Entscheidungen bewusst treffen.

SCHLUSSWORT:
EINE UNMÖGLICHE AUFGABE, EIN LOHNENSWERTES ZIEL

Ich habe Sie vor eine unmögliche Aufgabe gestellt: mit einer Null auf dem Konto zu sterben. Egal ob Sie die Regeln in diesem Buch eins zu eins umsetzen, ob Sie Ihren Gesundheitszustand und Ihre Lebenserwartung genau beobachten oder ob Sie jeden Tag den Stand Ihrer Finanzen neu berechnen – Sie werden nie und nimmer bei genau null rauskommen. Vielleicht haben Sie, wenn Sie Ihre letzten Atemzüge tun, noch ein paar Scheine in der Tasche und vielleicht sogar noch einige Hunderter auf dem Bankkonto. Dann wären Sie rein technisch an der Aufgabe, mit null zu sterben, gescheitert. Aber das ist unausweichlich, und das ist auch gut so.

Warum? Weil Ihr Ziel allein schon den Großteil der Aufgabe bewältigt und Sie in die richtige Richtung gelenkt haben wird. Allein mit dem Ziel, mit einer Null auf dem Konto zu sterben, haben Sie Ihre Autopilotfunktion nachhaltig verändert: Weg vom Geldverdienen und Sparen, hin zum maximalen Auskosten Ihres Vermögens, indem Sie das bestmögliche Leben genießen. Deswegen ist es ein würdiges Ziel, mit null sterben zu wollen: Mit diesem Ziel vor Augen werden Sie garantiert mehr vom Leben haben, als es sonst der Fall gewesen wäre.

Millionen Gläubige gehen jede Woche in die Kirche oder einen anderen Tempel und versuchen, wie Jesus oder Moses zu sein, Millionen andere versuchen, Mohammed nachzueifern. Die meisten kommen dabei nicht sehr weit. Und das ist in Ordnung so – niemand ist perfekt. Selbst diejenigen unter uns, die sich durch ihre Tugendhaftigkeit hervortun, sind auch nicht immer gütig, nicht immer weise, nicht immer mutig. Aber indem wir diesen Idealen folgen, bewegen wir uns in die richtige Richtung – wir werden dadurch zumindest ein klein wenig gütiger, weiser und mutiger. Genauso verhält es sich mit dem Ziel, mit einer Null auf dem Konto zu sterben: Man kann sich noch so sehr anstrengen, man wird das Ziel nie passgenau treffen, aber mit etwas Glück kommt man dem Ziel wenigstens nahe – näher, als wenn man es nie versucht hätte. Also, legen Sie los – schöpfen Sie nicht nur Ihr Leben voll aus, sondern retten Sie das einzige Leben, das Sie haben.

Ich hoffe, dass meine Botschaft Sie zumindest so weit wachgerüttelt hat, dass Sie die konventionellen Herangehensweisen daran, wie man sein Leben leben sollte, hinterfragen: Es geht eben nicht nur darum, einen gut bezahlten Job zu bekommen, Stunde um Stunde hart zu arbeiten und dann mit Mitte 60 oder 70 in Rente zu gehen und den sogenannten goldenen Lebensabend auszuschöpfen.

Ich frage Sie noch einmal: Warum wollen Sie warten, bis Ihre Gesundheit und Ihre Lebensenergie anfangen nachzulassen? Anstatt sich die ganze Zeit aufs Sparen zu konzentrieren, bis Sie schließlich einen großen Topf voller Münzen haben, die Sie bis zu Ihrem Lebensende sehr wahrscheinlich ohnehin nicht mehr ausgeben können, sollten Sie Ihr Leben jetzt so gut es geht voll auskosten: Suchen Sie die Lebenserfahrungen, an die Sie sich immer wieder zurückerinnern werden; geben Sie Ihren Kindern dann Geld, wenn sie es am besten gebrauchen können; spenden Sie noch zu Lebzeiten Geld an Wohltätigkeitsvereine. So sollte man sein Leben ausleben.

Denken Sie daran: Letzten Endes geht es im Leben darum, Erinnerungen anzusammeln.

Worauf warten Sie noch?

DANKSAGUNG

Jeder hat mal so eine Idee. Oft ist es so, dass wir ein Thema haben, über das wir bis zum Überdruss sprechen und von dem wir jedem, der uns zuhört, erzählen: »Ich werde dies und das machen.« Im Laufe der Jahre wird »dies und das« allerdings ein Eintrag in unsere Liste der ewig hinausgeschobenen Dinge, etwas, das nie erledigt wird, es sei denn, irgendetwas geschieht, was die Sache ins Rollen bringt. Für mich kam die Sache ins Rollen, nachdem ich mit meinem Arzt Chris Renna gesprochen hatte. Er war so begeistert von meiner Idee und meiner Mission, dass er mich schlussendlich dazu brachte, endlich aktiv zu werden.

Bevor ich auch nur im Traum daran denken konnte, ein Buch zu schreiben und es damit der Welt zu ermöglichen, meine Ideen zu kritisieren und zu überdenken, musste ich diese erst besprechen, diskutieren und verfeinern, und zwar mit dem anspruchsvollsten Publikum, dessen ich habhaft werden konnte: meinen Freunden, meiner Familie, meinen Kollegen. Jeder Einzelne bot mir eine interessante und individuelle Perspektive, und alle sagten mir offen, wenn sie dachten, ich wäre verrückt. Ohne eine besondere Reihenfolge zu beachten, möchte ich folgenden Personen danken: Tia Sinclair, Greg Whalley, John Arnold, Cooper Richey, Marc Horowitz, Omar Haneef und Dan Bilzerian – sie alle haben sich Zeit genommen, um mich anzuhören und meine Ideen zu prüfen.

Gut durchdachte Ideen zu haben, ist eine Sache, aber diese Ideen dann auch auf ein Buch zu übertragen, das überzeugend ist und leicht lesbar – das ist eine andere Sache. Dafür wollte ich mit einer Texterin zusammenarbeiten, die meine Worte, Geschichten und Erläuterungen aufgreifen würde und sie zu einem einfach zu lesenden, gut strukturierten Text formte, dabei stets darauf achtend, dass meine Stimme, mein Stil und meine Leidenschaften erkennbar blieben. Diese Texterin ist Marina Krakovsky. Ich hatte großes Glück, denn sie kennt sich auch mit den grundlegenden Ideen der Wirtschaftswissenschaft aus, und sie konnte meine Ideen mit den entsprechenden wissenschaftlichen Forschungsergebnissen koppeln. Zudem kannte sie sowohl meinen Agenten als auch Kay-Yut Chen, einen brillanten Verhaltensökonomen, den ich sogleich für die Arbeit an diesem Buch einstellte. Ich möchte Marina danken – nicht nur für all dies, sondern auch dafür, dass Sie mir half, diesen langen, mir unbekannten und teilweise schmerzhaften Prozess durchzustehen, in dessen Verlauf eine komplexe Abfolge von Ideen in ein Buch verwandelt wurde, das jeder verstehen kann.

Nachdem ich eine professionelle Texterin gefunden hatte, eine Reihe guter Ideen und ein anscheinend starkes Konzept, brauchte ich nur noch einen Verlag, damit mein Buch eine möglichst große Leserschaft erreichen konnte. Um einen solchen Verlag finden zu können, brauchte ich Rückenwind durch einen Agenten. Und das ist Jim Levine. Obwohl es fünf Agenten gab, die mir auf Grundlage meines ersten Manuskriptvorschlags zugesagt hatten, entschied ich mich für Jim, denn er war der Einzige, der mir sagte, dass mein Vorschlag zwar gut sei, aber noch lange nicht reif genug, um ihn einem Verlag vorzulegen – und er erklärte mir auch ganz einleuchtend, warum er dieser Ansicht war. Ich möchte Jim dafür danken, dass er sich meinem Buch mit so großem Interesse gewidmet hat. Ich danke ihm für seine Hilfe, mit der er mich geleitet hat, sodass aus mir, einem Typen mit einer vagen Idee für ein Buch, ein Typ wurde, dessen Ideen wirklich publikationsreif waren.

Ich möchte Rick Wolff und dem gesamten Team bei Houghton Mifflin Harcourt dafür danken, dass sie an mich und dieses Buch geglaubt haben. Zudem möchte ich Rick dafür danken, dass er ein Buch herausgegeben hat, das gar nicht so einfach in nur eine Nische passt, und dass er uns dabei geholfen hat, meine Ideen und Vorstellungen so rüberzubringen, dass es nicht zu aufdringlich oder radikal klingt. (Ich kann oft aufdringlich und radikal sein.)

Mein Dank geht auch an Will Palmer, den Lektor, dessen Arbeit weit über das hinausging, was Lektoren sonst üblicherweise tun.

Weiterhin möchte ich den Mitarbeitern in meinem Büro danken, die sich die Zeit genommen und eine Umfrage mitgemacht haben, womit sie mir eine wichtige Perspektive boten und mir halfen, meine Kurzsichtigkeit zu überwinden in Bezug darauf, wie andere Menschen dieses Thema betrachten. Ohne eine besondere Reihenfolge zu berücksichtigen, danke ich diesbezüglich Charles Denniston, Oleg Kostenko, Barrie Nichols, Shilpa Chunchu, Loftus Fitzwater und Cassandra Krcmar.

Um Ideen so rüberzubringen, dass andere sie nachvollziehen können, ist nichts so hilfreich wie eine Geschichte. In einem Buch, das davon handelt, wie die Menschen ihr Geld ausgeben und ihr Leben nutzen sollten, sind solche Geschichten oft sehr persönlich. Daher möchte ich meinen Freunden, meiner Familie und meinen Bekannten dafür danken, dass sie sich verwundbar gemacht haben, indem sie ihr Leben öffneten und der Öffentlichkeit einen intensiven und auch kritischen Blick darauf erlaubten. Ein großer Dank geht also an Erin Broadston Irvine, John Arnold, Baird Craft, Andy Schwartz, Jason Ruffo, Joe Farrell, Paulie »Pastrami« Simoniello, Christine Platania, Greg Whalley, Chris Riley, meine Schwester Tia Sinclair und meine Mutter Fruita Louise Diaz. Ein besonderer Dank geht an Virginia Colin, die mir ihre Geschichte erzählte, obwohl sie mich gar nicht kannte. Dieses Buch könnte niemanden inspirieren oder motivieren ohne eure großzügigen und mutigen Beiträge.

Neben ansprechenden Geschichten brauchte ich aber auch eine etwas formalere Wiedergabemöglichkeit für meine Ideen – eine mathematische Abbildung der Dinge, die ich bespreche. Der Verhaltensökonom Kay-Yut Chen war sehr hilfreich – nicht nur hat er die Berechnungen hinter jedem Modell durchgeführt, er hat auch die Logik erklärt, die den Lösungen zugrunde liegt. Auch Omar Haneef war eine wichtige Hilfe bei der modellhaften Darstellung dieser Ideen.

Alle anderen in diesem Band benutzten Daten sind öffentlich zugänglich, dank der Forschungen der US-Regierung. Doch es ist eine ganz andere Herausforderung, diese Daten dann auch so zu präsentieren, dass sie lesbar und nachvollziehbar sind. Charles Denniston hat jede Tabelle und jede Illustration in diesem Buch entworfen. Jedes Mal, wenn wir Datenquellen austauschten oder andere Veränderungen vornehmen wollten, gelang es Charles ganz schnell, genau das hervorzuzaubern, was wir brauchten.

Dafür, dass ich meinen Zeitplan einhalten konnte, für das Koordinieren von Meetings, für das Sicherstellen, dass ich bestimmte Anrufe tätigte, und überhaupt für das generelle In-Schach-Halten von meinem Chaos möchte ich meiner Assistentin Cassandra Krcmar danken. Ich weiß es sehr zu schätzen, dass sie es mit ihrer üblichen Anmut schaffte, in dieser Zeit den Zirkus meines Lebens unter Kontrolle zu halten.

Viele Menschen haben Teile dieses Buches gelesen und mir Feedback gegeben – aber ein noch nicht lektoriertes Buch zu lesen und dann Feedback zu geben, vor allem auch Dinge zu kritisieren, ist keine einfache Aufgabe. Man muss stundenlang sehr aufmerksam lesen, und man trägt eine furchtbare Verantwortung, wenn man jemandem sagen muss, dass etwas nicht gut ist oder dass es falsch ist, dass es einfach arrogant klingt oder schlichter Blödsinn ist. Wenn Ihnen dieses Buch gefallen hat, dann liegt das daran, dass die ersten Leser so hart daran gearbeitet haben und so furchtlos waren. Wenn Ihnen dieses Buch nicht gefallen hat, kann ich nur sagen, dass Sie es wahrscheinlich noch weniger gemocht hätten, wenn nicht die folgenden Personen mir geholfen hätten: Raquel Segal, Omar Haneef, Kay-Yut Chen, Keith Perkins, Marc Horowitz und vor allem Cooper Richey.

Cooper Richey verdient tatsächlich seinen ganz eigenen Absatz. Er tat mir nicht nur den riesigen Gefallen, dieses Buch in der Rohfassung einmal zu lesen, sondern er las das Ding zweieinhalbmal! Er verfasste Seite für Seite akribische Anmerkungen und kritische Kommentare. Er las es, ließ sich dabei für weitere Ideen inspirieren, rief mich an, um sie zu präsentieren und mit mir zu diskutieren und zu debattieren. Er brachte noch weitere Vorschläge und Änderungen unter. Es heißt ja, dass keine gute Tat ungestraft bleibt ... Ich habe Cooper wirklich hart bestraft. Wirklich. Er ging weit über meine ursprünglichen Anforderungen und Bitten hinaus und bot mir mehr als wichtige Beiträge, die halfen, das Buch besser zu machen, als es vorher war. Ich bin ihm äußerst dankbar für die viele Zeit und all die Energie, die er aufbrachte, um dieses Buch besser zu machen.

Ich möchte meinem Patenonkel Joseph Panepinto, Esq. dafür danken, dass er mir eine Tür öffnete, eine Gelegenheit, die mich zu diesem verrückten, wunderbaren Abenteuer führte.

Alles, was wir aufbauen, bauen wir auf den Schultern der früheren Generationen auf – ich möchte meinen Eltern danken, Fruita Louise Diaz und Bill Perkins jr.

Als ich dieses Buch schrieb, war ich wie in Trance. Falls ich nun also jemanden vergessen haben sollte, möchte ich mich entschuldigen – und Danke sagen.

Ich kann gar nicht zählen, wie viele Stunden ich allein damit verbracht habe, nur über dieses Buch zu reden oder deswegen Meetings abzuhalten oder darüber nachzudenken – aber es steht außer Frage, dass jemand anderes während dieser Zeit nicht meine gedankliche Aufmerksamkeit bekam. Meine Arbeit ist zugleich ihr Opfer, und ich hätte diese Arbeit niemals vollbringen können ohne die Liebe und Geduld meiner Kinder, Skye und Brisa, sowie meiner Freundin, Lara Sebastian – sie alle haben es viel zu oft aushalten müssen, dass ich mental gar nicht präsent war. Danke! Ich bin wieder da!

ANHANG:
WAS HAT ES MIT DIESER NEUEN APP AUF SICH, DIE ICH SO OFT ERWÄHNE?

Die Grundlagen dieses Buches sind so angelegt, dass sie Sie sehr weit vorwärtsbringen auf Ihrem Weg, mehr aus Ihrem Geld und Ihrem Leben herauszuholen. Sie bieten allgemeine Richtlinien, wie man ein gesundes Gleichgewicht halten kann zwischen dem Genießen des Hier und Jetzt und dem Aufsparen eines Genusses für spätere Zeiten, zwischen dem Arbeiten, um Geld zu verdienen (und es für zukünftige Gewinne zu investieren), und dem Ausgeben dieses Geldes für Erfahrungen, die Ihr Leben bereichern und erfüllen.

Aber vielleicht möchten Sie mehr tun, als sich bloß an die grundlegenden Richtlinien zu halten. Wenn dem so ist, habe ich gute Nachrichten für Sie. Die App, die ich mit meinem Team entwickelt habe, will einen Schritt weiter gehen: Sie nutzt dieselben Grundlagen und überträgt sie auf ein präzises mathematisches Schema. Verdienst, Ausgaben, Zinsen, Erfahrungspunkte – dies alles beinhaltet Zahlen und Berechnungen. Diese Zahlen in vielen verschiedenen Kombinationen durchzurechnen, was wir tun müssen, um Ihnen einen Plan für ein maximal erfülltes Leben geben zu können, dient der Optimierung, doch es bedarf dafür viel mehr Berechnungen, als irgendjemand in einer vertretbaren Zeitspanne anzustellen fähig wäre. Eine App kann diese notwendigen Berechnungen schneller und viel akkurater erstellen als der begabteste Buchhalter. Und genau das ist es, was unsere App macht: Sie verarbeitet all die Daten und Zahlen, die notwendig sind, um Ihnen zu helfen, ein Leben zu planen, das optimal gefüllt ist mit bereichernden Erfahrungen.

Die Beschreibungen, die Sie hier lesen, decken die wichtigsten Features ab, aber in jeder weiteren zukünftigen Version werden wir mehr Komplexität hinzufügen, damit es möglichst genau den Szenarien der realen Welt entspricht.

WAS DIE APP KANN – UND WAS NICHT

Wie ich zuvor bereits erklärt habe, geht es mir bei dem Gedanken daran, das meiste aus der eigenen Lebensenergie herauszuholen, darum, die Fläche innerhalb der Erfüllungskurve zu vergrößern. Aber wie kann man denn die Fläche innerhalb der Erfüllungskurve bestmöglich vergrößern? Das ist alles andere als klar und eindeutig, weil wir uns einem konstanten Tausch zwischen Ausgeben und Einnehmen widmen müssen. Ein Beispiel: Nehmen wir mal an, Sie möchten ein ganzes Jahr lang das Leben genießen, anstatt für Geld zu arbeiten. Auf die Art können wir eine Menge Lebenserfahrungspunkte sammeln – aber gleichzeitig sammeln wir auch große Kosten an. Um ganz genau zu sein: Wir opfern unser gesamtes Jahreseinkommen sowie mögliche Sparzinsen bei der Bank oder andere

Einnahmen aus Investitionen, die wir mit dem Geld sonst generiert hätten. Außerdem ist diese Summe zudem das Geld, das wir möglicherweise im Folgejahr für noch mehr Erfahrungspunkte hätten gebrauchen können. Die Frage ist also: Soll ich lieber jetzt Geld verdienen und es erst später ausgeben? Oder etwas präziser formuliert: Was ist an einem bestimmten Zeitpunkt in Ihrem Leben das richtige Gleichgewicht zwischen Einnahmen und Ausgaben? Diese Frage ist nicht einfach zu beantworten.

Deswegen denken die meisten von uns überhaupt nicht bewusst über diese Frage und die Tauschmöglichkeiten nach. Entweder entscheiden wir uns ganz spontan, oder wir befolgen ganz simple Faustregeln, etwa »Spare jedes Jahr 10 Prozent deines Einkommens« und »Geh mit 65 in Rente«. Manchmal ist es so, dass wir eines Tages aufwachen und uns von der ganzen Arbeit und dem Mangel an Freizeit völlig ausgebrannt fühlen – dann denken wir, nun sei die Zeit für richtig lange Ferien. Manche von uns planen genauer als andere, aber ich kenne niemanden, der sein gesamtes Leben durchgeplant hat. Meistens gehen wir diese Entscheidungen sehr spontan an: Wir verdienen ein bisschen Geld; wir geben hier und da etwas aus; wir sparen etwas an oder investieren für das Folgejahr oder für die Rente; und wir passen unser Sparprogramm von Jahr zu Jahr an, während wir älter werden. Das ist verständlich, wenn man bedenkt, wie überwältigend das ganze Thema einem erscheinen kann, und es ist besser, sich an einfache Faustregeln zu halten, als gar nichts zu planen. Aber wenn wir ehrlich sind: Solche Herangehensweisen helfen Ihnen nicht, das meiste aus Ihren Lebenserfahrungen herauszuholen.

Mein Ziel bei dieser App ist es, meine und Ihre Lebenserfüllung zu maximieren. Die App hilft Ihnen, so passgenau, wie es einem

Menschen überhaupt möglich sein kann, die besten finanziellen Entscheidungen zu treffen, die Sie im Laufe Ihres Lebens angehen.

Aber ich möchte die Möglichkeiten dieser App nicht übertreiben. Die Ergebnisse, die eine Software einem liefern kann, sind nur so gut wie die Daten, die sie bekommt. Die Welt ist jedoch komplex und voller Unwägbarkeiten. Daten, die für die App sehr wichtig sein können, wie zum Beispiel Ihre zukünftige Gesundheit und die Zinsrate, die Sie für Ihre Investitionen bekommen werden, kann man nur schwer vorhersagen. Die App ist also in Wirklichkeit bloß ein weiteres Werkzeug, genau wie die anderen Werkzeuge und Hilfen in diesem Buch. Sie ist natürlich präziser und mathematischer aufgebaut als eine zeitlich strukturierte Bucket-List, aber es wäre ein großer Fehler, die präzisen Angaben dieser App als die totale und unverrückbare Akkuratheit misszuverstehen.

Man sollte sich diese App also lieber wie eine Simulationsmaschine vorstellen, einen Weg, um mögliche Zukunftsszenarien für Ihr Leben durchzuspielen. Zum Beispiel: Was passiert, wenn Ihr Einkommen wächst, aber die Zinsen für Investitionen niedrig bleiben? Was passiert, wenn Ihr Gesundheitszustand schneller nachlässt, als es im Durchschnitt der Fall ist? Wenn Sie mit der App verschiedene Möglichkeiten ausprobieren, können Sie sehen, was passiert, wenn diverse Variablen verändert werden. Sie können feststellen, welche Auswirkungen das für Sie und Ihre Lebenserfüllungspunkte hat.

Mit anderen Worten, die App bietet Ihnen Antworten und spielt verschiedene Möglichkeiten durch, die sich alle mit den Fragen befassen: Welcher ist der optimale Weg, um Ihre Lebensenergie auf das Geldverdienen zu lenken? Und welcher ist der beste Weg, um Ihre Lebensenergie darauf zu verwenden, dass Sie zu diversen Zeiten in Ihrem Leben Erfahrungen ansammeln?

WO SIE DIE APP BEKOMMEN

Als Leser dieses Buches bekommen Sie auf der folgenden Website einen freien Zugang zur App: DieWithZeroBook.com. Die App ist nur in englischer Sprache verfügbar.

WIE SIE DIE APP BEDIENEN

Die App ist sehr einfach zu bedienen: Sie leitet Sie Schritt für Schritt durch die einzelnen Rechenwege, indem sie Ihnen ganz simple Fragen über die Faktoren stellt, die Ihre Lebenserfüllungspunkte beeinflussen werden. Das sind Fragen zu Ihrem gegenwärtigen Gesundheitszustand und Ihrer Freizeit, dazu, wie viel Geld Sie bislang für Lebenserfahrungen ausgegeben haben, wie Ihr jährlicher Gehaltsanstieg ist und wie hoch die Zinsen für Ihre Investitionen sind. Dies sind die wichtigsten Variablen, die Sie brauchen, um bestimmen zu können, wie viel Erfüllung Sie aus Ihrem Leben herausholen können. Dabei werden Sie auch schnell nachvollziehen, warum eine solche App so wichtig und nützlich ist: Es wäre einfach viel zu anstrengend, zermürbend und zeitraubend, diese Berechnungen selbst durchzuführen, denn Sie müssen den Erfüllungsalgorithmus diverse Male durchgehen – einmal pro Lebensjahr – und dabei jedes Jahr Ihre sich verändernde Gesundheit einberechnen, einen Teil der Ausgaben in einem Jahr als anteilige Gewinne für das nächste Jahr verbuchen und dann all die Erfüllungspunkte der diversen Jahre ganz akribisch zusammenrechnen. Das Tolle an der App ist, dass sie all diese Berechnungen für Sie erledigen kann, schnell und einfach.

Bedenken Sie auch, dass man mehr als nur eine Berechnungsvariante durchführen muss. Schließlich hängt Ihr Gesamterfüllungsergebnis von Ihrem Input ab, und der kann sich verändern. Mit der App können Sie verschiedene Eingaben ausprobieren und den Einfluss auf das Endergebnis vergleichen.

Schlussendlich können Sie auch die Simulationsmaschine die wildesten Berechnungen durchführen lassen. Bei der App geht es doch nur darum, dass Sie Ihre Lebensenergie möglichst effizient aufwenden, und zwar so, dass Sie möglichst viel erleben und erfahren. Das bedeutet auch, dass Sie die Zeit möglichst reduzieren, die Sie dafür aufbringen müssen, Geld zu verdienen, das Sie möglicherweise ohnehin nicht mehr werden nutzen können. Doch um hier die optimale Lösung zu finden, könnten Sie wahrscheinlich den ganzen Tag mit der App experimentieren und würden dennoch kein einziges eindeutiges Ergebnis bekommen. Anstatt selbst die verschiedenen Szenarien durchzuspielen, könnten Sie also auch Vermutungen über den Wert von Variablen anstellen, die Sie persönlich *nicht* beeinflussen können – lassen Sie die App auch hier alle Möglichkeiten für Sie simulieren. Wenn Sie schließlich die Variante mit der höchsten Erfüllungsquote gefunden haben, dann können Sie gucken, was bei diesem Ergebnis die optimalen Werte für die Faktoren waren, die Sie ja selbst beeinflussen können und die solch ein optimales Ergebnis hervorgebracht haben.

Jeder wird eine andere Antwort bekommen. Es mag manche Überraschungen für Sie geben, aber ein grundsätzliches Prinzip wird immer gleich sein: Bei keiner optimalen Kombination von Entscheidungen und Handlungen werden Sie am Ende Ihres Lebens noch Geld übrig haben. Wenn Sie maximale Erfüllung in Ihrem Leben suchen, dann müssen Sie idealerweise Ihr gesamtes Geld ausgegeben haben, wenn die Zeit für Sie gekommen ist. Denn darum geht es hier natürlich: mit einer Null auf dem Konto zu sterben.

ABBILDUNGSNACHWEIS

Die Nettowertdaten, die für die Abbildungen auf den Seiten 72, 152, 208 und 211 benutzt wurden, stammen von der United States Federal Reserve (2016), Tabelle 2. Daten von Jesse Bricker et al., »Changes in U.S. Family Finances from 2013 to 2016: Evidence from the Survey of Consumer Finances«, Federal Reserve Bulletin 103 (2017): 13, https://www.federalreserve.gov/publications/files/scf17.pdf.

Die Daten, die für die Abbildung auf Seite 107 benutzt wurden, stammen vom Board of Governors of the Federal Reserve System (2018), Abbildung 3. Daten von Laura Feiveson und John Sabelhaus, »How Does Intergenerational Wealth Transmission Affect Wealth Concentration?«, FEDS Notes, Board of Governors of the Federal Reserve System, 01.06.2018, doi:10.17016/2380-7172.2209, https://www.federalreserve.gov/econres/notes/feds-notes/how-does-intergenerational-wealth-transmission-affect-wealth-concentration-accessible-20180601.htm.

Die Daten, die für die Abbildung auf Seite 219 benutzt wurden, stammen von Ann C. Foster, »Consumer Expenditures Vary by Age«, Beyond the Numbers 4, No. 14 (Dezember 2015), Bureau of Labor Statistics, https://www.bls.gov/opub/btn/volume-4/mobile/consumer-expenditures-vary-by-age.htm.

ANMERKUNGEN

1 Amy Finkelstein, Erzo F. P. Luttmer und Matthew J. Notowidigdo, »What Good Is Wealth Without Health? The Effect of Health on the Marginal Utility of Consumption«, Journal of the European Economic Association 11 (2013): 221–258.

2 David Callahan, »The Richest Americans Are Sitting on $4 Trillion. How Can They Be Spurred to Give More of It Away?«, Inside Philanthropy, https://www.insidephilanthropy.com/home/2018/12/4/the-richest-americans-are-sitting-on-4-trillion-how-can-they-be-spurred-to-give-more-of-it-away.

3 Thomas Gold, The Deep Hot Biosphere, New York: Springer, 1998, digitale Ausgabe, https://www.amazon.com/Deep-Hot-Biosphere-Fossil Fuels/dp/0387985468.

Die Tatsache, dass alle lebenden Organismen Energie brauchen, um am Leben zu bleiben, gehört zum Grundwissen in der Biologie, aber ich begriff die Bedeutung dessen erst, als ich das Buch von Thomas Gold las: *The Deep Hot Biosphere*. Für einen Energiehändler (wie ich einer war) ist es ein besonders wichtiges Buch, denn Gold vertritt das Argument, dass die Erde tatsächlich viel mehr Öl hat, als die Theorien zur Entstehungen von fossilen Brennstoffen bislang haben annehmen lassen. Das hat einen Einfluss auf den Ölpreis, der darauf fußt, dass die Ölvorräte knapp sind. Am meisten faszinierten mich in dem Buch allerdings die Abschnitte über die Ursprünge des Lebens, von den einfachsten Mikroben bis hin zu den komplexesten Lebewesen, wobei jedes abhängig ist von der chemischen Energie, die weiter unten in der Nahrungskette lagert. Mir gefiel die Idee, dass ich ebenso eine energieumwandelnde Einheit (EPU) bin wie ein Roboter oder ein Auto. Das brachte mich darauf, wie viele Kalorien es eigentlich kostet, unsere Körper zu bewegen, und wie interessant es ist, dass wir Maschinen wie Flugzeuge bauen, die uns mit hoher Geschwindigkeit über sehr weite Strecken transportieren – im Grunde sind wir energieumwandelnde Einheiten, die andere energieumwandelnde Einheiten bauen können. Wenn Sie sich für eine intelligente, selbstverbessernde, selbstvervielfältigende Maschine interessieren, hier ist sie: Man nennt sie Menschen.

4 Aesop, »The Ants & the Grasshopper«, in: The Aesop for Children (Library of Congress), http://read.gov/aesop/052.html. Die deutsche Version »Die Ameise und die Grille« ist verfügbar unter: https://www.projekt-gutenberg.org/aesop/fabeln2/chap003.html, Nr. 46.

5 Gary S. Becker, »Human Capital«, Library of Economics and Liberty, https://www.econlib.org/library/Enc/HumanCapital.html.

Der Ökonom Gary Becker identifizierte die Gesundheit, neben Bildung, als die wichtigsten Investitionen in das Humankapital.

6 T. J. Carter und T. Gilovich, »I Am What I Do, Not What I Have: The Differential Centrality of Experiential and Material Purchases to the Self«, Journal of Personality and Social Psychology 102 (2012): 1304–1317, doi:10.1037/a0027407, https://cpb-us-e1.wpmucdn.com/blogs.cornell.edu/dist/b/6819/files/2017/04/CarterGilo.JPSP_.12-1415eu8.pdf.

Psychologische Forschungen untermauern die Vorstellung, dass unsere Erlebnisse eng verknüpft sind mit unserer Selbstwahrnehmung, was einem hilft zu verstehen, warum es die Menschen glücklicher macht, Geld für Erfahrungen auszugeben als für Besitztümer. Zum Beispiel wurden Probanden vor die Wahl gestellt, etwas (beispielsweise einen Fernseher) entweder als Besitz oder als Erfahrung zu betrachten. Als ihnen in dem Experiment vorgeschlagen wurde, den Fernseher als eine Erfahrung einzustufen, empfanden sie den Kauf des Gerätes als viel stärker mit ihrem Selbstbild übereinstimmend, als wenn sie ihn nur als ein Objekt betrachteten, das sie besitzen.

7 David Bach, Start Late, Finish Rich, New York: Currency, 2006, https://www.amazon.com/dp/0767919475/ref=rdr_ext_tmb.

Der Begriff wurde von dem Finanzbuchautor David Bach geprägt, der ihn auch gleich schützen ließ. Er entwickelte einen speziellen Rechner, mit dem man berechnen kann, wie viel man im Laufe der Zeit sparen kann, wenn man kleine regelmäßig getätigte Ausgaben einschränkt.

8 »Income Percentile by Age Calculator for the United States in 2018«, DQYDJ.com, zuletzt recherchiert am 31.05.2019, https://dqydj.com/income-percentile-by-age-calculator/.

9 »Income Tax Calculator, Texas, USA«, Neuvoo, https://neuvoo.com/tax-calculator/?iam=&salary=75000&from=year&region=Texas.

10 Michael D. Hurd, »Wealth Depletion and Life-Cycle Consumption by the Elderly«, in: Topics in the Economics of Aging, Hg. David A. Wise. Chicago: University of Chicago Press, 1992, 136, https://www.nber.org/chapters/c7101.pdf.

11 Hersh M. Shefrin und Richard H. Thaler, »The Behavioral Life-Cycle Hypothesis«, in: Quasi Rational Economics, Hg. Richard H. Thaler. New York: Russell Sage Foundation, 1991, 114.

12 Ökonomen, die sich mit den Ausgaben und dem Sparverhalten der Menschen befassen, wissen, dass ältere Menschen ihr Erspartes nicht schnell genug abbauen. Die Gründe, die diese älteren Leute dafür angeben, entsprechen den Gründen, die ich so oft in Gesprächen höre: »vorausschauendes Sparen« (um der Angst, kein Geld mehr zu haben oder unvorhersehbare Ausgaben nicht stemmen zu können, etwas entgegensetzen zu können) und »das Erbschaftsmotiv« (Was ist mit den Kindern?).

13 Jesse Bricker et al., »Table 2: Family Median and Mean Net Worth, by Selected Characteristics of Families, 2013 and 2016 Surveys«, Federal Reserve Bulletin 103 (2017): 13, https://www.federalreserve.gov/publications/files/scf17.pdf.

14 In Deutschland sieht die Sparkurve übrigens ähnlich aus, siehe zum Beispiel unter: https://www.finanzen100.de/finanznachrichten/wirtschaft/vermoegen-in-deutschland-nach-alter-so-viel-besitzt-der-durchschnitt_H487697808_428483/.

15 Sudipto Banerjee, »Asset Decumulation or Asset Preservation? What Guides Retirement Spending?«, Employee Benefit Research Institute Issue Brief 447 (2018), https://www.ebri.org/docs/default-source/ebri-issue-brief/ebri_ib_447_assetpreservation-3apr18.pdf?sfvrsn=3d35342f_2.

16 Michael K. Stein, The Prosperous Retirement, Boulder, Colo.: Emstco Press, 1998.

17 Dan Healing, »How Much Money Will You Need After You Retire? Likely Less Than You Think«, Financial Post, 09.08.2018, https://business.financialpost.com/personal-finance/retirement/how-much-money-should-you-have-left-when-you-die-likely-less-than-you-think.

18 »Table 1300: Age of Reference Person: Annual Expenditure Means, Shares, Standard Errors, and Coefficients of Variation, Consumer Expenditure Survey, 2017«, U.S. Bureau of Labor Statistics, https://www.bls.gov/cex/2017/combined/age.pdf.

19 Peter Finch, »The Myth of Steady Retirement Spending, and Why Reality May Cost Less«, New York Times, 29.11.2018, https://www.nytimes.com/2018/11/29/business/retirement/retirement-spending-calculators.html.

20 Shin-Yi Chou, Jin-Tan Liu und James K. Hammitt, »National Health Insurance and Precautionary Saving: Evidence from Taiwan«, Journal of Public Economics 87 (2003): 1873–94, doi:10.1016/S0047-2727(01)00205-5. Als die Regierung von Taiwan anfing, Gesundheitsversicherungen anzubieten, sanken die Ersparnisse der Menschen.

21 Michael G. Palumbo, »Uncertain Medical Expenses and Precautionary Saving Near the End of the Life Cycle«, Review of Economic Studies 66 (1999): 395–421, doi:10.1111/1467-937X.00092, https://academic.oup.com/restud/article-abstract/66/2/395/1563396.

22 Anna Gorman, »Medical Plans Dangle Gift Cards and Cash to Get Patients to Take Healthy Steps«, Los Angeles Times, 05.12.2017, https://www.latimes.com/business/la-fi-medicaid-financial-incentives-20171205-story.html.

23 Ellen Stark, »5 Things You SHOULD Know About Long-Term Care Insurance«, AARP Bulletin, 01.03.2018, https://www.aarp.org/caregiving/financial-legal/info-2018/long-term-care-insurance-fd.html.

24 »Distribution of Life Insurance Ownership in the United States in 2019«, Statista, https://www.statista.com/statistics/455614/life-insurance-ownership-usa/.

25 Ron Lieber, »The Simplest Annuity Explainer We Could Write«, New York Times, 14.12.2018, https://www.nytimes.com/2018/12/14/your-money/annuity-explainer.html.

26 Richard H. Thaler, »The Annuity Puzzle«, New York Times, 04.06.2011, https://www.nytimes.com/2011/06/05/business/economy/05view.html.

Zu diesem Thema sind bereits Dutzende wissenschaftliche Artikel publiziert worden; wenn Sie sich für eine einfache Lösung für das Rätsel und ein paar mögliche Antworten interessieren, lesen Sie die »Economic View«-Kolumne von Richard Thaler, der kürzlich den Nobelpreis bekam.

27 Gary Becker, Kevin Murphy und Tomas Philipson, »The Value of Life Near Its End and Terminal Care« (Arbeitspapier, National Bureau of Economic Research, Washington, D. C., 2007), http://citeseerx.ist.psu.edu/viewdoc/download?doi=10.1.1.446.7983&rep=rep1&type=pdf.

28 »Final Countdown Timer«, V. 1.8.2 (ThangBom LLC, 2013), iOS 11.0 oder später, https://itunes.apple.com/us/app/final-countdowntimer/id916374469?mt=8.

Die App ist nicht extra dafür entwickelt worden, Ihren Todestag vorherzusagen – Sie können verschiedene Daten eingeben (Deadlines, Geburtstage, wie Sie wollen), und der Timer wird für jeden Termin den Countdown starten.

29 Laura Feiveson und John Sabelhaus, »How Does Intergenerational Wealth Transmission Affect Wealth Concentration?«, FEDS Notes, Board of Governors of the Federal Reserve System, 01.06.2018, doi:10.17016/2380-7172.2209. https://www.federalreserve.gov/econres/notes/feds-notes/how-does-intergenerational-wealth-transmission-affect-wealth-concentration-20180601.htm.

30 Libby Kane, »Should You Give Your Kids Their Inheritance Before You Die?«, The Week, 21.08.2013, https://theweek.com/articles/460943/should-give-kids-inheritance-before-die.

31 Virginia Colin, Interview mit Marina Krakovsky, 07.01.2019.

32 Edward N. Wolff und Maury Gittleman, »Inheritances and the Distribution of Wealth or Whatever Happened to the Great Inheritance Boom?«, Journal of Economic Inequality 12, No. 4 (Dezember 2014): 439–468, doi:10.1007/s10888-013-9261-8.

33 Marina Krakovsky, »The Inheritance Enigma«, Knowable Magazine, 12.02.2019, https://www.knowablemagazine.org/article/society/2019/inheritance-enigma.

34 William J. Chopik und Robin S. Edelstein, »Retrospective Memories of Parental Care and Health from Mid- to Late Life«, Health Psychology 38 (2019): 84–93, doi:10.1037/hea0000694.

35 Carolyn J. Heinrich, »Parents' Employment and Children's Wellbeing«, Future of Children 24 (2014): 121–146, https://www.jstor.org/stable/23723386.

36 Jere R. Behrman und Nevzer Stacey, Hg., The Social Benefits of Education, Ann Arbor: University of Michigan Press, 1997, https://www.jstor.org/stable/10.3998/mpub.15129.

37 George Psacharopoulos und Harry Antony Patrinos, »Returns to Investment in Education: A Decennial Review of the Global Literature« (Arbeitspapier, World Bank Group Education Global Practice, Washington, D. C., April 2018), http://documents.worldbank.org/curated/en/442521523465644318/pdf/WPS8402.pdf.

38 Paul J. Jansen und David M. Katz, »For Nonprofits, Time Is Money«, McKinsey Quarterly, Februar 2002, https://pacscenter.stanford.edu/wp-content/uploads/2016/03/TimeIsMoney-Jansen_Katz_McKinsey2002.pdf.

39 Jonathan Grant und Martin J. Buxton, »Economic Returns to Medical Research Funding«, BMJ Open 8 (2018), doi:10.1136/bmjopen-2018-022131.

40 Stephen J. Dubner und Steven D. Levitt, »How to Think About Money, Choose Your Hometown, and Buy an Electric Toothbrush«, Podcast Transcript, Freakonomics, 03.10.2013, http://freakonomics.com/2013/10/03/how-to-think-about-money-choose-your-hometown-and-buy-an-electric-toothbrush-a-new-freakonomics-radio-podcast-full-transcript/.

41 FIRE steht für: Financial Independence, Retire Early. Anhänger der FIRE-Bewegung legen regelmäßig einen Teil ihres Geldes an, um vor dem offiziellen Rentenalter finanziell unabhängig von der Erwerbsarbeit zu sein und so verhältnismäßig früh in den Ruhestand zu gehen.

42 Elizabeth Warren und Amelia Warren Tyagi, All Your Worth: The Ultimate Lifetime Money Plan, New York: Free Press, 2006, https://www.amazon.com/all-your-worth-ultimate-lifetime/dp/0743269888.

43 Gyan Nyaupane, James T. McCabe und Kathleen Andereck, »Seniors' Travel Constraints: Stepwise Logistic Regression Analysis«, Tourism Analysis 13 (2008): 341–354, https://asu.pure.elsevier.com/en/publications/seniors-travel-constraints-stepwise-logistic-regression-analysis.

44 Robert M. Sapolsky, »Open Season«, New Yorker, 30.03.1998, https://www.newyorker.com/magazine/1998/03/30/open-season-2.

45 Rachel Honeyman, »Proof That 65 Is Never Too Late to Kickstart Your Fitness Journey«, GMB Fitness, 20.11.2016, https://gmb.io/stephen-v/.

46 Auch in Deutschland sind Implantationen von Kniegelenken nicht selten: Im Jahr 2009 wurden immerhin 175 000 Operationen durchgeführt. Quelle: https://de.statista.com/statistik/daten/studie/161917/umfrage/erstimplantationen-hueftgelenke-und-kniegelenke-seit-2003/.

47 Valerie Cross, »Jaime and Matt Staples Win $150,000 Weight Loss Bet from Bill Perkins«, PokerNews, 23.03.2018, https://www.pokernews.com/news/2018/03/jaime-staples-set-to-collect-on-150k-weight-loss-prop-bet-30300.htm.

48 Ashley V. Whillans, Elizabeth W. Dunn, Paul Smeets, Rene Bekkers und Michael I. Norton, »Buying Time Promotes Happiness«, Proceedings of the National Academy of Sciences 114, No. 32 (08. 08.2017): 8523–8527, doi:10.1073/pnas.1706541114.

49 J. B. Maverick, »What Is the Average Annual Return for the S&P 500?«, Investopedia, zuletzt angepasst am 21.05.2019, https://www.investopedia.com/ask/answers/042415/what-average-annual-return-sp-500.asp.

50 Bronnie Ware, The Top Five Regrets of the Dying: A Life Transformed by the Dearly Departing, Carlsbad, Calif.: Hay House, 2012, https://www.amazon.com/Top-Five-Regrets-Dying-Transformed/dp/140194065X. Deutsche Ausgabe: 5 Dinge, die Sterbende am meisten bereuen. München: Goldmann, 2015.

51 Kristin Layous, Jaime Kurtz, Joseph Chancellor und Sonja Lyubomirsky, »Reframing the Ordinary: Imagining Time as Scarce Increases Well-Being«, Journal of Positive Psychology 13 (2018): 301–308, doi:10.1080/17439760.2017.1279210.

52 Derick Moore, »Homeownership Remains Below 2006 Levels for All Age Groups«, United States Census Bureau, 13.08.2018, https://www.census.gov/library/stories/2018/08/homeownership-by-age.html.

53 PropertyMetrics, »Understanding Present Value Formulas«, PropertyMetrics Blog, 10.07.2018, https://www.propertymetrics.com/blog/2018/07/10/present-value-formulas/.

54 Carolyn O'Hara, »How Much Money Do I Need to Retire?«, AARP the Magazine, https://www.aarp.org/work/retirement-planning/info-2015/nest-egg-retirement-amount.html.

55 Deutsche Arbeitnehmer können mit Erreichen der Regelaltersgrenze, die je nach Geburtsjahr zwischen 65 und 67 Jahren liegt, eine abschlagsfreie Altersrente erhalten. Jeder frühere Rentenbeginn mindert die Rente, wobei es auch hier Ausnahmen gibt.

56 Sarah Skidmore Sell, »›70 Is the New 65‹: Why More Americans Expect to Retire Later«, Seattle Times, 08.05.2018, https://www.seattletimes.com/nation-world/nation/more-americans-expect-to-work-until-70-not-65-there-are-benefits/.

57 »When Do Americans Plan to Retire?«, Pew Charitable Trusts, 19.11.2018, https://www.pewtrusts.org/en/research-and-analysis/issue-briefs/2018/11/when-do-americans-plan-to-retire.

58 Peter Gosselin, »If You're Over 50, Chances Are the Decision to Leave a Job Won't Be Yours«, ProPublica, zuletzt geändert am 04.01.2019, https://www.propublica.org/article/older-workers-united-states-pushed-out-of-work-forced-retirement.

59 »Average Retirement Age in the United States«, DQYDJ.com, zuletzt geändert am 31.05.2019, https://dqydj.com/average-retirement-age-in-the-united-states/.

60 »Report on the Economic Well-Being of U.S. Households in 2017«, Board of Governors of the Federal Reserve System, zuletzt geändert am 19.06.2018, https://www.federalreserve.gov/publications/2018-economic-well-being-of-us-households-in-2017-retirement.htm.

61 In Deutschland lag das durchschnittliche Renteneintrittsalter im Jahr 2016 bei 64 Jahren und ist damit seit der Jahrtausendwende um fast zwei Jahre gestiegen. Auch hier setzt sich dieser Trend weiterhin fort. Quelle: Deutsche Rentenversicherung, über Statista GmbH, https://de.statista.com/infografik/11007/die-deutschen-gehen-immer-spaeter-in-rente/.

62 Anne Kates Smith, »Retirees, Go Ahead and Spend a Little (More)«, Kiplinger's Personal Finance, 03.10.2018, https://www.kiplinger.com/article/spending/T031-C023-S002-how-frugal-retirement-savers-can-spend-wisely.html.

63 Government Accountability Office, »Older Workers: Phased Retirement Programs, Although Uncommon, Provide Flexibility for Workers and Employers«, Bericht für den Special Committee on Aging, U.S. Senate, Juni 2017, https://www.gao.gov/products/GAO-17-536. In Deutschland haben Arbeitnehmer in Betrieben ab 15 Mitarbeitern und nach sechsmonatiger Betriebsangehörigkeit dagegen ein Recht auf Arbeitszeitverringerung, sofern dem keine betrieblichen Gründe entgegenstehen. [Anm. d. Red.]

64 Stephen Miller, »Phased Retirement Gets a Second Look«, Society for Human Resource Management, 28.07.2017, https://www.shrm.org/resourcesandtools/hr-topics/benefits/pages/phased-retirement-challenges.aspx.

65 *Shark Tank* ist eine amerikanische Unterhaltungsshow, in der Jungunternehmer ihre Geschäftsideen vorstellen. Ein Gremium von fünf Investoren – oder »Haien« – entscheidet anschließend, ob sie in das entsprechende Unternehmen investieren. Ein deutscher Ableger davon ist *Die Höhle der Löwen*.

66 »The Big Interview: 5 Minutes with ... Jeff Cohen«, Chambers Associate, o. D., https://www.chambers-associate.com/the-big-interview/jeff-cohen-chunk-from-the-goonies-lawyer.

67 Kathleen D. Vohs, Jennifer L. Aaker und Rhia Catapano, »It's Not Going to Be That Fun: Negative Experiences Can Add Meaning to Life«, Current Opinion in Psychology 26 (2019): 11–14, doi:10.1016/j.copsyc.2018.04.014.

ÜBER DEN AUTOR

William Perkins ist CEO von BrisaMax Holdings, einem Beratungsunternehmen mit Sitz auf den Virgin Islands. Nach einer Ausbildung an der Wall Street machte Perkins sein Glück als Energiehändler. Heute ist Perkins für seinen glamourösen Lebensstil, Pokerspiele mit exorbitanten Einsätzen und unverschämte Wetten bekannt. Er lebt jeden Tag in vollen Zügen.

208 Seiten
18,00 € (D) | 18,60 € (A)
ISBN 978-3-95972-292-6

Kazuo Inamori

Der Kompass für das Leben

Mit Leidenschaft und Spiritualität zu einem Leben mit außerordentlichem Erfolg

Wir leben in einem Zeitalter der Angst, der Verwirrung und fehlender Tugenden. Es scheint, als hätten wir den inneren Kompass, der uns den Weg zur persönlichen Erfüllung leitet, verloren. Stattdessen irren wir durch das Leben, ohne die Antwort auf die Frage nach dem Zweck des Lebens zu kennen.
Kazuo Inamori gibt Ihnen in seinem mehr als 5 Millionen Mal verkauften Bestseller eine konstruktive Lebensphilosophie an die Hand. Das von ihm entwickelte System von Glaubens- und Grundsätzen hilft Ihnen dabei, die richtige Richtung in Ihrem Leben und schließlich den Weg zum Erfolg zu finden. Der Gründer zweier international erfolgreicher Unternehmen beschränkt die Prinzipien dabei nicht nur auf das Privatleben, sondern führt auch Leitlinien für den beruflichen Erfolg an."

FBV